# Repaso de gramática

# Repaso de gramática

## Second Edition

## Osvaldo N. Soto

Iowa State University

**HARCOURT BRACE JOVANOVICH, INC.**
New York    Chicago    San Francisco    Atlanta

ISBN: 0-15-576617-1

Library of Congress Catalog Card Number: 73-20979

Printed in the United States of America

# PREFACIO

La segunda edición de *Repaso de gramática* (un nuevo concepto de enseñanza individualizada), como decimos en el *Instructors Manual*, es y no es muy diferente a la primera edición.

Si nos atenemos solamente al libro de texto, a pesar de que creemos que los cambios que hemos hecho han mejorado notablemente el libro, no creemos que los mismos alteren básicamente el enfoque y presentación de la primera edición.

Las lecturas culturales y cuestionarios de la sección tercera de la primera edición han sido eliminados para que cada maestro o profesor pueda seleccionar su propio material de lectura. El ejercicio de oratoria que les seguía también ha sido suprimido. Los ejercicios de verbos, que formaban parte de esta sección, los hemos incorporado al final de la sección segunda de cada una de las lecciones que siguen siendo solamente quince.

A continuación, describimos la estructura de las dos secciones que han quedado, llamando la atención a las modificaciones o cambios principales en las mismas.

**Sección Primera**  Comienza con dos diálogos culturales cortos, algo modificados, seguidos por ejercicios de comprensión (I y II). Los diálogos aparecen mucho más anotados y en los mismos señalamos los modismos o expresiones que forman parte de los ejercicios del número (IV) de la sección primera.

Sigue al diálogo un nuevo ejercicio, "Preguntas relacionadas con usted", que aunque basadas en el tema de los diálogos, se le hacen al alumno para que éste se dé cuenta de que las preguntas y situaciones de los diálogos pueden aplicarse a ellos mismos. Después viene "Hablemos en español" (III), que son preguntas libres que servirán para darle todavía más confianza al alumno con las palabras, expresiones y construcciones de los diálogos. La última parte de esta sección son ejercicios con los modismos o expresiones que aparecen en los diálogos (IV).

**Sección Segunda**  Aquí, como en la primera edición, empieza la explicación gramatical, en forma muy sencilla, pero intentando cubrir todo lo necesario y de interés para un estudiante del segundo o tercer año de español. Algunos puntos gramaticales, que inadvertidamente se omitieron en la primera edición, se han añadido. Hemos incluido más cuadros sinópticos con la misma intención original, que el alumno, antes de entrar a estudiar en detalle los diferentes puntos, pueda tener una idea en conjunto de lo que va a ser objeto de su estudio. A sugerencia de muchos compañeros hemos agregado más ejemplos a las explicaciones gramaticales. También incluimos las traducciones de los ejemplos. La sección segunda comprende, por supuesto, los correspondientes ejercicios gramaticales, no menos ocho en cada lección. También dos o tres ejercicios de repaso gramatical, para que lo que se aprendió sobre *ser* y *estar*, por ejemplo, en la lección tercera, no se olvide tres o cuatro lecciones después. La composición que formaba parte de esta sección ha sido incluida en el *workbook*.

El libro, como la primera edición, está escrito en español simple. El uso del inglés se ha limitado a las traducciones de modismos, expresiones o ejemplos gramaticales. Seguimos con la idea de que la enseñanza y el aprendizaje del idioma deben producirse en el propio idioma, en cuanto sea posible. Si hemos añadido las traducciones de los ejemplos gramaticales, lo hemos hecho para facilitar la comprensión y ahorrarle tiempo a los estudiantes que fueron los que me sugirieron este cambio. El libro de texto, como el método o concepto que a continuación explicaremos, está basado en la idea de que el estudiante tiene que aprender a pensar en español, a transformar de español a español, en síntesis, a hablar y escribir en español sin recurrir al inglés.

El proyecto total del que es base este libro es un nuevo concepto o versión de enseñanza individualizada y en este caso es que decimos que esta edición es muy diferente a la primera. Por esta razón queremos poner el mayor énfasis posible en que se lea el *Instructors Manual* tantas veces como sea necesario, para que se familiarice el maestro con la totalidad del programa en caso se decida a usarlo con las cintas y el *workbook*.

En este método el estudiante tiene un incentivo indiscutible: puede cubrir la materia a su propio paso. Él sabe que su progreso depende solamente de su propia decisión y estudio. Los exámenes que tiene que sufrir están ya preparados en las cintas y el profesor ya tiene los exámenes escritos que les puede entregar. Al mismo tiempo los ejercicios escritos que tiene que completar forman parte del *workbook;* el maestro o profesor tiene las respuestas de todos los exámenes, pruebas y ejercicios para poder calificar todo con rapidez y permitir al alumno seguir adelante si ha alcanzado el nivel deseable.

El *workbook* y las cintas son optativos; si el libro se usa por sí solo no son necesarios. En cambio si se decide usar el método individualizado habrá que emplearlos. Las cintas son de dos tipos: unas las que sirven al alumno para repasar y prepararse para las pruebas y los exámenes. En cada lección se han seleccionado, además de los diálogos, ejercicios gramaticales, ejercicios de modismos o expresiones y ejercicios de verbos, tendientes al fin antes mencionado. Las otras cintas son las que contienen las pruebas y exámenes de laboratorio. Todo esto se explica en el *Instructors Manual*.

Por último, no quiero terminar sin agradecerle a mis asistentes Patsy Heggen, Marilyn Owings y Dana Eaton, su ayuda durante dos años en las clases experimentales; a mi secretaria Diony Jorrín su dedicación; a mi madre y mi esposa su comprensión durante los meses y años que dediqué a este proyecto; y a mis colegas sus continuos consejos y el calor que le han brindado a todos mis modestos esfuerzos.

O. N. S.

# CONTENIDO

# LECCIÓN 3

# LECCIÓN 4

# LECCIÓN 5

# LECCIÓN 6

# LECCIÓN 7

# LECCIÓN 8

# LECCIÓN 9

# LECCIÓN 10

# LECCIÓN 11

# LECCIÓN 12

# LECCIÓN 13

# LECCIÓN 14

# LECCIÓN 15

# APÉNDICE A

# APÉNDICE B

# APÉNDICE C

# APÉNDICE D

# VOCABULARIO    327

# ÍNDICE DE MATERIAS    349

# Repaso de gramática

Repaso de gramática

### Reglas de acentuación prosódica y ortográfica

1) Las palabras que terminan en consonante, con excepción de *n* o *s*, se acentúan en la última sílaba.

    laboral      capaz      comer      reloj

2) Las palabras que terminan en vocal o en las consonantes *n* o *s* se acentúan en la penúltima sílaba.

    hombre      lunes      joven      perro

3) Las palabras que no sigan las dos reglas anteriores llevarán un acento ortográfico en la sílaba acentuada.

    canción      único      árbol      lástima
    carácter      difícil

# LECCIÓN 1

# Sección Primera

## I · DIÁLOGO

### España e Hispanoamérica

*(Dos estudiantes, uno sudamericano, Pedro Ramírez Sorí,[1] y el otro norteamericano, Eduardo Johnson, caminan hacia la cafetería de la Unión Estudiantil, donde, generalmente, se reúnen los estudiantes. De repente,° Eduardo ve a un amigo suyo y lo llama.)*

EDUARDO   Oye,[2] Juan, ven acá. Quiero que conozcas a Pedro Ramírez Sorí, un nuevo estudiante.

JUAN   Cómo no,° Eduardo, en seguida.°

EDUARDO   *(ahora dirigiéndose a Pedro)* Pedro, te presento a un buen amigo mío, Juan Clary.

PEDRO   Mucho gusto.

JUAN   Hace frío° aquí afuera. ¿Qué les parece si entramos a tomar una taza de café y conversamos un rato?

EDUARDO   Gracias, Juan, pero no puedo. Tengo una clase, y en los últimos días he faltado mucho.[3] Sabes, ésa es mi debilidad.

PEDRO   Yo acepto la invitación. No tengo más clases por la mañana.

EDUARDO   Bueno, yo los dejo. Me marcho a clase.

PEDRO Y JUAN   Hasta luego, Eduardo.

### Cierto o falso

Las frases (u) oraciones siguientes expresan hechos ciertos o falsos con respecto al diálogo anterior. Cada alumno leerá una de ellas, y su

[1] En Hispanoamérica y España, comúnmente, se usa primero el apellido del padre y después el de la madre.
[2] *Listen*
[3] *I have been absent a lot*

1

compañero más cercano contestará **sí** o **no** completando la respuesta tal como se indica en el modelo (siempre usando respuestas completas).

Dos estudiantes caminan hacia la cafetería.
**Sí, dos estudiantes caminan hacia la cafetería.**

Eduardo Johnson es sudamericano.
**No, Eduardo Johnson es norteamericano.**

1. Eduardo quiere que Juan conozca a Pedro Ramírez Sorí.
2. Hace calor afuera.
3. Juan los invita a tomar un refresco.
4. Eduardo ha faltado mucho a clase.
5. Pedro tiene más clases por la mañana.
6. Eduardo se marcha a su casa.

## II · DIÁLOGO *(continuación)*

JUAN  ¿Eres de Sudamérica, Pedro?

PEDRO  Sí, ¿cómo te diste cuenta?

JUAN  Por tu acento. Yo hablo con muchos estudiantes españoles y sudamericanos, pues me interesa todo lo relacionado con España e Hispanoamérica, así como practicar el español.

PEDRO  Por cierto,° lo hablas muy bien. ¿Cuánto tiempo hace que lo estudias?

JUAN  Gracias, eres muy amable. Estudio español hace tres años.

PEDRO  ¿Has viajado a algún país de habla española?

JUAN  No, no he tenido la oportunidad. ¿Y tú? ¿Es tu primer viaje a los Estados Unidos?

PEDRO  No, en 1968 vine dos veces. Anteriormente venía todos los años.

JUAN  *(después de estar conversando un rato)* Bueno, Pedro, he de irme° a clase ahora, pero me gustaría verte nuevamente. Ya sabes cómo me interesa todo lo de ustedes.

PEDRO  Encantado. Así me ayudarás a sentirme mejor, ya que esta semana, como es natural,° he extrañado mucho a mi familia y amigos.

JUAN  Pues aquí estoy yo para distraerte. Hay que conocer° a algunas muchachas y divertirse un poco.

PEDRO  Gracias, Juan.

**Preguntas**

*Modesto* (handwritten)

Contesten con frases completas las preguntas siguientes de acuerdo
con el diálogo anterior. Cada respuesta deberá tener por lo menos
cinco palabras.

1. ¿Cómo se dio cuenta Juan de que Pedro es sudamericano?   *El se dio cuenta por su acento* (handwritten)
2. ¿Con quiénes habla Juan a menudo?   *El habla mucho con los españoles y los sudamericanos.* (handwritten)
3. ¿Por qué lo hace?   *Porque el tiene interés en las culturas y el idioma* (handwritten)
4. ¿Ha viajado Juan a algún país de habla española?   *-No, no ha tenido* (handwritten)
5. ¿Cuántas veces vino Pedro a los Estados Unidos en 1968?
6. ¿Adónde ha de ir Juan ahora?
7. ¿Qué le ha pasado a Pedro esta semana?

**Preguntas relacionadas con usted**

1. ¿Se reúne usted con otros estudiantes en la Unión Estudiantil?
2. ¿Ve usted a un amigo suyo ahora?
3. ¿Quiere usted tomar una taza de café?
4. ¿Tiene usted clases hoy?
5. ¿Es usted de Sudamérica?
6. ¿Cuánto tiempo hace que usted estudia español?
7. ¿Ha viajado usted a algún país de habla española?
8. ¿Extraña usted mucho a su familia cuando está en la universidad?
9. ¿Quiere usted conocer a alguna muchacha (algún muchacho) en esta clase?

# III · HABLEMOS EN ESPAÑOL

1. ¿Cómo le presentaría usted un amigo suyo a otro?
2. ¿Qué le diría a cada uno para empezar una conversación?
3. ¿Adónde los invitaría a sentarse para hablar?
4. ¿Quién debe pagar la cuenta, el que invita o los invitados?
5. ¿Cómo les preguntaría usted a sus amigos para saber lo que desean tomar?
6. ¿Cómo le pediría usted al mozo una orden de refrescos?
7. ¿Cuáles son algunas expresiones que se usan para despedirse de una persona? ¿Saludar a una persona?

# IV · MODISMOS Y EXPRESIONES

hacer frío (calor)[4]   *to be cold (warm)*
haber sol (polvo)[4]   *to be sunny (dusty)*
haber de + infinitivo   *to be (supposed, expected) to*
haber que + infinitivo   *to be necessary*
tener[5]... años   *to be... years old*
tener razón   *to be right*

(A) Contesten las preguntas siguientes tal como se indica en el modelo. No dejen de usar el modismo o expresión indicados en negrita.

¿Qué **hay que** hacer? (comer)
**Hay que comer.**

1. ¿Cuándo **hacía calor?** (ayer)
2. ¿Adónde **ha de** ir después de clases? (al dentista)
3. ¿Para qué **hay que** estudiar? (la prueba)
4. ¿Cuándo **habrá frío?** (mañana)
5. ¿Cuántos **años tiene** usted? (veinte y dos)
6. ¿Quién **tiene razón**, el policía o usted? (yo)

cómo no   *of course*
de repente   *suddenly*
como es natural   *as it is natural*
por cierto   *certainly, by the way*
en seguida   *immediately, right away*
en los últimos días   *in recent days, lately*

(B) En lugar de las palabras en negrita, usen uno de los modismos o expresiones que tenga un significado parecido.

Vendré a verte **al instante.**
**Vendré a verte en seguida.**

1. **Últimamente,** la inflación había aumentado.
2. Llegaba del trabajo, **como era lógico,** cansado.
3. Ordenó que se hiciera el trabajo **inmediatamente.**
4. **No faltaba más;** acepto la proposición.
5. **De pronto,** había encontrado la solución.
6. **A propósito,** ¿quién es esa muchacha?

[4] El uso de **haber** es más común con cosas que se pueden ver y **hacer** con las que se pueden sentir. Hay países donde algunas de estas expresiones se usan indistintamente: **Hace frío (calor). Hay frío (calor).** *It is cold (warm).* **Hay sol. Hace sol.** *It is sunny.*

[5] El verbo **tener** se usa en muchos modismos como traducción del verbo *to be:* **Tener frío (hambre, razón, cuidado, miedo, prisa, salud, sed, sueño, etc.).** *To be cold (hungry, right, careful, afraid, in a hurry, healthy, thirsty, sleepy, etc.).*

# Sección Segunda

## I · GRAMÁTICA

### 1. El presente de indicativo

| hablar | | comer | | vivir | |
|--------|--------|--------|--------|--------|--------|
| habl–o | habl–amos | com–o | com–emos | viv–o | viv–imos |
| habl–as | habl–áis | com–es | com–éis | viv–es | viv–ís |
| habl–a | habl–an | com–e | com–en | viv–e | viv–en |

El presente se usa para expresar:

**A.** Una acción que ocurre en el momento presente o de manera habitual.

Yo **acepto** la invitación.  *I accept the invitation.*

**Caminan** hacia la Unión  *They walk toward the Student*
  Estudiantil.  *Union.*

¿Dónde **se reúnen** generalmente  *Where do the students generally*
  los estudiantes?  *meet?*

**B.** Una acción que comenzó en el pasado pero que continúa en el presente.

**Estudio** desde las diez de la noche.  *I have been studying since ten o'clock at night.*

**Habla** desde que llegó.  *He has been talking since he arrived.*

**C.** Una acción que ocurrirá en el futuro inmediato o cercano.

Mañana **salgo** para Santiago.  *Tomorrow I'm leaving for Santiago.*
Lo **veo** después.  *I'll see him later.*
**Estudiamos** esta noche.  *We are studying tonight.*

**D.** Una acción pasada en el estilo narrativo histórico. Este es el llamado <u>presente histórico.</u>

La primera parte del Quijote **se publica** en 1605; la segunda en 1615.  *The first part of Quijote was published in 1605; the second in 1615.*

## 2. El pretérito indefinido y el pretérito imperfecto

Estos dos tiempos corresponden al pasado simple del inglés. Se les conoce común-mente por pretérito e imperfecto. A continuación daremos las reglas principales para el uso de ambos tiempos, pero, en caso de duda, siempre debemos tener en cuenta que el pretérito se usa para narrar una acción que se completó o terminó en el pasado, y el imperfecto para describir una acción que ocurría en el pasado sin prestar atención a su terminación.

| PRETERITO | IMPERFECTO |
|---|---|
| El **estudió** la lección. | He studied the lesson. |
| El **estudiaba** la lección. | He was studying the lesson. |
| Yo **preparé** la tarea. | I prepared the assignment. |
| Yo **preparaba** la tarea. | I was preparing the assignment. |

## 3. El pretérito indefinido

| hablar | | comer | | vivir | |
|---|---|---|---|---|---|
| habl–é | habl–amos | com–í | com–imos | viv–í | viv–imos |
| habl–aste | habl–asteis | com–iste | com–isteis | viv–iste | viv–isteis |
| habl–ó | habl–aron | com–ió | com–ieron | viv–ió | viv–ieron |

El pretérito se usa para expresar:

**A.** Una acción que ocurrió en el pasado y que se da por terminada.

| Ayer **estudié** mucho. | Yesterday I studied a lot. |
|---|---|
| **Hablé** con Pedro. | I spoke with Pedro. |
| **Llegué** aquí el martes. | I arrived here on Tuesday. |

**B.** Una serie de acciones en el pasado que se consideran como una sola.

| En 1968 **vine** aquí dos veces. | In 1968 I came here twice. |
|---|---|
| **Fui** a París tres veces el año pasado. | I went to Paris three times last year. |
| Anteayer me **llamó** en cuatro ocasiones. | The day before yesterday he called me on four occasions. |

## 4. El pretérito imperfecto de indicativo

| hablar | | comer | | vivir | |
|---|---|---|---|---|---|
| habl–aba | habl–ábamos | com–ía | com–íamos | viv–ía | viv–íamos |
| habl–abas | habl–abais | com–ías | com–íais | viv–ías | viv–íais |
| habl–aba | habl–aban | com–ía | com–ían | viv–ía | viv–ían |

El imperfecto se usa para expresar:

**A.** Una acción usual o habitual en el pasado.

| | |
|---|---|
| Anteriormente yo **venía** todos los años. | *Previously, I came every year.* |
| Todas las semanas él **iba** al cine. | *Every week he used to go to the movies.* |
| Yo le **escribía** los viernes. | *I used to write him on Fridays.* |

**B.** Una acción o condición que ocurría en el pasado, sin prestar atención a su resultado.

| | |
|---|---|
| Yo **comía** ayer a las siete. | *I was eating yesterday at seven o'clock.* |
| **Iban** al teatro. | *They were going to the theater.* |
| **Caminaba** a su casa. | *He was walking home.* |

**C.** Una acción que ocurría al momento de producirse una acción principal, que normalmente la interrumpe.

| | |
|---|---|
| **Almorzaba** cuando él llegó. | *I was eating lunch when he arrived.* |
| **Dormía** cuando llamó por teléfono. | *I was sleeping when he called on the phone.* |
| **Estudiaba** cuando vino. | *I was studying when he came.* |

**D.** Dos acciones que ocurrían al mismo tiempo, sin prestar atención a su duración o terminación.

| | |
|---|---|
| **Cantábamos** y **bailábamos** en la fiesta. | *We were singing and dancing at the party.* |
| **Nadabas** y **esquiabas** en el agua. | *You were swimming and skiing in the water.* |

**E.** La hora, características de las personas y de las cosas, estados de ánimo, opiniones y edad en el pasado.

| | |
|---|---|
| La muchacha **era** simpática y bonita. | *The girl was nice and pretty.* |
| **Me sentía** muy triste. | *I was feeling very sad.* |
| **Tenía** veinte años, cuando lo conocí. | *He was twenty years old when I met him.* |
| Yo **pensaba** de otra manera. | *I thought (used to think) differently.* |

## 5. Comparación del pretérito y el imperfecto

**A.** El pretérito se usa para expresar la acción principal (narración); el imperfecto, la acción secundaria que le sirve de marco o fondo (descripción).

Ayer **fuimos** a comer. La comida
**estaba** deliciosa. Pero algo malo
**ocurrió**; el mozo **trajo** la cuenta
y yo no **tenía** dinero.
Cuando **salí** a caminar la mañana
**estaba** bella.

*Yesterday we went to eat. The food*
*was delicious. But something bad*
*happened; the waiter brought the*
*bill and I didn't have any money.*
*When I went out to walk, the*
*morning was beautiful.*

**B.** Cuando se describe una acción repetida, si se limita por el tiempo y se le considera como una sola, se usa el pretérito. De otra manera, se usa el imperfecto.

En 1972 **vino** a vernos dos veces.
Anteriormente, **venía** todos los
años.
Ayer **llamó** cuatro veces.
Antes **llamaba** todos los días.

*In 1972 he came to see us twice.*
*Previously, he came every year.*

*Yesterday, he called four times.*
*Before, he called every day.*

**C.** Se usa el pretérito cuando uno se preocupa por expresar el resultado. En caso contrario, se usa el imperfecto.

**Estudié** la lección mientras **comía**.

Lo **llamó** cuando salía.
**Recibió** una buena nota por lo
mucho que **estudiaba**.

*I studied the lesson while I was*
*eating.*
*He called him when he was leaving.*
*He received a good grade because*
*he studied a lot.*

**D.** Algunos pocos verbos pueden tener un significado especial con el pretérito y otro con el imperfecto.

**Supimos** que había llegado.
**Sabíamos** que había llegado.
Él lo **conocía**.
Él lo **conoció**.
No **quería** venir.   *(didn't want)*
No **quiso** venir.   *(refused)*
**Podía** escribir bien.   *(was able)*
**Pudo** escribir bien.   *(succeeded)*

*We found out he had arrived.*
*We knew he had arrived.*
*He knew him.*
*He met him.*
*He didn't want to come.*
*He refused to come.*
*He was able to write well.*
*He succeeded in writing well.*

## 6. El futuro de indicativo

$$
\begin{array}{l l}
\text{hablar--} & \left.\begin{array}{l}
\text{--é} \\
\text{--ás} \\
\text{--á} \\
\text{--emos} \\
\text{--éis} \\
\text{--án}
\end{array}\right\}
\end{array}
$$

comer--

vivir--

El futuro se usa para expresar:

**A.** Una acción que ocurrirá en el tiempo futuro.[6]

| | |
|---|---|
| **Iré** al cine mañana. | *I will go to the movies tomorrow.* |
| No **olvidaré** una invitación tan atractiva. | *I will not forget such an attractive invitation.* |
| **Llegará** mañana. | *He will arrive tomorrow.* |

**B.** Duda, conjetura o probabilidad en el tiempo presente. Éste es el llamado futuro de probabilidad.

| | | |
|---|---|---|
| ¿**Estará** en su casa? | ( Me pregunto si está en su casa. ) | *I wonder if he is at home.* |
| ¿Qué hora **será**? | ( Me pregunto qué hora es. ) | *I wonder what time it is.* |
| ¿Para dónde **irá**? | ( Me pregunto para dónde va. ) | *I wonder where he is going.* |

## 7. El pretérito perfecto de indicativo[7]

$$
\left.\begin{array}{l}
\text{he} \\
\text{has} \\
\text{ha} \\
\text{hemos} \\
\text{habéis} \\
\text{han}
\end{array}\right\}
\text{hablado, comido, vivido}
$$

---

[6] **Ir a** + infinitivo se traduce *to be going to:* Él **va a** estudiar en su casa.  *He is going to study in his house.*

[7] El **pretérito perfecto** y el **pretérito pluscuamperfecto** se conocen comúnmente por **perfecto** y **pluscuamperfecto**.

El perfecto se usa para describir una acción que ha terminado en el pasado inmediato y que todavía sus efectos se producen en el presente.

| | |
|---|---|
| Últimamente, **he extrañado** mucho a mis amigos. | *Lately, I have missed my friends a lot.* |
| **He faltado** mucho a clase. | *I have missed class a lot.* |
| **Ha sido** un placer conocerte. | *It has been a pleasure to meet you.* |
| **Hemos llegado** temprano. | *We have arrived early.* |

## 8. El pretérito pluscuamperfecto de indicativo [7]

había
habías
había
habíamos } hablado, comido, vivido
habíais
habían

El pluscuamperfecto se usa para expresar una acción que ocurrió en el pasado con anterioridad a otra acción que también ocurrió en el pasado.

| | |
|---|---|
| Nosotros **habíamos salido** (cuando él regresó). | *We had left (when he returned).* |
| Ella **había dormido** toda la noche. | *She had slept all night.* |
| La **habían terminado** ya. | *They had already finished it.* |

## 9. El pretérito anterior

hube
hubiste
hubo
hubimos } hablado, comido, vivido
hubisteis
hubieron

El pretérito anterior se usaba antiguamente en la misma forma que el pluscuamperfecto, aunque en forma más específica. Hoy en día, su uso está limitado a oraciones temporales [8] y generalmente en conversación se le sustituye por el pretérito.

---

[7] El **pretérito perfecto** y el **pretérito pluscuamperfecto** se conocen comúnmente por **perfecto** y **pluscuamperfecto**.

[8] En los pocos casos en que se usa va precedido de conjunciones de tiempo como **cuando** (*when*), **en cuanto** (*as soon*), **tan pronto como** (*as soon as*), **después que** (*after*), etc.

| | |
|---|---|
| Después que **hubo llegado (llegó)** se acostó. | *After he had arrived (arrived) he went to bed.* |
| Tan pronto **hubimos llegado (llegamos)** nos habló. | *As soon as we had arrived (arrived) he talked to us.* |

## 10. El futuro perfecto de indicativo

habré  
habrás  
habrá  
habremos  } hablado, comido, vivido  
habréis  
habrán

El futuro perfecto se usa para expresar:

**A.** Una acción que será completada en el futuro, pero antes que otra acción que también ocurrirá en el futuro.

| | |
|---|---|
| Yo **habré terminado** el trabajo cuando llegue el director. | *I will have finished the work when the director arrives.* |
| Ella **habrá comido** antes que yo salga a visitarla. | *She will have eaten before I leave to visit her.* |
| Nosotros **habremos contestado** antes de que termine el examen. | *We will have answered before he finishes the exam.* |

**B.** Conjetura o probabilidad en el futuro o en el pasado.

| | |
|---|---|
| Yo lo **habré hecho** para mañana (probablemente). | *I will probably have done it by tomorrow.* |
| ¿Qué hora **habrá sido**[9] cuando ocurrió el accidente? | *What time could it have been when the accident happened.* |
| El **habrá contestado** correctamente. | *He probably answered correctly.* |

## 11. Usos de *hacer*

**A.** El verbo **hacer** *(to make, to do)* se usa muy frecuentemente en la construcción: **Haga (usted) el favor de** + infinitivo.

| | |
|---|---|
| **Haga el favor de** sentarse. | *Please sit down.* |
| **Haga usted el favor de** llamarme. | *Please call me.* |
| **Hágame el favor de** escribirlo. | *Please write it for me.* |

[9] Se usa tambien el potencial perfecto; véase el número **16B**, en la lección segunda.

**B.** Se usa también en muchos modismos relacionados con la temperatura y el tiempo; en estos casos su uso es más común con lo que se puede sentir.

| | |
|---|---|
| ¿Qué **tiempo hace**? **Hace buen (mal) tiempo.** | *What is the weather like? It's good (bad).* |
| **Hace calor** (frío, fresco, viento, etc.). | *It is hot (cold, cool, windy, etc.).* |

**C.** Se usa en muchas otras expresiones idiomáticas, como:

hacer una apuesta   *to make a bet*
hacer un viaje   *to take a trip*
hacer una visita   *to make a visit*
hacer una maleta   *to pack a suitcase*
hacer una pregunta   *to ask a question*
hacer el papel de   *to play the role of*

| | |
|---|---|
| Quiero **hacerle una pregunta.** | *I want to ask him a question.* |
| Cantinflas **hace el papel de** Sancho Panza. | *Cantinflas plays the role of Sancho Panza.* |

**D. Hacer** se usa en las siguientes expresiones de tiempo.[10]

(1) **Hace... (que)** + presente de indicativo se usa para expresar el tiempo transcurrido desde que empezó una acción en el pasado hasta el presente en que continúa. Noten la diferencia de construcción en éste y en los casos siguientes al situar **hace (hacía)** delante o detrás del verbo.

| | |
|---|---|
| **Hace** tiempo **que** espero a un amigo. | *I have been waiting for a friend a while.* |
| Espero a un amigo **hace** tiempo. | *I have been waiting for a friend a while.* |
| **Hace** tres años **que** estudio español. | *I have been studying Spanish for three years.* |
| Estudio español **hace** tres años. | *I have been studying Spanish for three years.* |

(2) **Hace... (que)** + pretérito de indicativo se usa para expresar el tiempo transcurrido desde que terminó una acción.

| | |
|---|---|
| **Hace** dos meses **que** llegué. | *I arrived two months ago.* |
| Llegué **hace** dos meses. | *I arrived two months ago.* |
| **Hace** dos horas **que** lo vi. | *I saw him two hours ago.* |
| Lo vi **hace** dos horas. | *I saw him two hours ago.* |

[10] **Llevar** + tiempo en ocasiones puede sustituir las construcciones con **hacer** + tiempo. Véase el número **109** de la Lección 10.

(3) **Hacía... (que)** se usa para indicar una acción que empezó y terminó en el pasado. El momento en que la acción terminó casi nunca se expresa.

| | |
|---|---|
| **Hacía** dos años **que** no venía. | *He hadn't come for two years.* |
| No venía **hacía** dos años. | *He hadn't come for two years.* |
| **Hacía** seis meses **que** no viajaba. | *He hadn't travelled for six months.* |
| No viajaba **hacía** seis meses. | *He hadn't travelled for six months.* |

## 12. Usos de *haber*

**Haber** se usa:

**A.** Para formar los tiempos compuestos.

| | |
|---|---|
| Yo **he (había) comido** mucho. | *I have (had) eaten a lot.* |
| Ella **ha (había) llamado.** | *She has (had) called.* |

**B.** En la tercera persona del singular de todos los tiempos como traducción de *there is, there are* (**hay**);[11] *there was, there were* (**hubo, había**); *there will be* (**habrá**); etc., para expresar existencia.

| | |
|---|---|
| **Hay** cosas que son difíciles de creer. | *There are things that are difficult to believe.* |
| ¡Qué **haya** tales estúpidos! | *How could there be such stupid people!* |
| **Había** más problemas. | *There were more problems.* |

Esta construcción no se puede usar para expresar lugar o situación. En este último caso se usa **estar.** Comparen:

| | |
|---|---|
| A la puerta **hay** un niño. | *There is a boy at the door.* |
| A la puerta **está** un niño. | *A boy is (stands) at the door.* |

Con el sentido impersonal de *to be* el infinitivo (**haber**) puede usarse con otros verbos.

| | |
|---|---|
| Podrá **haber** otras soluciones. | *There might be other solutions.* |
| Va a **haber** un examen mañana. | *There is going to be an exam tomorrow.* |

**C.** En dos construcciones idiomáticas muy comunes: **Haber que** + infinitivo *(to be necessary)* y **haber de** + infinitivo *(to be supposed to, to be expected to).*

| | |
|---|---|
| **Hay que** estudiar más. | *It is necessary to study more.* |
| **Has de** estudiar más. | *You are supposed to study more.* |
| **Había que** llegar temprano. | *It was necessary to arrive early.* |
| **Había de** llegar temprano. | *He was supposed to arrive early.* |

---

[11] **Hay** es la única forma irregular.

Noten que **haber que** + infinitivo siempre se usa en forma impersonal al contrario de **haber de** + infinitivo.

**D.** En muchas expresiones idiomáticas referentes al tiempo con cosas que se pueden ver.

> **Había sol (luna, viento).** It was sunny (moonlit, windy).

**E.** En muchas otras expresiones idiomáticas.

| | |
|---|---|
| ¿Qué **hay** de nuevo? | *What is new?* |
| No **hay** de qué. | *You are welcome.* |
| No **hay** nada más que hacer. | *There is nothing else to do.* |
| ¿**Hay** algo que hacer? | *Is there something to do?* |
| No **hay** por (para) qué quejarse. | *There is no reason for complaining.* |

## 13. Separación de las sílabas

**A.** Una sola consonante se une a la siguiente vocal. **Ch, rr** y **ll** se consideran como una sola consonante.

> ca-ma    a-pa-re-ci-do    lla-ma    ca-ba-llo    bo-rra-cho

**B.** Dos o más consonantes usualmente se separan.

> ar-te-ria    pas-to    al-to    dig-ni-dad

**C.** Cuando **l** o **r** resultan la segunda de las consonantes, usualmente no se separan de la primera consonante.

> no-so-tros    ha-bla-do    a-bri-go

**D.** Cuando hay tres o más consonantes juntas, solamente la última se une a la siguiente vocal, con excepción, como hemos visto, de la **l** o **r** inseparables.

> obs-tan-te    cons-truir

# II · EJERCICIOS

**(A)** Cambien las formas verbales tal como se indica en el modelo.

> Mañana hablamos con Pedro.
> **Mañana hablaremos con Pedro.**
> **Mañana vamos a hablar con Pedro.**

1. El viernes asistimos a la fiesta.
2. A las dos vamos a California.
3. Pasado mañana vuelo a Dallas.
4. Pedro viene el jueves.
5. Los primos llegan pasado mañana.
6. Tú recibes el traje en una semana.
7. Él les pregunta su opinión.
8. Ellos le contestan rápidamente.

**(B)** Complétense las frases siguientes con la forma apropiada del pretérito o del imperfecto tal como se indica en el modelo.

> Margarita (dormir) cuando su madre (entrar) en el cuarto.
> **Margarita dormía cuando su madre entró en el cuarto.**

1. Juan (viajar) tres veces el año pasado.
2. Cuando yo (estudiar) mi compañero (llamar) a la puerta.
3. Yo (ir) siempre al teatro.
4. Ayer mi padre me (visitar) hasta las siete.
5. Mi novia me (escribir) usualmente.
6. Yo (dormir) cuando Pedro (estudiar).
7. Hace tres horas que (terminar) de hablar con María.
8. Anteanoche mis hermanos (venir) a verme.
9. El profesor (llegar) diariamente a las ocho.
10. (Ser) las siete de la noche y (estar) oscuro.

**(C)** Usen las expresiones entre paréntesis en vez de las expresiones en negrita, y cambien las formas verbales en las frases siguientes del imperfecto al pretérito, o viceversa.

> **Todos los días** iba al médico.   (tres veces)
> **Tres veces fui al médico.**

1. **Siempre** me compraban algo.   (en dos ocasiones)
2. **Todos los inviernos** yo iba a la Florida.   (el año pasado)
3. **Muchas veces** la invitaba a los toros.   (anteayer)
4. **Constantemente** comíamos en la fraternidad.   (tres veces)
5. **Los sábados** íbamos a bailar.   (el otro día)
6. **Anoche** lo ví en el cine.   (siempre)
7. Estudió **cuatro noches en un mes.**   (todas las noches)
8. **El verano anterior** fue a Ciudad México.   (usualmente)
9. Ella visitó a su tía **seis veces en un mes.**   (normalmente)
10. Tomé una cerveza **una sola vez.**   (habitualmente)

**(D)** Contesten las preguntas siguientes de acuerdo con el modelo.

¿Quién será ese muchacho?   (el novio de Carmen)
**Será el novio de Carmen.**

1. ¿Qué hora será?   (las siete de la mañana)
2. ¿Será niño o niña el recién nacido?   (niño)
3. ¿Quién vendrá caminando por el pasillo?   (Pepe)
4. ¿Dónde estará mi hermana?   (en el teatro)
5. ¿Qué equipo ganará el campeonato?   (el San Francisco)
6. ¿Cuándo habrán llegado ellos?   (ayer)
7. ¿Quién habrá comprado ese libro?   (Pedro)
8. ¿Dónde habrá almorzado?   (en la cafetería)
9. ¿Cuántos habrán venido?   (cincuenta)
10. ¿Para qué lo habrá hecho?   (para ayudarte)

**(E)** Contesten las preguntas siguientes tal como se indica en los modelos.

Contestando en el pretérito:

¿Estudias ahora?
**No, estudié ya.**

1. ¿Escribes en este momento?
2. ¿Come ahora?
3. ¿Llegan en este momento?

Contestando en el perfecto:

¿Estudias la lección?
**No, he estudiado ya.**

1. ¿Escribes en este momento?
2. ¿Come ahora?
3. ¿Llegan en este momento?

Contestando en el futuro:

¿Estudias ahora?
**No, estudiaré después.**

1. ¿Escribes en este momento?
2. ¿Come ahora?
3. ¿Llegan en este momento?

Contestando en el pluscuamperfecto:

¿Estudiabas la lección?
**No, había estudiado ya.**

1. ¿Escribías a tu padre?
2. ¿Comía su manzana?
3. ¿Llegaban tus hermanos?

**(F)** Contesten las preguntas siguientes según se indica en el modelo.

¿Hizo frío ayer?
**No, hace frío hoy.**

1. ¿Hizo calor ayer?
2. ¿Había niebla ayer?
3. ¿Hacía él un viaje ayer?
4. ¿Había usted de estudiar ayer?
5. ¿Hacía fresco ayer?
6. ¿Había que trabajar ayer?

**(G)** Contesten las preguntas siguientes según se indica en el modelo.

> ¿Quién lo habrá dicho?   (Pedro)
> **Lo habrá dicho Pedro.**

1. ¿Quién lo habrá traído?   (Juan)
2. ¿Dónde lo habremos puesto?   (en la sala)
3. ¿Qué habrá comprado?   (un automóvil)
4. ¿Cuál habrá visto?   (el vestido verde)
5. ¿Para quién lo habrán escrito?   (para los profesores)
6. ¿Por qué lo habrá dicho?   (para amenazarnos)
7. ¿Lo habrá leído Pedro o María?   (Pedro)
8. ¿Dónde lo habré puesto?   (en la sala)
9. ¿Cuál habremos roto?   (el del portal)
10. ¿La habrán ganado ustedes o ellos?   (ellos)

**(H)** Cambien las frases siguientes según se indica en el modelo.

> Hace tres años que estudio español.
> **Estudio español hace tres años.**

1. Hace una semana que duermo allá.
2. Hace cinco meses que asistes a la universidad.
3. Hace un semestre que terminó su carrera.
4. Hace un año que vinieron a verla.
5. Hacía semanas que no la veíamos.
6. Hacía pocas horas que no comíamos.

**(I)** Contesten las preguntas siguientes según se indica en el modelo.

> ¿Cuánto tiempo hace que estás aquí?   (un día)
> **Hace un día que estoy aquí.**

1. ¿Cuánto tiempo hace que está enfermo?   (dos semanas)
2. ¿Cuánto tiempo hace que estudia en Lima?   (medio año)
3. ¿Cuánto tiempo hace que empezó el bachillerato?   (un año)

**(J)** Cambien las frases siguientes tal como se indica en el modelo.

> Las tres muchachas están (estaban, estarán) en el comedor.
> **Hay (había, habrá) tres muchachas en el comedor.**

1. Las dos cartas están en la mesa.
2. Un señor está en la sala.
3. Los dos ministros estaban en la conferencia.
4. Unos cinco invitados estaban en el salón principal.
5. Los cuatro vestidos estarán en el cuarto.
6. Un joven estará en el portal.

# III·EJERCICIO DE REPASO

Cambien los verbos en negrita al tiempo indicado, repitiendo toda la frase.

1. **Bailábamos** en el portal de la casa.   (presente, futuro, pretérito y pluscuamperfecto de indicativo)
2. **Comeremos** en casa de Pedro.   (imperfecto, presente, pretérito perfecto y pluscuamperfecto de indicativo)
3. **Escribo** la composición en español.   (pretérito, imperfecto, futuro y pretérito perfecto de indicativo)
4. **Cantaste** en la ducha.   (futuro, pluscuamperfecto, presente y pretérito perfecto de indicativo)
5. **Temo** a los chismes de mi suegra.   (pluscuamperfecto, pretérito perfecto, imperfecto y futuro de indicativo)
6. **Había vivido** en Buenos Aires.   (pretérito perfecto, futuro, imperfecto y pretérito de indicativo)

# IV·EJERCICIOS DE VERBOS[12]

Verbos que cambian o diptongan la vocal de la raíz

Primer grupo:  **pensar**   *to think; to think over; to intend*
              **contar**   *to count; to tell, relate*
              **perder**   *to lose; to squander; to ruin, harm; to miss (a bus)*
              **volver**   *to return; to turn; to turn up, over, inside out; to restore*

Los cambios $\begin{Bmatrix} e \to ie \\ o \to ue \end{Bmatrix}$ ocurren en el $\begin{cases} \text{presente de indicativo} \\ \quad \text{en el singular} \\ \quad \text{y en la tercera persona plural.} \\ \text{presente de subjuntivo} \\ \quad \text{en el singular} \\ \quad \text{y en la tercera persona plural.} \\ \text{imperativo} \\ \quad \text{en el singular.} \end{cases}$

(A) Hagan los cambios que sean necesarios de acuerdo con el sujeto.

1. Yo pienso que estás equivocado.   (Jaime, nosotros, María y Juan, ella)
2. Usted cuenta la historia.   (yo, él, ellos, nosotros, tú)

[12] Véase el Apéndice B en la página 311.

3. Tú pierdes los libros.    (nosotros, usted, él, yo, vosotros, los alumnos)
4. Pedro vuelve a su casa.    (los padres, ella, nosotros, tú, yo, vosotros)
5. Yo pensé en el problema.    (tu consejero, tú, ella, ellos, nosotros)
6. Magdalena contará los papeles.    (ellos, vosotros, Juan y yo, tú, yo)

**(B)** Cambien la historia siguiente, "Mi dinero", a "Nuestro dinero" tal como se indica en el modelo.

**Yo pienso** que **perdí** la cuenta.
**Nosotros pensamos que perdimos la cuenta.**

### MI DINERO

**Yo cuento** el dinero a menudo porque **pienso** que, si lo **pierdo,** al encontrarlo no **sabré** si **perdí** parte de él. Esta es la segunda vez que **me pasa.** La semana pasada también **perdí** el dinero, pero no lo **conté** cuando lo **volví** a encontrar porque **pensé** que era una pérdida de tiempo.

**(C)** Cambien los verbos de las oraciones siguientes a todos los tiempos del modo indicativo, del potencial (condicional) y del subjuntivo.

1. Yo (pensar) dormir mucho.
2. Usted (contar) los errores.
3. Nosotros (perder) la paciencia.
4. Ellos (volver) a fumar.

# LECCIÓN 2

## Sección Primera

## *I · DIÁLOGO*

### La gente, las costumbres y las tradiciones

*(Pedro ha salido a dar un paseo° y se encuentra con° Juan, a quien, como sabemos, conoció el día anterior. Hoy Juan está de vuelta° de una tertulia en casa de su profesor de español.)*

JUAN   ¿Qué tal, Pedro?[1] ¿Cómo te va?[2]

PEDRO   Hola, Juan. Te vi a lo lejos,° y no estaba seguro si serías tú el que venía eaminando.

JUAN   ¿Sabes adónde fui?

PEDRO   No sé. ¿Fuiste al cine? ¿A una fiesta?

JUAN   Ni lo uno ni lo otro.[3] Fui a casa de mi profesor de español a una tertulia, la que me gustó mucho.

PEDRO   ¿De qué hablaron? ¿De algún autor?

JUAN   No, decidimos hablar de la manera de ser de ustedes.

PEDRO   ¿Y qué sacaste en conclusión?

JUAN   Varias ideas que me gustaría discutir contigo, pero temo que te vayas a ofender.[4]

PEDRO   No, hombre, no. Empieza, para luego es tarde.[5]

JUAN   Bien, en primer lugar,° pienso que ustedes son individualistas. No les gusta una organización perfecta para todo.

PEDRO   Tienes razón, pero hay que tener cuidado[6] con juicios a la ligera...° Mira, sentémonos un rato en ese banco, para seguir hablando.

[1] *How are you, Pedro?*
[2] *How are you doing?*
[3] *Neither one nor the other.*
[4] **pero... ofender** *but I'm afraid you might be offended*
[5] *the sooner the better*
[6] *one has to be careful*

## Cierto o falso

Las frases u oraciones siguientes expresan hechos ciertos o falsos con respecto al diálogo anterior. Cada alumno leerá una de ellas, y su compañero más cercano contestará sí o **no** completando la respuesta.

1. Pedro no tenía duda de que Juan era el que venía.
2. Juan fue al cine.
3. La tertulia no le gustó a Juan.
4. Hablaron de la manera de ser de los hispanos.
5. Juan quiere discutir la lección con Pedro.
6. A los hispanos no les gusta una organización perfecta para todo.
7. Pedro invita a Juan a ir a la Unión.

# II · DIÁLOGO (continuación)

JUAN   Otra opinión que he sacado[7] es que las costumbres y las tradiciones son de mucha importancia para ustedes.

PEDRO   Cierto, fundamentalmente en lo que se refiere a la familia y a la religión.

JUAN   También aprecian más la fama y el buen nombre que el dinero.

PEDRO   A pesar de[8] que aparentemente es lo contrario, según muchos creen.

JUAN   Son emotivos y reaccionan como tales.[9] Por eso discuten y participan con tanto calor[10] de los problemas políticos y filosóficos.

PEDRO   Sí, desgraciadamente eso es lo que ha creado grandes divisiones entre nosotros... Bueno, déjame decirte que me parece que en una noche° te has dado cuenta° de muchas de nuestras cosas.

JUAN   ¿Hablas en serio,° o me tomas el pelo?[11]

PEDRO   No, Juan, te hablo en serio. No obstante, creo que debemos analizar poco a poco todo lo que has dicho.

JUAN   Estoy de acuerdo,[12] pero ¿cuándo?

PEDRO   Ya hoy es muy tarde, y tengo que darme prisa,[13] pero te prometo que en el futuro te hablaré de nuestras familias, historia,

[7] *that I have reached*
[8] *In spite of*
[9] *as such*
[10] *That's why they discuss and participate so heatedly*
[11] *Are you serious, or are you pulling my leg?*
[12] *I agree*
[13] **tengo... prisa**   *I have to hurry*

religión, idioma y muchas otras cosas, en resumen,° de nuestra cultura.

JUAN   Te agradeceré todo lo que me digas.° Quiero saber más de ustedes, quiero conocerlos aun mejor.

PEDRO   Cuenta con lo prometido.[14] Hasta mañana.

JUAN   Hasta mañana, Pedro.

## Preguntas

Contesten con frases completas las preguntas siguientes de acuerdo con el diálogo anterior. Cada respuesta deberá tener por lo menos cinco palabras.

1. ¿Cómo son las costumbres y las tradiciones para los hispanos?
2. ¿Qué aprecian más que el dinero?
3. ¿Por qué discuten con tanto calor de política?
4. ¿Le está tomando el pelo Pedro a Juan?
5. ¿Cómo cree Pedro que se debe analizar todo?
6. ¿Qué le promete Pedro a Juan?

## Preguntas relacionadas con usted

1. ¿Salió usted a dar un paseo anoche?
2. ¿A quién conoció usted ayer?
3. ¿Cuándo estará de vuelta usted en su dormitorio?
4. ¿Cuándo fue usted al cine en los últimos días? ¿A una fiesta?
5. ¿De qué habla usted en esta clase?
6. ¿Qué le gustaría discutir a usted ahora?
7. ¿Es usted individualista? ¿Emotivo?
8. ¿Son importantes para su familia las costumbres y las tradiciones?
9. ¿Es importante la religión en los Estados Unidos?
10. ¿Hay grandes divisiones en los Estados Unidos? ¿Por qué?
11. ¿Tiene usted que darse prisa ahora? ¿Por qué?

# III·HABLEMOS EN ESPAÑOL

1. ¿Cuántos estudiantes extranjeros hay en esta universidad?
2. ¿Cree usted que es conveniente que haya estudiantes extranjeros?
3. ¿Qué proporción de ellos son hispanoamericanos o españoles?

[14] **Cuenta... prometido.**   *You can count on (rely upon) what I promised.*

4. ¿Piensa usted que sería productivo conversar con ellos?
5. ¿Le parece a usted que sería bueno que se organizaran tertulias con ellos en la universidad?
6. ¿Cómo considera usted la participación de ellos en las reuniones del club de español?
7. ¿Cree usted que convendría invitarlos a hablar sobre sus patrias?

# IV · MODISMOS Y EXPRESIONES

dar un paseo   *to take a walk, ride*
encontrarse con   *to come across*
estar de vuelta   *to be back*
darse cuenta   *to realize*
darse prisa   *to hurry up*
agradecerle a uno algo   *to be grateful to someone for something*

(A) Llenen los espacios en blanco con uno de los anteriores modismos o expresiones. No usen cada uno de ellos en más de una ocasión. Usen el pretérito o el imperfecto de indicativo según corresponda.

Ayer _____ con mi profesor de español cuando _____ por los parques de la universidad. Cuando _____ de que yo _____ de la reunión del club de español me preguntó que cuántos alumnos habían asistido y, además, me explicó que él no había ido pues había tenido un fuerte dolor de cabeza. _____ toda la información y _____ en marcharse pues iba a la farmacia a comprar aspirinas y faltaban diez minutos para cerrar las puertas.

tomarle el pelo a alguien   *to pull somebody's leg*
a lo lejos   *in the distance*
en resumen   *briefly*
a la ligera   *lightly, hastily*
en una noche   *in one night*
en primer lugar   *in the first place*

(B) Sustituyan las expresiones en negrita con una de las expresiones anteriores que tenga un significado opuesto.

1. El detective **me hablaba en serio.**
2. El llegó **en último lugar.**
3. Lo supo todo **en una mañana.**
4. Tomó una decisión **bien pensada.**

5. **Ampliando,** él nos dijo eso.
6. El soldado se veía **cerca.**

(C) Si su profesor se lo ordena, estén preparados para usar cado uno de
los modismos y expresiones anteriores en una frase u oración.

# Sección Segunda

# I · GRAMÁTICA

## 14. Negación

**No** en español se sitúa inmediatamente delante del verbo, tanto en los tiempos
simples como en los compuestos. Cuando los pronombres objetivos se usan delante del verbo, **no** los precederá.

| | |
|---|---|
| **No** trae el libro. | *He isn't bringing the book.* |
| **No** ha traído el libro. | *He hasn't brought the book.* |
| **No** me trae el libro. | *He isn't bringing me the book.* |
| **No** me ha traído el libro. | *He hasn't brought me the book.* |

## 15. Interrogación

Hay dos formas para convertir una oración afirmativa en una interrogativa. La
primera, situando el sujeto después del verbo o, en algunos casos, del complemento. La segunda, cambiando la entonación de la frase u oración como en
inglés.

| | |
|---|---|
| Pedro viene. | *Pedro is coming.* |
| **¿Viene Pedro?** | *Is Pedro coming?* |
| **¿Pedro viene?** (énfasis en **viene**) | *Pedro is coming?* |

También, en ocasiones, al final de la oración se añade ¿eh?, ¿verdad?, ¿no?, ¿no es verdad?[15] cuando se espera una respuesta afirmativa.

| | |
|---|---|
| Pedro viene, ¿no es verdad? | *Pedro is coming, isn't that right?* |
| Pedro viene, ¿no? | *Pedro is coming, isn't he?* |
| Pedro viene, ¿eh? | *Pedro is coming, eh?* |
| Pedro viene, ¿verdad? | *Pedro is coming, right?* |

## 16. El potencial (condicional) simple

$$
\begin{array}{c}
\text{hablar--} \\
\text{comer--} \\
\text{vivir--}
\end{array}
\left.\begin{array}{l}
\text{--ía} \\
\text{--ías} \\
\text{--ía} \\
\text{--íamos} \\
\text{--íais} \\
\text{--ían}
\end{array}\right\}
$$

**A.** El potencial traduce al inglés *would, should* y *could*. Expresa un hecho futuro con relación a un hecho o momento pasado.

| | |
|---|---|
| Prometió que **vendría**. | *He promised he would come.* |
| No sabíamos si **llegarían**. | *We did not know if they would arrive.* |
| Dije que lo **haría**. | *I said I would do it.* |

Nótese que en esta relación el potencial es al pretérito lo que el futuro al presente.

| | |
|---|---|
| Presente ⟷ Futuro | |
| **Digo** que lo **haré**. | *I say that I will do it.* |
| Potencial ⟷ Preterito | |
| **Dije** que lo **haría**. | *I said that I would do it.* |

**B.** El potencial también se usa para expresar probabilidad, conjetura o duda en el pasado.

| | |
|---|---|
| No estaba seguro si **serías tú**. | *I was not sure (I wonder) if it was you.* |
| **Irías** a una fiesta. | *Probably you went to a party.* |
| **Serían** las siete. | *It was probably seven.* |

**C.** El potencial se usa en las conclusiones de las oraciones condicionales.[16]

| | |
|---|---|
| Si viniera lo **vería**. | *If he came, I would see him.* |

---

[15] ¿No?, ¿no es verdad? sólo se pueden usar cuando la oración a que se unen es afirmativa.

[16] El subjuntivo lo puede sustituir.

Si hubiéramos tenido dinero, **habríamos ido**[17] al cine.

*If we had had money, we would have gone to the movies.*

Si lo hubiera sabido lo **habría hecho.**

*If I had known it I would have done it.*

En muchas ocasiones la cláusula que comienza con **si** queda sobrentendida y se omite en la conversación diaria.

Me **gustaría** discutir contigo.

*I would like to discuss (talk) with you.*

( Si no te ofendieras ) me **gustaría** discutir contigo.

*If you would not mind, I would like to discuss (talk) with you.*

**D.** El potencial se usa con los verbos **deber** *(to have to, must, should, ought)*, **poder** *(to be able, can, may)*, **querer** *(to want, wish, desire)* para expresar en forma más suave una petición o exhortación.

¿**Podría** venir?

*Could you come?*

**Deberían** estudiar más.

*You should study more.*

**Querría** que estudiaras.

*I would like you to study.*

## 17. El potencial perfecto o compuesto (condicional compuesto)

habría
habrías
habría
habríamos
habríais
habrían

hablado, comido, vivido

**A.** Se usa como el tiempo correspondiente en inglés. Traduce *should (would) have* más el participio pasivo.

Pensé que **habrías ido** al cine.

*I thought that you would have gone to the movies.*

Ellos **habrían venido** a visitarnos.

*They would have come to visit us.*

**B.** También expresa, como el potencial simple, probabilidad, conjetura o duda en el pasado, aunque no es tan común su uso como el del primero.

¿**Habría estado** aquí?   ( Me pregunto si estuvo aquí. )

*I wonder if he was here?*

**Habrían dicho** la verdad.   ( Probablemente dijeron la verdad. )

*They probably told the truth.*

[17] Potencial perfecto.

## 18. Usos de *deber* como verbo auxiliar[18]

El verbo **deber** *(should, would, must, etc.)* como verbo auxiliar tiene varios usos.

**A.** Expresa obligación.

(1) En el presente indica la idea de obligación o necesidad. En ocasiones esta idea va unida a la de conveniencia.

| | |
|---|---|
| **Debo** terminar este trabajo para mañana. | *I should finish this assignment (job, task) for tomorrow.* |
| **Debes** usar mejor tu tiempo. | *You should use your time better.* |

(2) En .el pretérito y el imperfecto de indicativo expresa una obligación casi siempre no satisfecha en el pasado.

| | |
|---|---|
| **Debía** haber estudiado más. | *He should have studied more.* |
| **Debiste** llegar más temprano. | *You should have arrived earlier.* |

(3) En el imperfecto de subjuntivo o el potencial, como hemos visto anteriormente y veremos en la Lección 14, expresa la idea de obligación o exhortación unida a la de conveniencia en un tono suave o delicado.

| | |
|---|---|
| **Debieras** (**deberías**) levantarte más temprano. | *You should get up earlier.* |
| **Debiéramos** (**deberíamos**) irnos. | *We should leave.* |

**B.** **Deber** (**de**) + infinitivo expresa probabilidad y, como tal, sustituye al futuro o potencial de probabilidad (o sus tiempos compuestos) según el tiempo que se use. Noten la correspondencia de tiempos.

| | |
|---|---|
| **Debe** (**de**) tener (tendrá, probablemente tiene) setenta años. | *He is probably seventy years old.* |
| **Debía** (**de**) tener (tendría, probablemente tenía) setenta años. | *He was probably seventy years old.* |
| **Debe de** haber tenido (habrá tenido, probablemente ha tenido) setenta años. | *He probably was seventy years old.* |
| **Debía de** haber tenido (habría tenido, probablemente había tenido) setenta años. | *He probably would have been seventy years old.* |

En ocasiones la idea de probabilidad es más de expectación, esperanza o suposición.

---

[18] El verbo deber usado como verbo principal significa *to owe.* Le **debo** diez pesos. *I owe him ten pesos.*

| | |
|---|---|
| **Debe (de)** llegar a las siete de la noche. | *I expect it to arrive at seven.* |
| **Debe (de)** saber la respuesta. | *I expect (suppose) him to know the answer.* |

**C.** Lo común, como hemos visto, es

**Deber** + infinitivo = obligación
   Usted **debe estudiar** más.   *You should study more.*
**Deber de** + infinitivo = probabilidad
   Usted **debe de estudiar** más.   *You probably are studying more.*

Sin embargo, en el uso diario de la lengua, la distinción no la hace la preposición **de** ni el que sea un verbo de acción o de otro tipo, sino que es el contexto y la entonación los que nos dirán si se expresa obligación o probabilidad.

## 19. *Gustar, parecer, faltar* y otros

Los verbos **gustar** *(to please)*, **parecer** *(to seem, appear)*, **faltar** *(to be lacking, wanting)*, **quedar** *(to stay, remain, be left over)*, **hacer falta** *(to need, be lacking)*, **doler** *(to ache)*, **encantar** *(to charm, delight, enchant)* y otros pocos presentan una construcción especial. Lo que aparece como el sujeto en español se convierte en el objeto directo en inglés, y lo que aparece como el sujeto en inglés aparece como el objeto indirecto en español. Noten que el verbo mantiene la concordancia con lo que parece ser el objeto.

| | |
|---|---|
| **Me gustaría** hablar contigo. | *I would like to talk with you.* |
| **Me gustó** lo que oí. | *I liked what I heard.* |
| **Me gustaron** las explicaciones. | *I liked the explanations.* |
| **Te hace falta** una camisa. | *You need a shirt.* |
| **Te hacen falta** unas camisas. | *You need some shirts.* |
| **Les encantó** el regalo. | *The gift delighted them.* |
| **Les encantaron** los regalos. | *The gifts delighted them.* |

En ocasiones, para subrayar el pronombre objetivo (**me, te, le**, etc.), se usa un pronombre preposicional redundante.

| | |
|---|---|
| **A mí me encantó** la reunión. | *The meeting delighted me.* |
| **A ti te hace falta** una camisa. | *You need a shirt.* |
| **A él le queda** un dólar. | *He has a dollar left.* |
| **A nosotros nos falta** un libro. | *We need a book.* |
| **A ellos les encanta** el regalo. | *The gift delighted them.* |

## 20. *Saber* y *conocer*

| SABER[19] | CONOCER |
|---|---|
| To know a fact or something that can be learned | To be acquainted or familiar with something |
| To know how to do something | To know a person or place |
| To know thoroughly or by heart | |

| | |
|---|---|
| ¿**Sabes** adónde fui? | No **conocemos** ese sistema. |
| *Do you know where I went?* | *We aren't familiar with that system.* |
| Ellos **sabían** la lección. | |
| *They knew the lesson.* | Pedro **conoce** a Juan. |
| María **sabe**[20] manejar. | *Pedro knows Juan.* |
| *María knows how to drive.* | **Conozco** la Universidad de Iowa. |
| **Sé** muy bien lo que dices. | *I am acquainted with the* |
| *I know very well what you say.* | *University of Iowa.* |

A veces los dos verbos pueden ser usados con una pequeña diferencia en el sentido. En esos casos, **saber** indica un conocimiento más completo que **conocer**.

| **Conozco** el poema. | *I am aware there is such a poem.* |
|---|---|
| **Sé** el poema. | *I know (and probably can recite) the poem.* |

Notas sobre **saber** y **conocer**

**A.** **Saber** en el pretérito tiene el sentido de *to learn, find out.*

| **Supe** lo del accidente. | *I found out (learned) about the accident.* |
|---|---|
| Lo **supimos** por María. | *We found it out through María.* |

**B.** Como hemos visto **saber** tiene también el sentido de *to know how (be able).* En esos casos le sigue un infinitivo. **Cómo** sólo se traduce en preguntas indirectas.

| María **sabe** manejar. | *María knows how to drive.* |
|---|---|
| Ellos **sabían** escribir bien. | *They knew how to write well.* |
| No **sé cómo** ustedes pudieron llegar. | *I don't know how you could arrive (make it).* |

[19] **Saber** también traduce to *taste*, y **saber** a significa *to taste like*; **Sabía** mal. *It tasted bad.* **Sabe** a café cubano. *It tastes like Cuban coffee.*

[20] Cuando se trata de capacidad o habilidad física y no mental se usa **poder**: **Puedo** conducir autos. (Soy capaz físicamente de conducir autos.) *I can (am able to) drive a car.*

**C.** **Conocer** casi nunca puede usarse seguido de un infinitivo o una cláusula subordinada. Si lo es, tiene el sentido de *to admit, to recognize.* Más común es el uso de las cláusulas subordinadas después del impersonal reflexivo **se conoce** con el significado de *it is obvious, evident.*

<blockquote>

**Se conoce** que ya llegaron.          *It is obvious they already arrived.*

**Se conoce** que están borrachos.     *It is evident they are drunk.*

</blockquote>

**D.** **Conocer** se usa con el significado de *to meet* en algunos tiempos como el pretérito y futuro de indicativo.

<blockquote>

Pedro **conoció** a Juan ayer.          *Pedro met Juan yesterday.*

Pedro **conocerá** a María mañana.     *Pedro will meet María tomorrow.*

</blockquote>

# II · *EJERCICIOS*

**(A)**  Contesten las preguntas tal como se indica en el modelo.

> ¿Quiénes vendrían a comer?   (tus padres)
> **Tus padres vendrían a comer.**

1. ¿Quiénes lo harían?   (tus amigos)
2. ¿Cuándo saldrían?   (ayer)
3. ¿Dónde vivirían?   (en la ciudad)
4. ¿Cómo viajarían?   (en auto)
5. ¿Qué querrían?   (cerveza)
6. ¿Cuál compraría?   (la casa verde)

**(B)**  Usen el potencial simple tal como se indica en el modelo. Presten atención al cambio del sujeto.

> ¿Qué pensó él? ¿Venir?
> **Sí, él pensó que vendría.**

1. ¿Qué pensó? ¿Dormir?
2. ¿Qué pensaste? ¿Salir?
3. ¿Qué aseguró usted? ¿Estudiar?
4. ¿Qué aseguró usted? ¿Ganar?
5. ¿Qué prometimos? ¿Cantar?
6. ¿Qué prometisteis? ¿Escribir?
7. ¿Qué ofrecieron? ¿Llamar?
8. ¿Qué ofrecieron? ¿Trabajar?

**(C)**  Cambien las formas verbales al potencial simple, y después al potencial compuesto, tal como se indica en el modelo.

> ¿Quién llamó?
> **¿Quién llamaría?**
> **¿Quién habría llamado?**

1. ¿Qué hora era?
2. Tu amigo cocinó.
3. ¿Quién tocó el piano?
4. Él fue a la fiesta.
5. ¿Cuál compró?
6. El decano prestó el libro.
7. ¿Para qué viajó a Lima?
8. ¿Por qué vino?
9. ¿Dónde cantó?
10. ¿A quién vio?

(D) Completen los espacios en blanco con la forma correspondiente de **saber** o **conocer.**

1. María _____ conducir el carro.
2. Ellos _____ la universidad.
3. Yo _____ a tu hermano ayer.
4. Mi hermana _____ tocar el piano.
5. Yo _____ la lección.
6. Tú _____ la ciudad.
7. El presidente _____ al embajador.
8. El ministro _____ resolver el problema.

(E) Sustituyan los espacios en blanco tal como se indica en el modelo.

Me gusta el libro.
_____ los libros.
**Me gustan los libros.**

1. Te duelen las muelas.
   _____ la muela.
2. Me hace falta un peso.
   _____ tres pesos.
3. Nos encantan las fiestas.
   _____ la fiesta.
4. Nos queda un día.
   _____ diez días.
5. De lejos, parecen tus hermanos.
   _____ tu hermano.
6. Me gusta una copita.
   _____ unas copitas.

(F) Conviertan las siguientes oraciones afirmativas, primero en negativas y después en interrogativas tal como se indica en el modelo.

El médico viene a casa.
**El médico no viene a casa.**
**¿Viene el médico a casa?**

1. Juan sabe pescar.
2. Tú conoces a Pepe.
3. Usted supo la respuesta.
4. Ellos sabrían la materia.
5. Yo conocí a tu hermano.
6. Ellos lo supieron.

(G) Hagan las sustituciones de acuerdo con los modelos.

Pedro probablemente tiene veinte años.
Pedro **tendrá** veinte años.
Pedro **debe de tener** veinte años.

Pedro probablemente tenía veinte años.

Pedro **tendría** veinte años.

Pedro **debía de tener** veinte años.

1. Carlos probablemente habla español.
2. Pedro probablemente iba al cine.
3. Los tíos probablemente habían ido a la fiesta.
4. Juan probablemente estudia la lección.
5. Las muchachas probablemente comían.
6. El profesor probablemente había ido a clase.

**(H)** Cambien las preguntas o exhortaciones siguientes de acuerdo con el ejemplo.

¿Puede venir? **¿Podría venir?**

¿Debe venir? **¿Debería venir?**

¿Quiere venir? **¿Querría venir?**

1. ¿Puede cantar?        2. ¿Puede leer?
   ¿Debe cantar?           ¿Debe leer?
   ¿Quiere cantar?         ¿Quiere leer?

# III · EJERCICIO DE REPASO

Usen el pretérito o el imperfecto de indicativo en sustitución de los infinitivos, recordando que el pretérito se usa para expresar la idea principal y el imperfecto la idea que sirve de marco o fondo.

**Pedro llegó cuando yo hablaba por teléfono.**

**Pedro llegó cuando yo hablaba por teléfono.**

1. Cuando María (entrar) no (llover).
2. Paco (escribir) que no (poder) venir.
3. Los estudiantes (llegar) cuando el profesor (salir).
4. Cuando (salir) a caminar la mañana (estar) bonita.
5. Me (enterar) de lo sucedido mientras él me (visitar).
6. (Regresar) a su casa en el momento que Luis (marcharse).

# IV · EJERCICIOS DE VERBOS[21]

Verbos que cambian o diptongan la vocal de la raíz

Segundo grupo:   **sentir**   *to feel; to sense; to hear; to regret*

**dormir**   *to sleep*

[21] Véase el Apéndice B en la página 311.

$$\text{Los cambios } \begin{Bmatrix} e \rightarrow ie \\ o \rightarrow ue \end{Bmatrix} \text{ ocurren en el}$$

- presente de indicativo
  - en el singular
  - y en la tercera persona plural.
- presente de subjuntivo
  - en el singular
  - y en la tercera persona plural.
- imperativo
  - en el singular.

$$\text{Los cambios } \begin{Bmatrix} e \rightarrow i \\ o \rightarrow u \end{Bmatrix} \text{ ocurren en el}$$

- presente de subjuntivo
  - en la primera y segunda
  - persona plural.
- imperfecto de subjuntivo
  - en todas las personas.
- pretérito
  - en la tercera persona singular
  - y plural.
- gerundio.

Tercer grupo: **pedir** *to ask, ask for; to demand, require; to order (merchandise)*

El cambio $e \rightarrow i$ ocurre en el

- presente de indicativo
  - en el singular
  - y en la tercera persona plural.
- pretérito
  - en la tercera persona singular y plural.
- presente de subjuntivo
  - en todas las personas.
- imperfecto de subjuntivo
  - en todas las personas.
- imperativo
  - en el singular.
- gerundio.

**A.** Hagan los cambios correspondientes de acuerdo con el sujeto.

1. Pedro siente mucho lo sucedido. (yo, nosotros, tú, ella, ustedes)
2. María durmió poco anoche. (ustedes, nosotros, tú, yo, ellos)
3. Yo pido el desayuno temprano. (ellos, nosotros, vosotros, ustedes, tú)

4. Nosotros dormíamos en la clase.   (los profesores, tú, yo, ellas, él)
5. Ellos habían sentido la explosión.   (Carmen, Catalina y Juan, yo, tú, nosotros)
6. Pedro y Juan han pedido el libro.   (nosotros, yo, tú, él, vosotros, María)

**B.** Contesten las preguntas siguientes tal como se indica en el modelo.

> ¿Duermen ustedes aquí?
> **No, no dormimos aquí.**

1. ¿Sienten ustedes frío?
2. ¿Piden ustedes la comida?
3. ¿Duermen ustedes las mañanas?
4. ¿Sintieron ustedes calor?
5. ¿Pidieron ustedes los papeles?
6. ¿Durmieron ustedes en sus casas?

**C.** Usen las expresiones entre paréntesis en vez de las expresiones en negrita, y cambien las formas verbales en las frases siguientes al presente, pretérito o futuro de indicativo de acuerdo con las palabras suministradas.

1. Yo pido la comida **ahora.**   (hace rato, dentro de dos horas)
2. Ellos lo sintieron **ayer.**   (en este momento, mañana)
3. Él dormirá **la semana que viene.**   (desde hace una hora, mucho la semana pasada)
4. Tú sientes los efectos del calor **hoy.**   (el mes pasado, el próximo verano)
5. Ellos pidieron los resultados **hace días.**   (ahora mismo, mañana)
6. Él durmió en la hamaca **anteayer.**   (en este momento, esta noche)

# LECCIÓN 3

## Sección Primera

### I · DIÁLOGO

#### La familia

*(Pedro y Juan han ido a Chicago durante el fin de semana,[1] pues la familia del primero[2] está de vacaciones en esa ciudad. Los dos jóvenes han quedado en[3] encontrarse a las dos de la tarde en una esquina para tomar un ómnibus y ver la ciudad.)*

JUAN   ¿Qué te pasó,[4] Pedro? Son las tres. Estoy cansado de tanto esperar.

PEDRO   Perdónáme, chico, pero tuve que ir° con mis padres y hermanos a visitar a unos familiares. Tú sabes que, no obstante[5] ser sudamericano, soy muy puntual.[6]

JUAN   Por lo que me has dicho,[7] ustedes casi siempre están juntos.

PEDRO   Sí, Juan, nuestros padres nos han criado de esta manera. En verdad,[8] somos muy unidos. Es tradicional en nuestros países.

JUAN   Aquí en los Estados Unidos es diferente. A pesar de° las relaciones familiares, los miembros tienen una mayor independencia unos de otros y, a veces,[9] viven hasta separados y no se ven tan a menudo.[10]

PEDRO   Nosotros no. Es más,° hay ocasiones que en una misma casa viven abuelos, padre y madre, tíos solteros, hijos y otros familiares. Los hijos solteros, en especial las hijas, no importa[11] la edad, permanecen siempre en la casa.

[1] *the weekend*
[2] *the family of the former*
[3] *have agreed on*
[4] *What happened to you?*
[5] *in spite of*
[6] *I'm very punctual*
[7] *From what you have told me*
[8] *Truthfully*
[9] *sometimes*
[10] *often*
[11] *it isn't important*

JUAN   Pues, ¿las casas tendrán que ser muy grandes para que de este modo° puedan vivir con comodidad?

PEDRO   Seguro,[12] sobre todo[13] las que están en el campo. También las casas antiguas en las ciudades son grandes. Desgraciadamente, ya casi no se construyen casas de este tipo.

JUAN   Perdona que te interrumpa, Pedro. Voy a comprar un paquete de cigarrillos. En seguida[14] vuelvo.

## Cierto o falso

Las frases u oraciones siguientes expresan hechos ciertos o falsos con respecto al diálogo anterior. Cada alumno leerá una de ellas, y su compañero más cercano contestará **sí** o **no** completando la respuesta.

1. La familia de Juan está de vacaciones.
2. Pedro llega a las cuatro de la tarde.
3. Pedro tuvo que ir de visita con sus padres.
4. La familia de Pedro siempre está separada.
5. En Hispanoamérica y España los hijos no permanecen en sus casas.
6. Hoy en día se construyen muchas casas grandes.
7. Juan va a comprar una corbata.

# II · DIÁLOGO (continuación)

JUAN   (a los pocos minutos) Dime, ¿se mantiene mucho la autoridad del padre de familia?

PEDRO   Me parece que° no vas a creer la autoridad que el padre tiene sobre sus hijos. Es una especie[15] de sociedad patriarcal. También a la madre se la respeta mucho.

JUAN   ¿Por qué dices eso de la sociedad patriarcal? ¿Cómo se explica?

PEDRO   Pues, los hijos adquieren la libertad en los Estados Unidos cuando llegan a los diez y siete o diez y ocho años, pero en España e Hispanoamérica los padres mantienen la autoridad, y hasta tienen que ver en lo de casarse.[16]

JUAN   ¿Qué? ¿No pueden seleccionar los hijos las esposas y los esposos? ¡Sería demasiado!°

[12] *Sure, certainly*
[13] *above all*
[14] *At once*

[15] *It is a type*
[16] **hasta... casarse**   *they even have to do with the decision of getting married*

PEDRO   No es exactamente eso, sino que los padres siempre dan su opinión al respecto,[17] y, generalmente, se les oye.

JUAN   ¡Es increíble! Yo no podría aceptar una situación como ésa. Gracias a Dios soy norteamericano y no estoy en esa situación.

PEDRO   Yo sé que te es difícil pensar en° estas cosas y aceptarlas, pero para nosotros son parte de nuestra vida. Recuerda que casi ningún muchacho se casa, normalmente, antes de los veinte y cuatro o veinte y cinco años. Así se supone[18] que saben lo que hacen.

JUAN   Bueno, eso está bien. Quizás sea por eso que he leído que en España o Hispanoamérica no hay tantos divorcios, ¿no crees tú?

PEDRO   Por un lado,° en algunos pocos países, está prohibido por la ley. Por otro,[19] cuando el hijo se casa, se supone que pueda mantener a su propia familia, aunque,[20] en muchas ocasiones,° siga viviendo con la esposa en casa de los padres. También, como la mayoría de los hispanoamericanos son católicos, la religión no se los permite hacer.

JUAN   Bueno. Pedro, ahí viene el ómnibus que tenemos que tomar. Después seguimos la conversación.

## Preguntas

Contesten con frases completas las preguntas siguientes de acuerdo con el diálogo anterior. Cada respuesta deberá tener por lo menos cinco palabras.

1.  ¿Qué especie de sociedad es la familia en Hispanoamérica y España?
2.  ¿Cuándo adquieren cierta libertad los hijos en los Estados Unidos?
3.  ¿Intervienen los padres en lo de casarse en España e Hispanoamérica?
4.  ¿Cuál es la exclamación de Juan?
5.  ¿A qué edad se casan, normalmente, los jóvenes en Hispanoamérica y España?
6.  ¿Por qué no hay tantos divorcios en esos países?

## Preguntas relacionadas con Usted

1.  ¿Cuándo tiene usted vacaciones?
2.  ¿Adónde va usted generalmente de vacaciones?

[17] *in the matter*
[18] *Therefore one supposes*
[19] *On the other (hand)*
[20] *although*

3. ¿Va usted de vacaciones sólo o con su familia?
4. ¿A quién visita usted a menudo?
5. ¿Es usted puntual?
6. ¿Está usted cansado hoy?
7. ¿Cuándo vio usted a sus padres? ¿A sus hermanos?
8. ¿Quiénes viven en su casa?
9. ¿Dónde está su casa, en la ciudad o en el campo?
10. ¿Es su casa grande o pequeña?

# III · HABLEMOS EN ESPAÑOL

1. ¿Cree usted que es buena la unidad familiar? ¿Por qué?
2. ¿Quién tiene mayor autoridad en su familia?
3. ¿Se siente usted independiente? ¿Desde cuándo?
4. ¿Es bueno o malo que los jóvenes sean independientes? ¿Por qué?
5. ¿Quién interviene más en su vida, su padre o su madre?
6. ¿Cree usted que es bueno que sus padres le den consejos?
7. ¿Cree usted que los padres deben intervenir en la decisión de casarse de sus hijos?
8. ¿Debe una persona poder sostener a su familia antes de casarse?
9. ¿Quién debe sostener a la familia el hombre o la mujer? ¿Por qué?
10. ¿Es bueno o malo el divorcio? ¿Por qué?

# IV · MODISMOS Y EXPRESIONES

pensar en   *to think of*
tener que + infinitivo   *to have to*
parecerle a uno algo   *to seem to someone that*
casarse con   *to marry*
ser demasiado   *to be too much*
quedarse   *to remain*

(A) Cambien las formas verbales en negrita al tiempo indicado.

1. Yo **pensaba** en lo que tú decías.   (pretérito de indicativo)
2. María **tenía** que ir a su casa.   (futuro de indicativo)

3. Mi hermano **se casará** con la prima de Pedro.    (presente de indicativo)

4. **Me parecía** que era cierto.    (pluscuamperfecto de indicativo)

5. ¡Las tres de la tarde! ¡**Es** demasiado!    (imperfecto de indicativo)

6. Tu abuelo **se quedó** en la oficina.    (perfecto de indicativo)

> es más   *furthermore, even more*
> de este modo, de esta manera   *in this way*
> en (muchas) ocasiones, a veces   *sometimes (many times), at times*
> a pesar de   *in spite of*
> por un lado   *on one hand*
> a menudo   *often*

**(B)** Completen las oraciones con uno de los modismos o expresiones anteriores.

1. _____, no siempre, el venía temprano.
2. Era más fácil hacerlo _____.
3. Él vino; _____ eso, yo no pude verlo.
4. No puedo ir, _____ estoy enfermo, por otro no tengo dinero.
5. _____ el estudiaba.
6. Tenía fiebre, _____, estaba muy enfermo.

**(C)** Si su profesor se lo ordena, estén preparados para usar cada uno de los modismos y expresiones anteriores en una frase u oración.

# Sección Segunda

## I · GRÁMATICA

### 21. Usos de *tener*

El verbo **tener** *(to have)*, además de su uso normal para expresar posesión, se emplea:

**A.** En la expresion idiomática **tener que** *(to have to)* + infinitivo para indicar una fuerte obligación o necesidad.

| | |
|---|---|
| **Tengo que** ir al médico mañana. | *I have to go to the doctor tomorrow.* |
| **Tendrán que** venir a clase todos los días. | *They will have to come to class every day.* |

**B.** Con el significado de **tratarse de** *(to be a question of)*, **suceder** *(to happen, occur)*, **pasar** *(to happen)* y **consistir en** *(to consist of)*.

| | |
|---|---|
| ¿Qué **tienes?** | *What's the matter with you?* |
| **Tengo** un dolor de cabeza muy fuerte. | *I have a very bad headache.* |

**C.** Como sustituto de **por favor** en la expresión **tenga usted la bondad de** + infinitivo.

| | |
|---|---|
| **Tenga usted la bondad de** prestarme dos pesos. | *Please lend me two pesos.* |

**D.** En numerosos modismos.

tener calor   *to be warm*
tener cuidado   *to be careful*
tener fiebre   *to be running a fever*
tener frío   *to be cold*
tener ganas (de)   *to feel like*
tener gusto (en)   *to take pleasure (in)*
tener hambre   *to be hungry*
tener la culpa   *to be to blame*
tener miedo   *to be afraid*
tener prisa   *to be in a hurry*
tener razón   *to be right*
tener salud   *to be healthy*
tener sed   *to be thirsty*
tener sueño   *to be sleepy*
tener vergüenza   *to be ashamed*
tener que ver   *to have to do*
tener lugar   *to take place*
tenerlo a bien (mal)   *to find it satisfactory (unsatisfactory)*
tener por _____   *to consider _____ as _____*
tener lastima   *to feel pity (sorry)*

| | |
|---|---|
| Los padres hasta **tienen que ver** en lo de casarse. | *Parents even have to do with (a say in) the decision of getting married.* |
| Le **tengo lástima.** | *I feel sorry for him.* |

| | |
|---|---|
| **Tengo** mucho **calor** hoy. | *I'm very hot today.* |
| **Teníamos** mucha **sed.** | *We were very thirsty.* |
| **Tendrá prisa** por llegar. | *He probably is in a hurry to arrive.* |

## 22. Usos de *ser* y *estar*

*Ser* se usa:

**A.** Cuando el predicado es un nombre, un pronombre o un adjetivo usado como nombre.

| | |
|---|---|
| No **es** eso. | *It isn't that.* |
| **Son** amigos de Pedro. | *They are friends of Pedro.* |
| ¿Cuál **es** ella? | *Which one is she?* |
| Juan **es** norteamericano y Pedro sudamericano. | *Juan is North American and Pedro is South American.* |
| Quizá **sea** por eso que no hay tantos divorcios. | *Perhaps because of that there aren't so many divorces.* |

**B.** Con la preposición **de** para expresar:

(1) Posesión y propiedad.

| | |
|---|---|
| La casa **es de** Juan. | *The house is Juan's.* |
| El libro **era** suyo. | *The book was yours.* |

(2) Materia.

| | |
|---|---|
| La silla **es de** metal. | *The chair is metal.* |
| El reloj **será de** oro. | *The watch will be gold.* |

(3) Origin.

| | |
|---|---|
| Pedro **es de** Sudamérica. | *Pedro is from South America.* |
| Mi tía **era de** Francia. | *My aunt was from France.* |

**C.** Para indicar la hora y otras expresiones de tiempo y fechas.

| | |
|---|---|
| **Son** las tres. | *It is three o'clock.* |
| **Es** tarde. | *It is late.* |
| El examen **es** el quince de febrero. | *The test is on February fifteenth.* |

**D.** Para traducir *to take place*

| | |
|---|---|
| La tertulia **fue** en casa del profesor de español. | *The party was in the house of the Spanish professor.* |
| El examen **será** allí. | *The test will be there.* |

**Estar** se usa:

**A.** Para formar los tiempos progresivos

| | |
|---|---|
| **Él está (estaba, estuvo, estará, ha estado...) estudiando.** | *He is (was, was, will be, has been . . .) studying* |
| **Había estado bailando.** | *He had been dancing.* |

**B.** Para expresar lugar o situación.

| | |
|---|---|
| Pedro **está** en la universidad. | *Pedro is in the university.* |
| Sobre todo, las casas que **están** en el campo. | *Above all, the houses that are in the country.* |
| No **estoy** en esa situación. | *I am not in that situation.* |
| **Estuvo** en la clase un minuto. | *He was in the class one minute.* |

## 23. *Ser* y *estar* con adjetivos

**Ser** se usa con adjetivos que indican algo que es inherente, característico o permanente en la persona o cosa.

**A.** Permanente

| | |
|---|---|
| La universidad **es** pequeña. | *The university is small.* |
| Las casas antiguas... **son** grandes. | *The old houses . . . are big.* |
| La pelota **es** redonda. | *The ball is round.* |

**B.** Característico o inherente

| | |
|---|---|
| Los españoles **son** individualistas y emotivos. | *The Spanish are individualistic and emotional.* |
| Aquí en los Estados Unidos **es** diferente. | *Here in the United States it is different.* |
| En verdad, **somos** muy unidos. | *In truth, we are very united.* |
| María **es** rubia. | *María is blonde.* |
| El **es** agradable. | *He is pleasant.* |

**Estar** se usa con adjetivos que indican una condición transitoria, un cambio, algo que no es inherente a la persona o una reacción personal.

**A.** Transitoria

| | |
|---|---|
| Ustedes casi siempre **están** juntos. | *You are almost always together.* |
| Eso **está** bien. | *That is good.* |
| **Estaba** malo. | *He was bad.* |
| La sopa **está** caliente. | *The soup is hot.* |

**B.** Un cambio

| | |
|---|---|
| Él **está** rico porque recibió una herencia. | *He is (has become) rich because he received an inheritance.* |
| Ella **estaba** gorda. | *She was (got, looked) fat.* |

**C.** Algo que no es inherente a la persona

| | |
|---|---|
| Él **está** agradable hoy. | *He is (acting) nice today.* |
| María **estaba** fea. | *María was (looked) ugly.* |

**D.** Reacción personal ante una persona, cosa o evento implicando, normalmente, la idea de exceso.

| | |
|---|---|
| Él **está** grande (para su edad). | *He is big (for his age).* |
| La comida **estaba** deliciosa. | *The food was delicious.* |
| Las peras **están** deliciosas. | *The pears are delicious.* |

Algunos adjetivos tienen un significado diferente según se usen con **ser** o **estar**, la mayoría de las veces debido a la distinción entre característica (**ser**) y condición (**estar**).

| | ser | estar |
|---|---|---|
| aburrido | *boring* | *bored* |
| alegre | *gay (always)* | *gay (right now)* |
| bella | *beautiful (always)* | *beautiful (right now)* |
| bueno | *good, kind* | *good (in taste or condition)* |
| cansado | *tiresome* | *tired* |
| enfermo | *in poor health* | *sick* |
| feo | *ugly (always)* | *ugly (right now)* |
| grande | *big (always)* | *big (for one's age)* |
| listo | *smart, clever* | *ready* |
| loco | *foolish, irresponsible* | *crazy* |
| maduro | *mature* | *ripe* |
| malo | *bad (wicked)* | *sick; in bad taste; broken* |
| nervioso | *nervous (always)* | *nervous (right now)* |
| nuevo | *new (just made or finished)* | *new (to look like, be as good as)* |
| rico | *rich (wealthy)* | *rich (has become); delicious* |
| seguro | *sure (reliable, safe)* | *sure (safe, protected); certain* |
| triste | *sad (always)* | *sad (right now)* |
| verde | *green (in color)* | *not ripe* |
| vivo | *lively, alert* | *alive* |

## 24. *Ser* y *estar* con participios pasivos (*past participles*)

**Ser** se usa:

A. Para expresar la acción de la voz pasiva.

La composición **es** escrita.      *The composition is written.*
( La acción de escribir se produce por alguien. )
El trabajo **fue** terminado.      *The work was finished.*
( La condición es el resultado de una acción anterior a otra. )

B. En muchas expresiones impersonales.

Ser demasiado   *to be too much*
Ser increíble   *to be incredible*
Ser lástima   *to be a pity*
Ser necesario   *to be necessary*
Ser cierto ( claro, evidente, seguro )   *to be certain (clear, evident, sure)*
Ser difícil ( fácil )   *to be difficult (easy)*
Ser útil ( inútil )   *to be useful (useless)*
Ser de esperar   *to be expected*
Ser preciso   *to be necessary*

**Es tradicional** en nuestros países.   *It is traditional in our countries.*
**Es más,** hay ocasiones...   *What is more, there are occasions . . .*
**Sería demasiado.**   *It would be too much.*
**Es increíble.**   *It is incredible.*
Yo sé que te **es difícil.**   *I know that it is difficult for you.*

**Estar** se usa:

A. Para expresar un cambio o condición como resultado de una acción.

**Estoy** cansado de tanto esperar.   *I am tired from waiting so long.*
En algunos pocos países **está** prohibido.   *In some countries it is prohibited.*
La composición **está** escrita.   *The composition is written.*
( La condición es el resultado de una acción anterior. )
El trabajo **estaba** terminado.   *The work was finished.*
( La condición es el resultado de una acción anterior a otra. )

B. En muchos modismos o expresiones usando la preposoción **de.**

estar de vacaciones   *to be on vacation*
estar de vuelta ( regreso )   *to be back*
estar de acuerdo   *to agree*
estar de viaje   *to be on a trip*

estar de frente   *to face*
estar de espaldas   *to be in back of*
estar de lado   *to be at the side*
estar de cabezas   *to be upside down*
estar de pie   *to be standing*
estar de rodillas   *to kneel*
estar de mal (buen) humor   *to be in a bad (good) mood*
estar de buenas (malas)   *to be in a good (bad) mood*
estar de suerte   *to be lucky*
estar de incógnito   *to be incognito*

| | |
|---|---|
| La familia **está de vacaciones** en Chicago. | *The family is on vacation in Chicago.* |
| **Estamos de viaje.** | *We are on a trip.* |
| **Estaba de rodillas.** | *I was kneeling.* |

## 25. *Quedar* en lugar de *estar*

Hay tres ocasiones en que se puede usar **quedar** *(to stay, remain, be left over, be left)* en lugar de **estar.**

**A.** Para expresar el lugar o situación de algo.[21]

| | |
|---|---|
| Mi casa **queda** (está) en la Avenida Bolívar. | *My house is on Bolivar Avenue.* |
| La universidad **quedaba** (estaba) muy lejos. | *The university was very far away.* |

**B.** Para expresar el cambio de una situación anterior.

| | |
|---|---|
| **Quedó** (estuvo) muy débil debido a la operación. | *He was very weak due to the operation.* |
| **Había quedado** (estado) sorprendido. | *He had been surprised.* |

Noten que el uso de **quedar** enfatiza más el cambio o resultado operado en la cosa o la persona.

**C.** Para expresar la apariencia de una persona o cosa debido a un hecho exterior.

| | |
|---|---|
| El color azul le **queda** (está) muy bien a María. | *The color blue suits María very well.* |
| No le **quedaba** (estaba) mal ese vestido. | *That dress didn't look bad on her.* |

---

[21] **Quedar** casi siempre en estos casos se usa para indicar la situación de cosas grandes e inmóviles, en especial en relación con otro lugar. **Encontrarse** y **hallarse** son otros posibles sustitutos para **estar.**

El verbo **ir** en forma idiomática puede usarse en este caso como sustituto de **estar** o **quedar.**

> No le **iba** (quedaba, estaba) bien     *The overcoat didn't look well on*
> el abrigo.                                *him.*

## 26. El tiempo progresivo con otros verbos

En ocasiones, los verbos **ir** *(to go)*, **seguir** *(to continue)*, **continuar** *(to continue)*, **quedar** *(to remain)*, **venir** *(to come)* y otros sustituyen al verbo **estar** para formar los tiempos progresivos, con el objeto de obtener mayor énfasis y precisión.

> **Irán** hablando por el camino.        *They will go along the road talking.*
> **Sigue (continúa)** trabajando todos    *He continues working every day.*
> los días.
> **Venía** caminando por la acera.        *He came walking along the sidewalk.*

# II · EJERCICIOS

**(A)** Hagan los cambios correspondientes de acuerdo con las palabras que aparecen entre paréntesis.

1. Somos de Sudamérica, aunque estamos en Chicago.   (tú, el médico, los alumnos, tu tía, Josefina, vosotros)
2. El muchacho está bravo, pero es muy agradable.   (ellos, tú, nosotros, Pepe y Carlos, vosotros)
3. Juan es farmacéutico, y está en Caracas.   (mi padre, tú, yo, ellos, nosotros)
4. Estamos en una fiesta, y estamos contentos.   (Carlos, tú, ella, Julián y yo, ellos)
5. El niño es desobediente, y está castigado.   (tu primo, Carlos y Margarita, ella, yo, nosotros)
6. Mi novia es jóven, pero está avejentada.   (tú, María, ellos, José y yo, ellas, él)

**(B)** Cambien las oraciones siguientes de **ser** a **estar,** o viceversa, de acuerdo con el significado de las mismas.

1. Yo soy alegre.
   Yo _____ alegre hoy.
2. Tú eres feo.
   Tú _____ feo con ese bigote.
3. María es alta.
   María _____ alta para su edad.

4. Ellas son bonitas.
   Ellas _____ bonitas con esos vestidos.
5. Tu tío es agradable.
   Tu tío _____ agradable a causa de la fiesta.
6. Yo estoy listo para salir.
   Yo _____ listo.
7. María está rubia desde ayer.
   María _____ rubia.
8. Él está malo debido a un resfriado.
   Él _____ un hombre malo.
9. Los alumnos están nerviosos por los exámenes.
   Tu hermana _____ muy nerviosa.
10. Ella está aburrida de tanto esperar.
    La novia de Pedro _____ aburrida.
11. Pepe está triste por los acontecimientos.
    Pepe _____ un muchacho triste.

(C) Contesten las preguntas siguientes. Usen la forma correcta de **ser** o **estar** en la respuesta de acuerdo con las palabras entre paréntesis.

1. ¿Quién es abogado?    (mi tío)
2. ¿De dónde es su amigo?    (de Lima, Perú)
3. ¿De quién es este lápiz?    (del profesor)
4. ¿Dónde está la silla siempre?    (en la oficina)
5. ¿En dónde está su hermano ahora?    (en el gimnasio)
6. ¿Por qué está alegre?    (porque es mi santo)
7. ¿Qué hora es?    (las cinco de la tarde)
8. ¿De qué color es el edificio?    (azul y amarillo)
9. ¿Es posible o imposible?    (imposible)
10. ¿Está limpio o está sucio?    (sucio)

(D) Completen las frases u oraciones siguientes usando la forma correspondiente de **ser** o **estar**.

1. Mi tío _____ médico, pero no _____ aquí.
2. La pluma _____ en el escritorio y _____ de María.
3. La comida _____ abundante (siempre), pero _____ mala (tiene mal sabor).
4. Las manzanas _____ en la mesa, pero no _____ de Iowa.
5. Mi primo _____ abogado y _____ de Bolivia.
6. La pelota _____ azul y, además, _____ redonda.
7. El profesor _____ muy alto y hoy _____ triste.
8. La mujer trabajó mucho y _____ cansada.

**(E)** Contesten las preguntas siguientes según el modelo. Usen **ser** o **estar** en la respuesta, según corresponda.

> ¿El radio? ¿Descompuesto?
> **Sí, el radio está descompuesto.**

1. ¿La mesa? ¿En el cuarto?
2. ¿Ella? ¿Norteamericana?
3. ¿Francisco? ¿Inteligente?
4. ¿El profesor? ¿De Venezuela?
5. ¿La ventana? ¿Abierta?
6. ¿Qué hora? ¿Las ocho de la noche?
7. ¿El reloj? ¿Eléctrico?
8. ¿Mi coche? ¿En el garage?
9. ¿Los amigos? ¿Bien?
10. ¿El senador? ¿Dormido?
11. ¿La mesa? ¿De metal?
12. ¿El lápiz? ¿De Juan?
13. ¿Pedro? ¿Escribiendo?
14. ¿Los amigos? ¿De vuelta?
15. ¿La silla? ¿De madera?
16. ¿El libro? ¿De Pedro?
17. ¿Juan? ¿De vacaciones?
18. ¿Pedro? ¿Estudiando?
19. ¿Los padres? ¿En Chicago?
20. ¿El tío? ¿De buenas?

**(F)** Usen **ser** o **estar** de acuerdo con el significado del adjetivo.

1. Usted _____ aburrido (transitoriamente).
2. Yo _____ aburrido (siempre).
3. Ellos _____ divertidos (siempre).
4. Nosotros _____ divertidos (ahora).
5. Tú _____ feo (toda la vida).
6. Ella _____ fea (hoy).
7. Ustedes _____ ricos (tienen mucho dinero).
8. La comida _____ rica (deliciosa).
9. El auto _____ verde (de color).
10. La manzana _____ verde (no madura).

**(G)** Cambien las formas verbales en negrita al tiempo indicado.

1. Los amigos **iban** hablando.  (pluscuamperfecto de indicativo)
2. El policía **continúa** dirigiendo el tráfico.  (perfecto de indicativo)

3. Nosotros **habíamos seguido** leyendo la novela.   (pretérito de indicativo)
4. El embajador **viene** subiendo las escaleras.   (futuro de indicativo)
5. La madre **quedaría** limpiando la casa.   (potencial compuesto)
6. El presidente **fue** caminando al palacio.   (imperfecto de indicativo)

**(H)** Completen cada una de las frases siguientes, usando la frase anterior como modelo y haciendo los cambios que sean necesarios.

1. **Yo tengo mucho calor hoy.**
2. Nosotros _____.
3. _____ ayer.
4. Ustedes _____.
5. _____ mañana.
6. Pablo _____.
7. _____ ahora.
8. Las muchachas _____.
9. _____ hace rato.

**(I)** Usen la forma correspondiente de **tener** en la respuesta de acuerdo con el modelo.

¿Qué tenía Pedro? ¿Hambre?
**Sí, Pedro tenía hambre.**

1. ¿Qué tendrá el profesor? ¿Prisa?
2. ¿Qué tenían los alumnos? ¿Vergüenza?
3. ¿Qué tengo? ¿La culpa?
4. ¿Qué has tenido? ¿Frío?
5. ¿Qué había tenido Juana? ¿Cuidado?
6. ¿Qué tendría? ¿Fiebre?

**(J)** Sustituyan la forma correspondiente de **quedar, hallarse** y **encontrarse** por **estar** de acuerdo con el modelo.

La oficina estaría allí.
**La oficina quedaría allí.**
**La oficina se hallaría allí.**
**La oficina se encontraría allí.**

1. La estación estaba allí.
2. La casa estará en la Avenida Godoy.
3. El edificio estaría en Chicago.
4. María estaba muy enferma.
5. Pedro y Juan han estado sorprendidos.
6. El muro está en medio del jardín.

**(K)** Contesten las preguntas siguientes según el modelo. Usen **ser** o **estar** en la respuesta, según corresponda.

> ¿El reloj? ¿De oro?
> **No, el reloj no es de oro.**

1. ¿Pedro? ¿De vacaciones?
2. ¿El niño? ¿De Colombia?
3. ¿El profesor? ¿De buenas?
4. ¿El lápiz? ¿De Juan?
5. ¿Los padres? ¿De vuelta?
6. ¿El abrigo? ¿De gabardina?
7. ¿El alumno? ¿De suerte?
8. ¿Juana? ¿De San Francisco?
9. ¿Ellos? ¿De acuerdo?
10. ¿La caja? ¿De madera?

# III·EJERCICIO DE REPASO

Cambien del imperfecto al pretérito, o viceversa, de acuerdo con la palabra o palabras sugeridas.

1. Jugábamos tenis **todas las semanas.** (ayer)
2. Fui a visitarlo **anteayer.** (usualmente, a las cinco)
3. Comimos en el restaurante **tres veces.** (siempre)
4. Le escribía **continuamente.** (anoche)
5. **A veces** me mandaba sellos usados. (dos veces)
6. **Tres años en sucesión** fuimos a Roma. (por regla general)
7. Vino a verte **el lunes.** (como de costumbre, los lunes)
8. **De ordinario,** entraba por la puerta de la derecha. (hasta ese día)
9. **La semana pasada** me invitaron a tomar té. (todas las semanas)
10. Iban a la Florida **todos los inviernos.** (cuatro veranos)

# IV·EJERCICIOS DE VERBOS[22]

> ser   *to be; to exist; to happen, occur*        estar   *to be*

**Ser** presenta irregularidades en el presente, pretérito e imperfecto de indicativo; en el presente e imperfecto de subjuntivo; y en el imperativo. **Estar** presenta irregularidades en el presente y pretérito de indicativo y en el presente e imperfecto de subjuntivo.

---

[22] Véase el Apéndice D en la página 321.

**(A)** Hagan los cambios que sean necesarios de acuerdo con el sujeto.

1. Yo estaba en la biblioteca.   (Pedro, María y Juan, Elena y yo, vosotros, él, tú)
2. Nosotros seríamos los escogidos.   (ellos, vosotros, Carmen, él, ustedes)
3. Los alumnos estarán en la clase.   (Conchita y José, Ricardo y yo, ustedes, tú, yo)
4. Él es el tío de ella.   (nosotros, ellos, Carlos y yo, tú, ella, vosotros)
5. Pablo había estado en la iglesia.   (Josefina, ustedes, usted, nosotros, yo)
6. Don Antonio era un gran hombre.   (ellos, el Sr. Fernández, yo, tú, vosotros, ustedes)

**(B)** Cambien "Nuestra historia" a "Mi historia". Hagan las modificaciones que sean necesarias.

### NUESTRA HISTORIA

**Nosotros somos cubanos** y ahora **estamos** en Ames, Iowa. Antes **estuvimos** en Virginia, Wyoming y la Florida. **Estamos tristes** la mayoría del tiempo. Es difícil no pensar en lo que **fuimos** y ya no **somos**. En la Habana donde **nacimos, éramos** parte de lo **nuestro, estábamos** rodeados de todo lo que **conocíamos**. No obstante, **estamos esperanzados, pensamos** que algún día **estaremos** de vuelta en **nuestra** patria. Entonces **seremos** muy **felices**.

**(C)** En las frases u oraciones siguientes cambien los tiempos regulares de **ser** y **estar** a los irregulares, o viceversa, de acuerdo con las palabras suministradas. Distínganse entre el pretérito y el imperfecto de indicativo siguiendo las normas estudiadas en la Lección 1.

1. Yo estaré en Madrid el año que viene.   (ahora, ayer)
2. Las fiestas son hoy.   (antes todos los días, mañana)
3. Estaba aquí el mes pasado.   (en este momento, en el futuro)
4. Seré el primero de la clase muy pronto.   (tres veces la semana pasada, en el presente)
5. Estoy enfermo ahora mismo.   (cuando ayer vino a verme, en unas horas)
6. Eres republicano hoy en día.   (cuando te conocí, en las próximas elecciones)

# LECCIÓN 4

## Sección Primera

### *I · DIÁLOGO*

#### La religión

*(Pedro ha estado buscando° a Juan en varios lugares para hablarle de°
una excursión de un grupo de estudiantes que va a Madrid y Sevilla.)*

PEDRO   Oye, Juan, te estaba buscando. ¿Te gustaría hacer un viajecito
dentro de° unos días?

JUAN   ¿A qué te refieres —a la excursión proyectada por el club de
español a Sevilla y Madrid?

PEDRO   Sí, a eso mismo.[1] Creo que para saber más de nosotros, debes
presenciar los actos religiosos que tienen lugar° durante la Semana
Santa.[2] Ése es el objeto principal de la excursión.

JUAN   A mí me gustaría mucho, Pedro, pero ya casi no me queda
nada[3] del dinero que me dieron mis padres para este semestre y,
además, no debo perder más clases.[4]

PEDRO   Por el dinero no te preocupes, pues se han conseguido precios
muy reducidos, y hay hasta un año de plazo para pagar.[5] También
el decano ha dado un permiso especial para faltar a clases durante
diez días.

[1] *exactly*
[2] la semana que conmemora la pasión y muerte del Señor. Durante esta semana,
especialmente después del miércoles, todos los comercios y oficinas se cierran, y
las clases se suspenden. Con ese motivo, los estudiantes no disfrutan de las vacaciones de *Easter*, ya que la semana anterior no han tenido clases.
[3] **casi... nada**   *I have almost nothing left*
[4] **no... clases**   *I shouldn't miss more classes.*
[5] **un... pagar**   *a year (of installments) to pay*

JUAN    No quisiera dejar de ir[6] en la excursión, pero... Bueno, trataré
          de hacer lo posible.[7]

PEDRO   Allá, de inmediato° te darás cuenta del profundo espíritu re-
          ligioso de una gran parte del pueblo español.

JUAN    En cuanto a° todo esto, tengo una pregunta. ¿Es cierto que los
          hombres no son tan religiosos como las mujeres?

PEDRO   Se trata de° algo especial. Es que creen que la religión es cosa
          de mujeres, pero esta actitud está cambiando con los años. Por eso
          te dije "una gran parte".

JUAN    Por cierto, anteayer vi a Eduardo y le pregunté que si iba en
          la excursión, pero me dijo que no podía.

**Cierto o falso**

Las frases u oraciones siguientes expresan hechos ciertos o falsos con
respecto al diálogo anterior. Cada alumno leerá una de ellas, y su
compañero más cercano contestará **sí** o **no** completando la respuesta.

1.  Juan estaba buscando a Pedro.
2.  Pedro le propone a Juan un viaje.
3.  El viaje es a Granada y Toledo.
4.  Los precios son muy reducidos.
5.  El decano no deja que se falte a clases.
6.  En España Juan tardará en darse cuenta del espíritu religioso del
    pueblo.

# II · DIÁLOGO (continuación)

PEDRO   Qué lástima[8] que Eduardo no pueda ir.

JUAN    ¿Qué se va a hacer?[9] Bueno, déjame seguir preguntándote.
          ¿Son todos ustedes católicos?

PEDRO   La gran mayoría somos católicos, pero también hay protes-
          tantes, hebreos y otras minorías.

JUAN    Otra cosa que quisiera saber, ¿hay libertad religiosa?

PEDRO   En Hispanoamérica, sí. En España, por motivos históricos,
          durante mucho tiempo, no. En la actualidad,° la situación ha
          cambiado y hay libertad de cultos.

JUAN    He oído muchas críticas contra la iglesia católica en Hispano-
          américa. Dicen que estaba opuesta a la libertad y el progreso.

[6] *I wouldn't like to miss going*
[7] *I'll try to do my best*
[8] *What a pity*
[9] *What can we do?*

PEDRO    Aunque la iglesia ha tenido errores, la crítica, casi siempre, ha sido injusta. Esto es parte de la "leyenda negra".

JUAN    Pues mira,[10] todo esto resulta muy interesante. ¿Qué es eso de la "leyenda negra"?

PEDRO    La leyenda negra es la historia falsa que...

JUAN    Perdón, Pedro, pero no puedo quedarme. Allá veo al profesor Baker, y debo hablarle sobre mi nota en la prueba de zoología. Hasta luego,° Pedro.

PEDRO    Te veo el martes. Oye, cuidado, no olvides los libros.

JUAN    ¡Ay, qué memoria la mía! Profesor Baker, profesor Baker, por favor...

## Preguntas

Contesten con frases completas las preguntas siguientes de acuerdo con el diálogo anterior. Cada respuesta deberá tener por lo menos cinco palabras.

1. ¿Son todos los españoles católicos?
2. ¿Hay libertad religiosa en España e Hispanoamérica?
3. ¿Qué ha oído Juan?
4. ¿Qué le contesta Pedro?
5. ¿Por qué no puede quedarse Juan?
6. ¿Qué se le olvidaban a Juan?

## Preguntas relacionadas con usted

1. ¿A quién ha estado buscando usted?
2. ¿Le gustaría hacer un viaje a usted?
3. ¿Adónde le gustaría hacer un viaje?
4. ¿Le queda a usted mucho, poco o nada del dinero que le dieron sus padres la última vez que los vio?
5. ¿Ha faltado usted a clases últimamente?
6. ¿Cómo son los precios en esta ciudad?

# III · HABLEMOS EN ESPAÑOL

1. ¿Qué motivo religioso inspiró a los primeros peregrinos en este país?
2. ¿Cree usted que hay libertad religiosa en los Estados Unidos? ¿La ha habido siempre?

[10] *Well look*

3. ¿Considera usted que el pueblo norteamericano es religioso? ¿Por qué?

4. ¿Quiénes son más religiosos en los Estados Unidos, las mujeres o los hombres?

5. ¿Qué importancia le da usted a la religión en la vida de un pueblo?

6. ¿Cree usted que es conveniente la separación de la iglesia y el estado?

7. ¿Está usted de acuerdo con la prohibición de rezar en las escuelas públicas?

8. ¿Cree usted que el gobierno federal debe ayudar en alguna forma a las escuelas parroquiales?

# IV · MODISMOS Y EXPRESIONES

> estar buscando   *to be looking for*
> tener lugar   *to take place*
> dejar de + infinitivo   *to stop + present participle (-ing)*
> tratarse de   *to be a question (matter) of*
> para + infinitivo   *in order to + infinitive*

(A) Cambien las siguientes oraciones afirmativas a interrogativas. Procedan tal como se indica en el modelo. No dejen de usar el modismo o expresión en negrita.

> Pedro se **dio cuenta** del problema.   (¿De qué?)
> **¿De qué se dio cuenta Pedro?**

1. El profesor **había estado buscando** la pluma.   (¿Qué?)
2. La fiesta **tendrá lugar** mañana.   (¿Cuándo?)
3. Ayer **dejamos de** fumar.   (¿Cuándo?)
4. El asunto **se trataba de** una explicación vital.   (¿De qué?)
5. Juan **ha ido** para estudiar.   (¿Para qué?)

> en seguida (de inmediato)   *at once*
> en cuanto a   *as for, in relation to*
> en la actualidad   *at present, nowadays*
> dentro de   *within, inside of*
> hasta luego   *see you later*

(B) Sustituyan los modismos o expresiones en negrita con uno de los que aparecen en la lista anterior que tenga el mismo o parecido significado.

1. Señor Presidente, venga usted **ahora mismo.**
2. El anillo estaba **en el interior de** la caja.
3. **En el presente** se usa la falda corta.
4. **En relación con** la petición, la respuesta es no.
5. Al irse dijo, **hasta la vista.**

(C) Si su profesor se lo ordena, estén preparados para usar cada uno de los modismos y expresiones anteriores en una frase u oración.

# Sección Segunda

## *I · GRÁMATICA*

### 27. Correspondencia de palabras

**A.** La mayoría de los sustantivos que en español terminan en **-ción** corresponden a los que en inglés terminan en *-tion*.

| | | |
|---|---|---|
| la nación | la explicación | la exclamación |
| la publicación | la devoción | la recomendación |

**B.** La mayoría de los sustantivos que en español terminan en **-ismo** en inglés terminan en *-ism*.

| | | |
|---|---|---|
| el radicalismo | el comunismo | el nacionalismo |
| el patriotismo | el favoritismo | el determinismo |

**C.** La mayoría de los sustantivos que en español terminan en **-tad** o **-dad** corresponden a los que en inglés terminan en *-ty*.

| | | | |
|---|---|---|---|
| la calidad | la cantidad | la humanidad | la libertad |
| la realidad | la integridad | la comunidad | la enemistad |

**D.** La mayoría de los sustantivos que en español terminan en **-cio** o **-cia** corresponden a los que en inglés terminan en *-se* o *-ce*.

|                    |                  |
|--------------------|------------------|
| la independencia   | el silencio      |
| el ejercicio       | el prejuicio     |
| la paciencia       | el armisticio    |
| la conciencia      | la inteligencia  |

**E.** La mayoría de los sustantivos que en español terminan en -*ista* corresponden a los que en inglés terminan en -*ist*.

|               |                 |               |               |
|---------------|-----------------|---------------|---------------|
| el artista    | el nacionalista | el comunista  | el pacifista  |
| el dentista   | el federalista  | el optimista  | el pianista   |

**F.** Una gran cantidad de los verbos que en español pertenecen a la primera conjugación (-**ar**) corresponden a los que en inglés terminan en -*ate*.

| narrar | indicar | implicar | impersonar | originar |
|--------|---------|----------|------------|----------|

**G.** Una gran cantidad de los adjetivos que en español terminan en -**oso** u -**o** corresponden a los que en inglés terminan en -*ous*.

| famoso | tumultuoso | ardoroso | delicioso | tremendo |
|--------|------------|----------|-----------|----------|

**H.** Numerosas palabras que en español terminan en -**ia** o -**io** corresponden a las que en inglés terminan en -*y*.

| el contrario | el rosario | necesario | el adversario |
|--------------|------------|-----------|---------------|
| la industria | la historia | el emisario | |

## 28. Uso de las mayúsculas

Para determinar el uso de las letras mayúsculas en español debemos tener en cuenta lo siguiente:

**A.** Los días de la semana y los meses del año no llevan mayúscula. Igualmente sucede con los nombres de lenguas y con los adjetivos que expresan nacionalidad o procedencia. Sin embargo, los nombres de países, capitales, ciudades, etc., llevan letra mayúscula.

| | |
|---|---|
| ¿Es Pedro **colombiano**? | *Is* Pedro *Colombian?* |
| Sí, Pedro es de **Colombia**. | *Yes,* Pedro *is from Colombia.* |
| ¿Habla ella **español**? | *Does she speak Spanish?* |
| Sí, claro, lo aprendió en **España**. | *Yes, of course, she learned it in Spain.* |

**B.** En los títulos, normalmente, sólo se usa mayúscula en la primera letra.

| | |
|---|---|
| *El águila y la serpiente* | *The Eagle and the Serpent* |
| *Cien años de soledad* | *One Hundred Years of Solitude* |

**C.** Usted, ustedes, señor, señores y don sólo llevan mayúscula al principio de la oración o cuando se usan en abreviatura. **Yo** sólo lleva mayúscula al principio de la oración.

| | |
|---|---|
| Esos **señores** vinieron con **usted** y no con **don** Antonio segun **yo** creía. | *Those gentlemen came with you and not with don Antonio, as I believed.* |
| **Ud.** y el **Sr.** Pérez fueron seleccionados. | *You and Mr. Perez were selected.* |

**D.** Es común que no se use el acento sobre una letra mayúscula, aunque este uso no es general.

| | |
|---|---|
| El estudia mucho. | *He studies a lot* |
| Arboles no vi. | *I didn't see any trees.* |

## 29. El artículo indefinido: sus formas

| | Singular | Plural |
|---|---|---|
| MASCULINO | **un** niño | **unos** niños |
| FEMENINO | **una** niña | **unas** niñas |

El artículo indefinido, en general, se usa como en inglés, aunque en forma más limitada.

## 30. El artículo indefinido: sus usos

**A.** El artículo indefinido **un** se usa delante de los nombres femeninos singulares que comienzan con **a-** o **ha-** acentuada.

| | |
|---|---|
| Tiene **un** alma cándida. | *He has a simple soul.* |
| Tengo **un** hambre feroz. | *I'm ravenously hungry.* |

Pero:

| | |
|---|---|
| Mi tío vive en **una** hacienda. | *My uncle lives on a large farm.* |

**B.** **Unos** como artículo indefinido se usa con el sentido de **varios** (*various, several*), **algunos** (*some, any*) y **alrededor** (*about, around*).

| | |
|---|---|
| Hay **unos** soldados heridos. | *There are some wounded soldiers.* |
| Son **unos** veinte. | *There are around twenty.* |

**C.** El artículo indefinido mantiene su concordancia en género y número con los nombres que modifica.

| | |
|---|---|
| Hay **unas muchachas** y **un muchacho** en la puerta. | *There are some girls and a boy at the door.* |
| El tiene **unas plumas** y **un lápiz.** | *He has some pens and one pencil.* |

**D.** El artículo indefinido se repite, generalmente, delante de cada nombre.

| | |
|---|---|
| Me puse **una** camiseta, **una** camisa, **un** suéter y **una** chaqueta. | *I put on an undershirt, shirt, sweater, and jacket.* |
| Vio **unos** muchachos y **unas** muchachas. | *He saw some boys and some girls.* |

## 31. El artículo indefinido: sus omisiones

**A.** El artículo indefinido no se usa después del verbo **ser** con un predicado nominal no modificado ni expresado con énfasis que indique afiliación, profesión, nacionalidad, rango y otros. En caso contrario sí se usa.

| | |
|---|---|
| Lincoln fue presidente. | *Lincoln was a president.* |
| Él es abogado. | *He is a lawyer.* |

Pero:

| | |
|---|---|
| Lincoln fue **un gran** presidente. | *Lincoln was a great president.* |
| ¡Lincoln fue **un** presidente! | *Lincoln was a president!* |
| Él es **un gran** abogado. | *He is a great lawyer.* |
| ¡Él es **un** abogado! | *He is a lawyer!* |

**B.** El artículo indefinido no se usa, comúnmente, después de la preposición **sin** y después de un negativo seguidos de nombres que se refieren a artículos personales, cuando al concepto del número se le resta importancia.

| | |
|---|---|
| Vino sin libro ni papel. | *He came without books or papers.* |
| No tengo saco que me sirva. | *I don't have a jacket that fits me.* |

Excepción: En caso de que al número se le quiere dar énfasis se usa el artículo.

| | |
|---|---|
| No trajo **ni un** lápiz. | *He didn't even bring one pencil.* |
| No tengo **ni un** centavo. | *I don't even have one centavo.* |

**C.** El artículo indefinido no se usa delante de **otro** (*another*), **cierto** (*a certain*), **ciento, cien** (*a hundred*), **mil** (*a thousand*), **tal** (*such a*), **semejante** (*such a*) y **medio** (*half a*) o con **qué** usado en una exclamación.

| | |
|---|---|
| Deme **otro libro.** | *Give me another book.* |
| **Cien pesos.** | *One hundred pesos.* |

| ¡**Qué mujer** tan bella! | *What a beautiful woman!* |
|---|---|
| **Media libra.** | *Half a pound.* |

## 32. El artículo definido: sus formas

|  | *Singular* | *Plural* |
|---|---|---|
| MASCULINO | **el** niño | **los** niños |
| FEMENINO | **la** niña | **las** niñas |

El uso del artículo definido en español, en términos generales, es semejante al inglés.

## 33. El artículo definido: sus usos

**A.** El artículo definido mantiene la concordancia en género y número con el nombre.

| **Las mujeres** y **los hombres** se sentaron. | *The women and the men sat down.* |
|---|---|

**El** se usa delante de nombres femeninos que comienzan con **a-** o **ha-** acentuadas, con excepción de las letras del alfabeto y de nombres propios de lugares y de mujeres. En el plural se observa la regla normal de concordancia en género y número.

| **El** agua estaba fría. | *The water was cold.* |
|---|---|
| Cortó el tronco con **el ha**cha. | *He cut the tree trunk with the ax.* |

Pero:

| Es un exiliado de **La Ha**bana. | *He is an exile from Havana.* |
|---|---|
| Cortaron los troncos con **las hachas.** | *They cut the tree trunks with the axes.* |

Cuando un nombre plural se refiere tanto a personas o cosas del género masculino como del femenino, se usa el artículo definido masculino plural.

| **Los** muchachos (ambos sexos) llegaron. | *The boys and girls arrived.* |
|---|---|
| **Los** hijos (ambos sexos) son ocho. | *There are eight sons and daughters.* |

**B.** El artículo definido se repite, normalmente, delante de cada nombre.[11]

---

[11] Cuando dos o más nombres, como en el ejemplo que sigue, se refieren a una misma persona o cosa, se puede usar el artículo únicamente con el primero, aunque sean de distinto género: **El escritor** tenía **los recursos** y **personalidad** de un genio. *The writer had the resources and the personality of a genius.*

| | |
|---|---|
| Me trajo **el** saco, **la** camisa y **la** corbata. | *He brought me the jacket, the shirt, and the tie.* |
| Traiga **el** libro, **el** cuaderno y **la** pluma. | *Bring the book, the notebook, and the pen.* |

**C.** Se usa delante de los nombres de lenguas, a no ser después de las preposiciones **de** y **en** y a continuación del verbo **hablar**. Después de los verbos **aprender, enseñar, estudiar, saber, leer, oír, escribir** y **comprender** el uso del artículo es discrecional.

| | |
|---|---|
| Traduce **el japonés** perfectamente. | *He translates Japanese perfectly.* |
| Me gusta **el español** más que **el** francés. | *I like Spanish more than French.* |
| Estudiaba **el español**. | *He was studying Spanish.* |

Pero:

| | |
|---|---|
| Conversamos **en alemán**. | *We are conversing in German.* |
| **Hablaban español** muy bien. | *They spoke Spanish very well.* |
| **Estudiaba español**. | *He was studying Spanish.* |

**D.** Se usa con nombres en sentido genérico o abstracto.

| | |
|---|---|
| **Los hombres** no son tan religiosos. | *Men aren't as religious.* |
| Entre **la libertad** y **el miedo**. | *Between liberty and fear.* |

Sin embargo, no se usa cuando el nombre se usa en sentido partitivo.

| | |
|---|---|
| Me dio papel para escribir. | *He gave me paper for writing.* |
| Iowa produce maíz; Illinois produce maíz también. | *Iowa produces corn; Illinois produces corn also.* |

**E.** Se usa delante de ciertos títulos como **señor, señora, señorito, señorita** y otros como **director, profesor, gerente, general, presidente**, etc., excepto **don, doña, fray, sor, San, Santo** y **Santa**.

| | |
|---|---|
| Allá veo **al profesor Baker**. | *I see Professor Baker there.* |
| **El general García** está disgustado. | *General García is disgusted.* |
| **La señorita Fernández** está aquí. | *Miss Fernández is here.* |

Pero:

| | |
|---|---|
| **Don Antonio** era un gran hombre. | *Don Antonio was a great man.* |

Cuando uno se dirige directamente a la persona no se usa el artículo.

| | |
|---|---|
| **Profesor Baker,** por favor... | *Professor Baker, please ...* |
| **General,** cumpla las órdenes. | *General, carry out the orders.* |
| **Señorita Fernández,** venga aquí. | *Miss Fernández, come here.* |

**F.** Se usa con algunos nombres de países, continentes, reinos, regiones, provincias, ciudades y pueblos.[12] Los casos más conocidos son **la Argentina, el Brasil, el Canadá, el Ecuador, los Estados Unidos, el Japón, el Paraguay, el Perú, el Salvador** y también, ciudades como **La Habana** y **La Paz.** Algunos nombres se escriben con artículo o sin él, como **el África** o **África, el Uruguay** o **Uruguay.**

Yo soy **del Ecuador.**      *I'm from Ecuador.*
Él nació en **la Florida.**      *He was born in Florida.*

**G.** Se usa, comúnmente, sustituyendo los adjetivos posesivos que se refieren a las partes del cuerpo, los artículos de vestir y cualquier objeto íntimamente asociado con la persona cuando no hay duda en cuanto al poseedor.

Se puso **la** chaqueta.      *He put on his jacket.*
No olvides **los** (tus) libros.      *Don't forget your books.*
Le duelen **la** (su) cabeza y **la** (su)      *His head and his hand hurt.*
mano.

**H.** Se usa con unidades de peso, medida y cambio, y con algunas expresiones de precio o valor. Nótese la diferencia con el inglés.

Se venden los limones a veinte      *They are selling the lemons at twenty*
centavos **la** docena.      centavos *a dozen.*
Un peso **la** libra      *One peso per pound.*

**I.** Se usa con nombres propios modificados por un adjetivo.

**El pobre Pedro** tiene que estudiar      *Poor Pedro has to study 100 pages.*
cien páginas.
**La inolvidable Aurelia** murió hace      *Unforgetable Aurelia died years ago.*
años.

**J.** Se usa en ocasiones, delante de un infinitivo usado como nombre. En estos casos el infinitivo siempre se considera masculino.

**El viajar** me gusta mucho.      *I like to travel a lot.*
**El estudiar** todos los días es      *It is important to study every day.*
importante.

**K.** Se usa delante de los días de la semana (excepto a continuación del verbo **ser**) y las estaciones del año, y con expresiones con respecto a la hora del día, fechas y otras expresiones de tiempo. Sin embargo, nótese que, normalmente, no se usa delante de los meses del año.

---

[12] Se usa siempre que el nombre de países, etc., esté modificado: **la** bella Francia. *beautiful France.*

| | |
|---|---|
| Te veo **el martes**. | *I'll see you on Tuesday.* |
| Voy en **la primavera**. | *I'm going in the spring.* |
| Voy en **enero**. | *I'm going in January.* |
| Voy a **las nueve** de la noche. | *I'm going at nine o'clock at night.* |

## 34. El artículo definido: sus omisiones

**A.** El artículo definido, a diferencia del inglés, no se usa delante de los números ordinales o cardinales situados a continuación de los nombres de reyes, papas, etc.

| | |
|---|---|
| **Felipe Segundo** fue un gran rey de España. | *Philip the Second was a great Spanish king.* |
| **Carlos Quinto** fue su padre. | *Charles the Fifth was his father.* |

**B.** El artículo definido no se usa en algunas expresiones idiomáticas como **de dos a tres** (*from two to three*), **correr mundo** (*to travel, see the world*), **levantar cabeza** (*to recover, get on one's feet*), etc.

| | |
|---|---|
| Juró **levantar cabeza**. | *He swore that he would get on his feet.* |
| Mi sobrino se fue a **correr mundo**. | *My nephew went traveling.* |

**C.** El artículo definido, como también sucede con el indefinido, se omite en algunos títulos de obras y de libros.

| | |
|---|---|
| *Temas de Arciniegas* | *Themes of Arciniegas* |
| *Sangre y arena* | *Blood and Sand* |

## 35. *El de* y *el que*

**El de** y sus variaciones, como veremos en la Lección 9, se traducen como *the one(s) of (with), that of (with), those of (with)* y se usan como sustitutos de los pronombres demostrativos.

| | |
|---|---|
| Ese muchacho y **el de** la camisa verde son hermanos. | *That boy and the one with the green shirt are brothers.* |

**El que** y sus variaciones se traducen como *he who, the one(s) who* o *those who* y también se usan como sustitutos.

| | |
|---|---|
| **El que** no vino es Juan. | *The one who didn't come is Juan.* |

## 36. Contracciones

**El** forma las siguientes contracciones:

$$a + el = \textbf{al} \qquad de + el = \textbf{del}$$

| | |
|---|---|
| Allá veo **al** profesor Fernández. | *I see Professor Fernández there.* |
| Te darás cuenta **del** espíritu religioso. | *You will become aware of the religious spirit.* |

No hay contracción con el pronombre **él** o cuando el artículo **el** forma parte del título de una obra, libro, etc.

| | |
|---|---|
| Lo veo **a él**. | *I see him.* |
| Hablaba **de** *El Señor Presidente*. | *He spoke about* El Señor Presidente. |

## 37. El artículo neutro *lo*

**A. Lo** se usa con el adjetivo masculino singular y con el participio pasivo (*past*) para formar nombres abstractos. Nunca se usa con nombres.

| | |
|---|---|
| **Lo** peor era su voz. | *The worst (thing) was his voice.* |
| **Lo** expresado es correcto. | *The expressed thing (that which was expressed) is correct.* |
| **Lo** inteligente es estudiar. | *The intelligent thing is to study.* |

**B. Lo** se usa con el significado de **cuánto** delante de adjetivos y adverbios para expresar cantidad o grado (*amount or intensity*).

| | |
|---|---|
| No podía ocultar **lo enamorado** que estaba. | *He couldn't hide how much in love he was.* |
| Quería decir **lo bien** que me sentía. | *I wanted to say how well I was feeling.* |

**C. Lo** se usa en muchas expresiones idiomáticas o frases adverbiales como **a lo lejos** (*in the distance*), **a lo mejor** (*perhaps, in the best of cases*), **por lo tanto** (*therefore*), **por lo visto** (*as can be seen*), **por lo pronto** (*for the time being*), **por lo general** (*generally*), **lo de siempre** (*as always*), etc.

| | |
|---|---|
| Lo vi **a lo lejos**. | *I saw him in the distance.* |
| **Por lo general** llega tarde. | *Generally he arrives late.* |

## 38. Género de los nombres

Todos los nombres en español son masculinos o femeninos.

**A.** Masculinos:

(1) Pertenecen a este grupo los que nombran seres masculinos, sin importar la terminación.

| el actor | el duque | el hombre |
|----------|----------|-----------|
| el almirante | el general | el buey (*ox*) |
| el barón | el padre | el rey (*king*) |
| el conde | el policía | el soldado |

(2) Los nombres que terminan en **-o** son, generalmente, masculinos.

| el libro | el brazo (*arm*) |
|----------|------------------|
| el vaso | el cuello (*neck*) |
| el campo (*countryside*) | el estómago |

Excepción:

**la mano** (*hand*)

(3) Un gran número de los nombres terminados en **-ma** y algunos en **-pa** y **-ta** son masculinos.

| el clima | el problema | el mapa |
|----------|-------------|---------|
| el idioma | el tema | el poeta |
| el poema | el telegrama | |

(4) Los días de la semana, los meses, las estaciones (con excepción de la primavera) y los puntos cardinales son masculinos.

| el lunes | el enero | el verano |
|----------|----------|-----------|
| el sábado | el invierno | el sur |

(5) Los infinitivos, cuando se usan como nombres, siempre son masculinos.

**El dormir** me gusta mucho.   *I like to sleep very much.*
**El viajar** es mi debilidad.   *Traveling is my weakness.*

(6) Los nombres terminados en **-ista**, con excepción de los que se refieren a mujeres, son masculinos.

| el artista | el dentista | el pianista |
|------------|-------------|-------------|
| el guitarrista | el violinista | el maquinista |

El **artista** estaba allí.   *The artist was there.*
El **violinista** tocó maravillosamente.   *The violinist played marvelously.*

**B.** Femeninos:

(1) Pertenecen a este grupo los que nombran seres femeninos, sin importar la terminación.

| la actriz | la marquesa | la mujer |
|-----------|-------------|----------|
| la duquesa | la madre | la emperatriz |

(2) Los nombres que terminan en **-a** son femeninos, con algunas excepciones que hemos visto anteriormente y otras pocas.

| la niña | la pierna | la barba |
|---|---|---|
| la muchacha | la cabeza | la música |

(3) La mayoría de los nombres que terminan en **-dad, -tad, -tud, -ie, -ción, -sión** y **-umbre.**

| la ciudad | la virtud | la nación |
|---|---|---|
| la amistad | la serie | la costumbre |

**C.** Algunos nombres son masculinos con un significado y femeninos con otro.

| **el capital** (dinero, propiedades) | **la capital** (de una nación) |
|---|---|
| **el cura** (sacerdote) | **la cura** (de una herida) |
| **el orden** (en las cosas) | **la orden** (mandato) |
| **el policía** (uno) | **la policía** (todos) |
| **el frente** (parte delantera) | **la frente** (parte superior de la cara) |
| **el guía** (el que dirige) | **la guía** (manual de instrucciones o direcciones) |
| **el corte** (la división) | **la corte** (el juzgado o tribunal) |

## 39. Plural de los nombres

**A.** Se forma, comúnmente, añadiendo **-s** a los nombres que terminan en vocal[13] y **-es** a los que terminan en consonante. En este último caso, cuando el nombre termina en **-z,** se cambia ésta a **-c-** delante de **-es.**

el hombre   **los hombres**
la mujer   **las mujeres**
la nariz   **las narices**

**B.** En algunos casos, al formarse una nueva sílaba en el plural, se hace innecesario el uso del acento. En otros casos se hace necesario añadir un acento.

**El francés** te llamó.   *The Frenchman called you.*
**Los franceses** invadieron a España.   *The French invaded Spain.*
**El crimen** siempre se paga.   *Crime is always paid for. (One always pays for crime.)*
**Los crímenes** siempre se pagan.   *Crimes are always paid for. (One always pays for his crimes.)*

**C.** Los apellidos, especialmente aquellos que terminan en consonante, permanecen igual en el plural. No obstante, aquellos que terminan en vocal pueden añadir **-s.** El plural se expresa por el uso del artículo definido masculino plural.

---

[13] Muchos nombres que terminan en vocal acentuada añaden **-es:** el almará, **los almarraes;** el rubí, **los rubíes.**

Sánchez   **los Sánchez**
Curí   **los Curí, los Curís**

**D.** Los nombres que terminan en -s no acentuada no cambian en el plural.

la crisis   **las crisis**
el miércoles   **los miércoles**

**E.** El masculino plural de algunos nombres se usa para expresar ambos sexos.

**los padres** (padre y madre)
**los duques** de Windsor (el duque y la duquesa)

## 40. Aumentativos y diminutivos

En español resulta común el uso de aumentativos y diminutivos no sólo de nombres sino de adjetivos, adverbios y participios pasivos. Sin embargo, para evitar situaciones embarazosas, sólo deben usarse en forma muy limitada, como por ejemplo, para expresar afecto y cariño, pues, en ocasiones, pueden significar un insulto. Los diminutivos más comunes son **-ito (-cito** y **-ecito), -illo (-cillo** y **-ecillo), -ico, -achuelo** y sus femeninos.

un viaje   **un viajecito**
el niño   **el niñito**
el caballo   **el caballito**
un hombre   **un hombrecillo** (un hombre vulgar o pequeño)

Los aumentativos más comunes son **-ón, -azo (-tazo), -ote (-zote), -acho** y sus femeninos.

el muchacho   **el muchachón**
grande   **grandote**
una palabra   **una palabrota** (una mala palabra)

# II · EJERCICIOS

**(A)** Repitan la oración. Después sustituyan la palabra en negrita con cada una de las palabras entre paréntesis, prestando atención á las posibles contracciones.

1. Voy a la **farmacia.**   (cine, teatro, festejos, carreras)
2. Regresó de la **fiesta.**   (vacaciones, colegio, biblioteca, laboratorio)
3. Miraban a la **muchacha.**   (muchacho, jóvenes, madres, esposo)

4. Se había olvidado de los **parientes.**   (recado, promesa, tareas, fracaso)
5. Le confesaba a la **señora** su participación.   (investigadores, sacerdote, tías, amigo)

(B) Modifiquen los predicados de las oraciones siguientes con cada uno de los adjetivos que se indican, tal como aparece en el modelo.

> Juan es sudamericano.   (alto, triste, simpático)
> **Juan es un sudamericano alto.**
> **Juan es un sudamericano triste.**
> **Juan es un sudamericano simpático.**

1. El señor García es senador.   (inteligente, amable, desagradable)
2. Washington era norteamericano.   (gran, brillante, excelente)
3. María es liberal.   (ardiente, entusiasta, imposible)
4. Su pretendiente es dentista.   (conocido, trabajador, estúpido)
5. Doña María había sido actriz.   (buena, famosa, pésima)

(C) Pongan énfasis en los predicados de las frases anteriores, simplemente usando en forma enfática el artículo indefinido, tal como se indica en el modelo.

> Juan es sudamericano.
> **Juan es un sudamericano.**

(D) Cambien al plural los nombres de las oraciones siguientes. Hagan los cambios que sean necesarios.

1. El hombre y la mujer discutían.
2. El miércoles viene a visitarme.
3. El señor Portela es calvo y feo.
4. El padre y la madre lo castigarán.
5. La luz estaba encendida.
6. Déme el lápiz y el borrador.
7. Hágalo una vez.
8. Compraron un reloj y una mesa.
9. El rubí era precioso.
10. El abogado y el juez pensaban igual.
11. Me gusta la nuez.
12. Presentó la tesis de grado.
13. Vio al comprador.
14. Lo recibían del vendedor.
15. Admiraban a la emperatriz.

(E) Hagan las preguntas siguientes a un compañero, usando el artículo definido cuando sea necesario. Procedan tal como se indica en el modelo.

> ¿Se sentaron _____ mujeres y _____ hombres?
> **¿Se sentaron las mujeres y los hombres?**
> **Sí (No), las mujeres y los hombres (no) se sentaron.**

1. ¿Le gustan a usted _____ oro y _____ plata?
2. ¿Son importantes _____ libertad y _____ justicia?
3. ¿Está fría _____ agua?

4. ¿Es _____ hacha de _____ Habana?
5. ¿Lee usted _____ español y _____ francés?
6. ¿Habla Rafael _____ chino?
7. ¿Viene usted de _____ Perú o de _____ México?
8. ¿Están aquí _____ doctor Pérez y _____ doña Mercedes?
9. ¿Se pone Pedro _____ camisa y _____ corbata?
10. ¿Venderían peras a peso _____ docena?
11. ¿Han venido sus padres _____ martes y _____ jueves?
12. ¿Le dice en _____ español que viene en _____ verano?
13. ¿Gritó _____ profesor, "_____ Doctor Jiménez, espere"?
14. ¿Se había roto _____ mano?

(F) Sustituyan las palabras en negrita con las indicadas.

1. Necesito otro **libro**. ( examen, silla, consejero, profesora )
2. Cierta **mujer** vino a verte. ( hombre, muchacha, joven, tipo )
3. Tengo ciento diez **dólares**. ( problemas, soluciones, dificultades, ideas )
4. Tal **problema** es difícil. ( pregunta, respuesta, asunto, cuestión )
5. Deme media **libra**. ( manzana, día, caja, hora )
6. ¡Qué **dolor de cabeza**! ( amiguito, mujer, belleza, tipo )

(G) Hagan las preguntas siguientes a un compañero, usando los diminutivos o los aumentativos de las palabras en negrita. Procedan tal como se indica en el modelo.

¿Quieres dar un **viaje**? ( -cito )
**¿Quieres dar un viajecito?**
**Sí, (No, no) quiero dar un viajecito.**

1. ¿Viste a **Pedro**? ( -ito )
2. ¿Tienes un **carro** y una **lancha**? ( -ito, -ita )
3. ¿Es tu hermano ese **hombre**? ( -ón )
4. ¿Te diste un **golpe**? ( -tazo )
5. ¿Le gustaba su **novia**? ( -ecita )
6. ¿Han vendido el **camión**? ( -zote )

(H) Completen las oraciones siguientes con la palabra apropiada.

El libro _____ es de Bértila. ( el papel, azul, llorar )
**El libro azul es de Bértila.**

1. Pedro tenía una _____ fantástica. ( dedicar, religioso, imaginación )
2. _____ y el comercio son muy importantes. ( la industria, continuo, temerario )
3. La devoción _____ del pueblo español es grande. ( religiosa, la historia, originar )

4. _____ del producto es importante.    (temerario, la calidad, ardoroso)
5. Era _____ estudiar el problema.    (el contrario, la historia, necesario)

**(I)** Lean en voz alta el párrafo siguiente y expresen oralmente si las palabras en negrita llevan o no letra mayúscula.

Mi amigo Claudio es de **barcelona** como **don** Francisco. El otro día recibió **una** carta de su primo que es **peruano,** aunque nacido en **valencia.** En ella le decía que **usted** y **yo** habíamos visitado a sus padres en **lima.**

# III · EJERCICIOS DE REPASO

**(A)** Completen el párrafo siguiente con **ser** o **estar** según corresponda. Usen el tiempo del indicativo que se señala.

Pedro Ramírez Sorí (presente) sudamericano, pero ahora (presente) en los Estados Unidos. Su amigo Juan (presente) de los Estados Unidos. Ellos (pretérito) en Chicago hace días y los dos (imperfecto) muy contentos de haber viajado. Cuando Juan vio a la hermana de Pedro dijo que (imperfecto) muy grande para su edad. Ella (presente) rubia y también (presente) muy viva, pero (imperfecto) enferma durante esos días, a pesar de que (presente) muy saludable. Los dos muchachos (presente) cansados del viaje, pero (presente) listos para cualquiera nueva aventura. Así (presente) los jóvenes.

**(B)** Contesten las preguntas tal como se indica en el modelo.

¿Qué tenía? ¿Sed?
**Sí, tenía sed.**

1. ¿Qué tiene? ¿Razón?
2. ¿Qué tuvieron? ¿Hambre?
3. ¿Qué tendrían? ¿Miedo?
4. ¿Qué hacían? ¿Preguntas?
5. ¿Qué habían hecho? ¿Un viaje?

6. ¿Qué harán? ¿Las maletas?
7. ¿Qué hace? ¿Calor?
8. ¿Qué había? ¿Buen tiempo?
9. ¿Qué habrá? ¿Un terremoto?

# IV · EJERCICIOS DE VERBOS [14]

Verbos con cambios ortográficos

**tocar**   *to touch; to play an instrument; to ring; to knock*
**pagar**   *to pay*

[14] Véase el Apéndice C en la página 315.

**vencer**   *to defeat, overcome*
**proteger**   *to protect*

| Verbos en | cambian | delante de |
|---|---|---|
| -car | -c- → -qu- | -e- |
| -gar | -g- → -gu- | -e- |
| -cer (precedido de una consonante) | -c- → -z- | -o- y -a- |
| -ger | -g- → -j- | -o- y -a- |

**(A)** Contesten los pares de preguntas siguientes usando las palabras en negrita tal como se indica en el modelo.

> ¿Qué toca usted, la guitarra o **el piano**?
> **Toco el piano.**
> ¿Y qué tocó en la fiesta?
> **Toqué el piano también.**

1. ¿A quién paga usted, **al mozo** o al empleado?
   ¿Y a quién pagó ayer?
2. ¿Qué deseaba Pedro que tocaras, el violín o **la corneta**?
   ¿Y qué desea que toques ahora?
3. ¿A quién vencerá usted, **a los rojos** o a los blancos?
   ¿Y a quién vences hoy?
4. ¿Qué pagaste, el ómnibus o **la comida**?
   ¿Y qué pagarás mañana?
5. ¿A quién proteges, **a tu hermana** o a tu prima?
   ¿Y a quién protegiste ayer?

**(B)** Cambien los infinitivos a todos los tiempos del indicativo, del potencial (condicional) y del subjuntivo.

1. Yo (tocar) música clásica.
2. Yo (vencer) al otro jugador.
3. Yo (pagar) mis gastos.
4. Yo (proteger) mis intereses.

# LECCIÓN 5

## Sección Primera

### I · DIÁLOGO

#### La lengua española

*(Pedro y Juan regresan en avión de su viaje a Madrid y Sevilla, donde fueron a pasar° unos días para presenciar los actos religiosos de la Semana Santa.)*

JUAN   Te agradezco la idea de ir de vacaciones° a Sevilla y Madrid. Ha sido una gran experiencia. Todo el mundo fue muy agradable con nosotros.

PEDRO   Me alegro[1] de° que pienses así. Hemos pasado momentos muy felices. No podemos quejarnos del° viaje.

JUAN   Hay algo que no tardé en notar° en Sevilla. Los andaluces hablan de manera diferente.

PEDRO   Tienes razón. Por ejemplo, no pronuncian las eses finales y algunas otras consonantes.

JUAN   Pedro, ¿te importaría si te hiciera[2] muchas preguntas con respecto a la lengua española? Hay varias cosas que me gustaría saber.

PEDRO   No, hombre, no, todas las que quieras.

JUAN   ¿Hay mucha diferencia entre el español que se habla en España y el de Hispanoamérica?

PEDRO   Yo diría que existe la misma relación que entre el inglés de Inglaterra y el de los Estados Unidos.

JUAN   Por cierto, una cosa que me llamó la atención es la importancia que todos los jóvenes prestan a la literatura —la cantidad de obras que leen y como discuten sobre ellas. Constantemente oí conversaciones sobre libros y autores.

[1] *I'm glad*
[2] *Would you mind if I asked*

PEDRO   Tienes razón, por eso[3] es que tenemos tantos famosos escritores.

JUAN   Sí, eso sí lo sabía, y también que Cervantes es el más conocido autor español.

PEDRO   Correcto. *Don Quijote* es nuestra obra clásica por excelencia.°

JUAN   Espera, Pedro. Un momento. Ahí viene la azafata y le voy a pedir un jugo de naranja. ¿Quieres algo para ti?

PEDRO   No gracias. Ahora no.

JUAN   Señorita, por favor...

## Cierto o falso

Las frases u oraciones siguientes expresan hechos ciertos o falsos con respecto al diálogo anterior. Cada alumno leerá una de ellas, y su compañero más cercano contestará **sí** o **no** completando la respuesta.

1.  Pedro y Juan regresan en barco de su viaje.
2.  Juan piensa que el viaje fue una gran experiencia.
3.  Los andaluces hablan igual que todos los otros españoles.
4.  Juan no quiere saber nada.
5.  Los jóvenes prestan mucha importancia a la literatura.
6.  Los jóvenes leen muy poco.
7.  Pedro quiere pedir algo de comer.

# II · DIÁLOGO (continuación)

JUAN   Oye, Pedro, hablando del pasado, ¿cuál es el origen de la lengua española?

PEDRO   El castellano,[4] como se llamó al principio, y todavía se llama a la lengua en muchos lugares, viene del llamado latín vulgar,[5] pero también tiene muchas otras influencias, de modo que,° en definitiva,° es una mezcla.

JUAN   Entonces, ¿a qué grupo de lenguas pertenece el español?

PEDRO   Pertenece a las llamadas romances como el francés, el italiano, y el rumano, que son las derivadas del latín.

JUAN   Otra vez, Pedro, perdona, tengo más preguntas. ¿De verdad no te importa?

[3] *that is the reason, because of that*
[4] Aunque oficialmente el término "español" es el que se usa, el término "castellano" todavía se emplea en muchos lugares para referirse a la lengua.
[5] el latín que era hablado por las personas de las clases bajas

PEDRO   Hijo,[6] te he dicho que te dejes de formalidades. No seas tonto.[7] Adelante.[8]

JUAN   Bueno, gracias. Entonces continúo con mi "interrogatorio". ¿Qué es exactamente la Real Academia de la Lengua Española? He oído hablar de ella en la clase de español, pero he tenido pena[9] de preguntar.

PEDRO   Es el organismo que regula la lengua. Fue creado en 1714 por Felipe V. Al mismo tiempo,[10] en los países hispanoamericanos hay academias de la lengua. Por ejemplo, la de Colombia es muy conocida.

JUAN   ¿Cuántas personas hablan español en el mundo?

PEDRO   En el presente,° más de ciento setenta millones de personas, muchas de ellas en los Estados Unidos.

JUAN   Pues, que son bastantes, digo yo.

PEDRO   Oye, Juan, ¡qué bueno! El capitán dice que nos abrochemos los cinturones. Ya estamos de vuelta.

JUAN   Sí, tienes razón, así te dejaré descansar de tantas preguntas. ¡Ah, oye, apaga el cigarrillo, que ya encendieron la señal!

## Preguntas

Contesten con frases completas las preguntas siguientes de acuerdo con el diálogo anterior. Cada respuesta deberá tener por lo menos cinco palabras.

1. ¿Cuál es el origen de la lengua española?
2. ¿Qué era el latín vulgar?
3. ¿A qué grupo de lenguas pertenece el español?
4. ¿Qué es la Real Academia de la Lengua Española?
5. ¿Dónde hay otras academias?
6. ¿Cuántas personas hablan español en el mundo?
7. ¿Quién está fumando un cigarrillo?
8. ¿Qué dice el capitán?

## Preguntas relacionadas con usted

1. ¿Ha ido usted de vacaciones en los últimos días?
2. ¿Ha viajado usted en avión? ¿En barco?
3. ¿Cuándo hace preguntas usted?

[6] Se usa al igual que "hombre", con el mismo sentido de *man* en inglés.
[7] *Don't be silly.*
[8] *Go ahead.*
[9] *I have been ashamed*
[10] *At the same time*

4. ¿Cree usted que fue una buena experiencia su último viaje? ¿Pasó usted momentos felices?
5. ¿Hay mucha diferencia entre el inglés que se habla en los Estados Unidos y el de Inglaterra?
6. ¿Prestan mucha importancia los jóvenes a la literatura en los Estados Unidos?
7. ¿Cuál es la obra clásica por excelencia de la lengua inglesa?
8. ¿Quién es el más conocido autor norteamericano?
9. ¿Cuál es el origen de la lengua inglesa?
10. ¿Cuántas personas hablan inglés en el mundo?

# III · HABLEMOS EN ESPAÑOL

1. ¿Cuáles son las lenguas que más se hablan en el mundo?
2. ¿Dónde se habla inglés?
3. ¿Cree usted que el español es difícil?
4. ¿Cuál es más fácil de aprender, el inglés o el español?
5. ¿Qué es lo más difícil en español, hablar, leer o escribir?
6. ¿Cuántos años hace que usted estudia español?
7. ¿Se parecen el español y el portugués? ¿El español y el italiano?
8. ¿Cree usted que es bueno escribir composiciones en español?
9. ¿Qué otra cosa sería buena para aprender más español?
10. ¿Qué son mejores para aprender, los diálogos, los discursos o las preguntas?

# IV · MODISMOS Y EXPRESIONES

tardar en + infinitivo  *to be long in*
quejarse de  *to complain of, about*
alegrarse de  *to be glad of*
ir a pasar  *to go to spend*
ir de vacaciones  *to go on vacation*

(A) Háganle las preguntas siguientes a un compañero. Después, éste deberá contestar de acuerdo con las palabras indicadas. No dejen de usar el modismo o expresión en negrita, tal como se indica en el modelo.

¿**De** qué **se alegra** usted?  (de mi buena suerte)
**Me alegro de mi buena suerte.**

1. ¿Qué **tardó en notar** el profesor?    (la ausencia de Josefina)
2. ¿Por qué **se había quejado**?    (por la mala nota)
3. ¿Quién **se alegra del** resultado?    (el ganador)
4. ¿Adónde **iba a pasar** el fin de semana?    (a las montañas)
5. ¿Cuándo **va de vacaciones**?    (en dos semanas)

> todo el mundo    *everybody*
> de modo que    *so that*
> por excelencia    *par excellence*
> en el presente    *at present*
> en definitiva    *in short, to make it short*

**(B)** Lean las siguientes oraciones. Después sustituyan los modismos o expresiones en negrita con uno de los que aparecen en la lista anterior, que tenga el mismo o parecido significado.

1. **En la actualidad,** la población de Sudamérica crece a más de un tres por ciento anual.
2. Lo hizo **de manera que** nadie lo viera.
3. Darío fue el poeta **más destacado** del Modernismo.
4. **Para terminar,** no pasé el examen.
5. **Toda la gente** ha venido a ver el juego.

**(C)** Si su profesor se lo ordena, estén preparados para usar cada uno de los modismos y expresiones anteriores en una frase u oración.

# Sección Segunda

# I · *GRAMÁTICA*

## 41. La concordancia de los adjetivos

Los adjetivos en español muestran su concordancia, en género y número, con el nombre o pronombre que modifican.[11]

---

[11] Si un adjetivo modifica dos o más nombres de género diferente, normalmente, el adjetivo es masculino plural: Carlos y Juana son **estudiosos.** *Carlos and Juana are studious.*

| | |
|---|---|
| El español es una **lengua bella.** | *Spanish is a beautiful language.* |
| El español pertenece a las **lenguas romances.** | *Spanish belongs to the Romance languages.* |
| Luis es un **niño colombiano** y Juana y María son **niñas peruanas.** | *Luis is a Colombian boy and Juana and María are Peruvian girls.* |

## 42. Formación del femenino

**A.** Los adjetivos que terminan en **-o** usan una **-a** para formar el femenino. Los otros adjetivos, a no ser en los casos que inmediatamente mencionaremos, no cambian.

| | |
|---|---|
| Es un libro **clásico.** | *It is a classic book.* |
| Es una obra **clásica.** | *It is a classic work.* |
| El perro es **inteligente.** | *The dog is intelligent.* |
| La perra es **inteligente.** | *The dog (female) is intelligent.* |

**B.** Excepciones:

(1) Los adjetivos que terminan en **-án, -ón, -ín** u **-or**[12] añaden una **-a** para formar el femenino.

| | |
|---|---|
| Mi tío es **holgazán.** | *My uncle is lazy.* |
| Mi tía es **holgazana.** | *My aunt is lazy.* |
| El chico es **hablador.** | *The boy is talkative.* |
| La chica es **habladora.** | *The girl is talkative.* |

(2) Los adjetivos de nacionalidad que terminan en una consonante añaden una **-a** para formar el femenino.

| | |
|---|---|
| La lengua **española** | *The Spanish language* |
| La chica **francesa** es muy bonita. | *The French girl is very pretty.* |

## 43. Formación del plural

El plural de los adjetivos se forma como el de los nombres. Si terminan en vocal se añade una **-s** y si en consonante, **-es.** Si terminan en **-z,** cambian ésta a **-c-** y añaden **-es.**

rojo, -a   **rojos, -as**      fácil  **fáciles**      feliz  **felices**

| | |
|---|---|
| Las lenguas **romances** | *The Romance languages* |
| Son momentos **difíciles.** | *They are difficult moments.* |
| Hemos pasado momentos **felices.** | *We have spent happy moments.* |

[12] Esta regla no se aplica en el caso de los comparativos y algunos otros derivados del latín como **exterior** e **interior:** el **peor** muchacho, la **peor** muchacha; el apartamento **interior,** la terraza **exterior.** *the worst boy; the worst girl; the interior apartment, the outside terrace*

## 44. División de los adjetivos

Los adjetivos se dividen en calificativos (que describen y distinguen) y determinativos (que limitan o regulan).

| | |
|---|---|
| Ella es una muchacha **bonita**. (calificativo) | *She is a pretty girl.* |
| **Dos** niños vinieron. (determinativo) | *Two boys came.* |

## 45. Posición con respecto al nombre

**A.** Los **determinativos** (cuantitativos, numerales, demostrativos, posesivos, etc.) se sitúan, generalmente, delante del nombre que modifican.

| | |
|---|---|
| Tiene **muchas otras** influencias. | *It (She, He) has many other influences.* |
| Había **cinco** muchachos. | *There were five boys.* |
| **Esas** plumas son de Pepe. | *These pens are Pepe's.* |
| Ahí están **mis** libros. | *There are my books.* |

**B.** Los **calificativos** se sitúan, generalmente, después del nombre que modifican.

| | |
|---|---|
| Juan es un estudiante **norteamericano**. | *Juan is a North American student.* |
| Es una lengua **bella**. | *It is a beautiful language.* |
| El edificio **grande** es rojo. | *The big building is red.* |
| Es una conversación **interesante**. | *It is an interesting conversation.* |

**C.** Excepciones a la regla de los determinativos:

(1) El adjetivo demostrativo **ese, -a, -os, -as** cuando se coloca después del sustantivo adquiere, normalmente, un significado derogatorio o de desagrado.

| | |
|---|---|
| La **mujer esa** es un problema. | *That woman is a problem.* |
| El **auto ese** no vale nada. | *That car isn't worth anything.* |
| Que lío **ese**. | *What a problem that is.* |

(2) El adjetivo indefinido **alguno** cuando se coloca después del nombre en una construcción negativa adquiere un sentido negativo enfático.

| | |
|---|---|
| No veo **hombre alguno**. | *I don't see any man (anybody) at all.* |
| No les trajeron **comida alguna**. | *They didn't bring them any food at all.* |

**D.** Excepciones a la regla de los calificativos:

(1) Cuando el adjetivo calificativo describe una cualidad que es característica, inherente o particular del nombre que modifica, se sitúa delante de él.

| | |
|---|---|
| El **caudaloso** Amazonas atraviesa el Brasil. | *The abundant Amazon crosses Brazil.* |
| El **genial** Einstein murió hace algunos años. | *The brilliant Einstein died a few years ago.* |
| Me gusta ver caer la **blanca** nieve. | *I like to see the white snow falling.* |

Dentro de esta categoría incluimos muchas frases hechas por su uso continuado.

| | |
|---|---|
| **Felices** Pascuas | *Happy Easter; Merry Christmas* |
| **Buenos** días | *Good day* |
| La **Sagrada** Biblia | *The Holy Bible* |
| El Palacio de **Bellas** Artes | *The Palace of Fine Arts* |

(2) En ciertos casos en literatura —en especial en poesía— así como en oratoria, algunos adjetivos se sitúan delante del nombre para darle un cierto sabor poético, un mayor énfasis o simplemente para llamar la atención.

| | |
|---|---|
| Esos **negros ojos,** esa **divina mirada,** esa **encantadora sonrisa,** todo, todo eso eres tú. | *Those black eyes, that divine look, that enchanting smile, all, all of that you are.* |

(3) Algunos adjetivos calificativos que en su uso común no tienen propósito o valor de distinción (**bueno, malo** y algunos otros) se sitúan delante del nombre.

| | |
|---|---|
| El **buen** campesino español acepta sin protestar. | *The good Spanish peasant accepts without protesting.* |
| Es un **mal** hábito. | *It's a bad habit.* |

**E.** En aquellos casos en que dos o más adjetivos modifican a un nombre, se colocarán delante o después del nombre de acuerdo con las reglas anteriores.

| | |
|---|---|
| Cervantes es el más **conocido** autor **español.** | *Cervantes is the best known Spanish author.* |
| Lincoln fue un **insigne** patriota **norteamericano.** | *Lincoln was a famous North American patriot.* |

**F.** En ocasiones, cuando se usan tres o más adjetivos, se coloca delante del nombre, por cuestiones de forma, el que se considera como característica inherente a la persona o cosa o el que es más corto.

| | |
|---|---|
| El **inteligente** escritor **contemporáneo colombiano,** don Germán Arciniegas, es mi maestro. | *The intelligent contemporary Colombian writer, don Germán Arciniegas, is my mentor.* |

## 46. Cambios de significado

El significado de unos cuantos adjetivos es diferente de acuerdo con su posición delante o después del nombre. Noten los ejemplos a continuación.

el **medio** galón    (*half*)
el estudiante **medio**    (*average*)

mi **caro** amigo    (*dear*)
mi auto **caro**    (*expensive*)

el **pobre** senador    (*unfortunate*)
el senador **pobre**    (*penniless*)

un **nuevo** problema    (*another*)
un problema **nuevo**    (*new*)

un **gran** hombre    (*great*)
un hombre **grande**    (*large*)

el **mismo** abogado    (*same*)
el abogado **mismo**    (*himself*)

el **dichoso** vendedor    (*disagreeable*)
el vendedor **dichoso**    (*lucky*)

## 47. Apócope de los adjetivos

**A.** Algunos adjetivos pierden la **-o** final delante de un nombre masculino singular (primero, tercero, postrero, bueno, malo, alguno, ninguno).

No veo **ningún** libro.                *I don't see any book.*
Es un **buen** amigo.                *He is a good friend.*
Es un **mal** hábito.                *It's a bad habit.*

**B.** **Grande,** comúnmente, y con el significado de *great,* pierde la **-de** final delante de un nombre singular de ambos géneros.

Ha sido una **gran** experiencia.        *It has been a great experience.*
Martí era un **gran** hombre.        *Martí was a great man.*

**C.** **Ciento** se convierte en **cien** delante del nombre que modifica o delante de un número mayor que él mismo.

Había **cien** muchachos.            *There were a hundred boys.*
Tenían **cien** mil soldados.            *They had a hundred thousand soldiers.*

**D.** **Santo** se convierte en **San** delante de un nombre masculino singular, excepto cuando el nombre comienza con **Do-** o **To-**.

| | |
|---|---|
| **San** Antonio | **Santa** Dominica |
| **San** Francisco | **Santa** Clara |
| **Santo** Tomás | **Santa** Ana |
| **Santo** Domingo | **Santa** María |

## 48. Frases preposicionales como adjetivos

En español para expresar el material de algo, generalmente se usa **de** + nombre (material) en lugar del adjetivo.

| | |
|---|---|
| Es una pared **de ladrillos.** | *It is a brick wall.* |
| Es una sortija **de plata.** | *It is a silver ring.* |

## 49. El uso de *poco*

El prefijo negativo **in-** no se puede usar con todos los adjetivos. En los casos en que no se usa, se emplea el indefinido **poco,** más o menos con el mismo significado. Sin embargo, el uso de **poco** en lugar de **in-** debe aprenderse en la práctica, ya que no hay regla gramatical al respecto.

| | |
|---|---|
| La charla resultó **poco** ilustrativa. | *The chat wasn't very enlightening.* |
| Es un hombre **poco** agradable. | *He is an unpleasant man.* |

## 50. Adjetivos usados como nombres

Algunos adjetivos se usan comúnmente con los artículos indefinidos y definidos como verdaderos nombres.

| | |
|---|---|
| **Los latinos** son muy románticos. | *Latins are very romantic.* |
| **El joven** está en la sala. | *The young man is in the hall.* |
| **Un colombiano** escribió la novela. | *A Colombian wrote the novel.* |

Algunos adjetivos se usan con el artículo neutro **lo** como se vio en la Lección 4.

## 51. El adverbio

**A.** Muchos adverbios de modo y algunos de tiempo y afirmación se forman añadiendo **-mente** al adjetivo femenino.

| | |
|---|---|
| difícil | **difícilmente** |
| razonado | **razonadamente** |

primero  **primeramente**
breve  **brevemente**
efectivo  **efectivamente**
seguro  **seguramente**

Cuando se usan dos o más adverbios juntos, la terminación **-mente** sólo se añade al último. El otro o los otros adverbios usan la forma femenina del adjetivo.

| | |
|---|---|
| Nadó la distancia **rápida** y **expertamente**. | *He swam the distance rapidly and skillfully.* |
| Habla **lógica** y **certeramente**. | *He speaks logically and accurately.* |

**B.** También se usan para sustituir el adverbio la construcción **con** + nombre y las construcciones **de modo** + adjetivo (masculino) y **de manera** + adjetivo (femenino).

| | |
|---|---|
| Había corrido **rápidamente (con rápidez, de modo rápido, de manera rápida)**. | *He had run rapidly.* |
| Hablaba **fácilmente (con facilidad, de modo fácil, de manera fácil)**. | *He spoke easily.* |

## 52. Adjetivos usados como adverbios

Es común el uso de algunos adjetivos con fuerza de adverbios cuando la acción del verbo que se expresa se refiere a un estado o condición de la cosa o la persona.

| | |
|---|---|
| Se encuentran **tristes**. | *They are (feel) sad.* |
| Llegaban **alegres** a casa. | *They arrived (home) happy.* |

## 53. Posición de los adverbios en relación con el verbo, el adjetivo u otro adverbio

Los adverbios en español se usan con mucha más flexibilidad que en inglés. No obstante, como regla general, se puede decir que los adverbios se sitúan a continuación del verbo que modifican, o delante del adjetivo o adverbio que modifican.

| | |
|---|---|
| Él **llegó temprano**.   (verbo + adverbio) | *He arrived early.* |
| Es una muchacha **muy bella**. (adverbio + adjetivo) | *She is a very pretty girl.* |
| Caminaba **muy lentamente**. (adverbio + adverbio) | *He walked very slowly.* |

Un caso especial resulta el del negativo **no** con un adverbio, donde, a diferencia del inglés, se sitúa el adverbio delante.

| | | |
|---|---|---|
| **Después no.** | (adverbio + **no**) | *Not afterward.* |
| **Tarde no.** | (adverbio + **no**) | *Not late.* |

# II · EJERCICIOS

**(A)** Usen los adjetivos indicados entre paréntesis en la forma correcta.

1. Pedro es amigo.   (bueno)
2. Había unos muchachos en el parque.   (cinco)
3. Cervantes fue escritor.   (famoso, español)
4. Tiene una casa.   (verde y amarillo)
5. Jugaba en la nieve.   (blanco)
6. Isabel era reina.   (conocido, inglés)
7. Mi abuelo es senador.   (pobre [sin suerte])
8. Lo atacaba un tigre.   (fiero)
9. Ese es el problema.   (mismo [*same*])
10. Yo dormía en el piso.   (tercero)
11. Tiene unos mil pesos.   (ciento [delante de mil])
12. Mi compañera es una muchacha.   (flaco, feo)
13. Había tenido doce días para hacerlo.   (ciento)
14. Allá viene mi suegra.   (dichoso [desagradable])
15. ¿Sería un hombre?   (grande [mérito])

**(B)** Cambien al plural.

1. Mi novia es muy feliz.
2. Tengo un carro azul y rojo.
3. Él es gordo, feo e infantil.
4. Es un buen amigo.
5. Es un gran hombre.
6. Resultó el primer alumno de la clase.
7. Algún muchacho lo hizo.
8. Tu amigo es un inglés holgazán.
9. La mujer es muy habladora.
10. Yo soy joven, pero tú eres viejo.

**(C)** Expresen el material de acuerdo con la palabra indicada, tal como se indica en el modelo.

La casa es mía.   (madera)
**La casa de madera es mía.**

1. Tengo un reloj.   (oro)
2. Compró una sortija en la tienda.   (brillante)
3. Lavaba la camisa.   (seda)
4. Había tirado un avión.   (papel)
5. El edificio está a la derecha.   (cemento y acero)
6. Su traje es para el frío.   (lana)
7. La ropa estaría en la mesa.   (metal)
8. La caja amarilla no sirve.   (cartón)

(D) Contesten las preguntas siguientes usando el adverbio del adjetivo indicado y sustituyéndolo posteriormente, tal como se indica en el modelo. No dejen de usar las cuatro formas.

¿Cómo hablaba el orador?   (fácil)
**El orador hablaba fácilmente   (con facilidad, de un modo fácil, de una manera fácil).**

1. ¿Cómo escribe español Pedro?   (perfecto)
2. ¿Cuándo había venido su mamá?   (frecuente)
3. ¿Cómo actuaba José?   (cuidado)
4. ¿Cuándo ha estudiado él?   (regular)
5. ¿Cómo atacaron al ministro?   (brutal)
6. ¿Cuándo vendrá a visitarme?   (rápido)
7. ¿Cómo nadaba el instructor?   (difícil)
8. ¿Cómo nos lo dijo?   (brusco)

(E) Usen los adjetivos indicados como adverbios, tal como se indica en el modelo.

María baila.   (fácil, elegante)
**María baila fácil y elegantemente.**

1. Pedro camina.   (lento, cuidadoso)
2. El presidente habla.   (rápido, fácil)
3. Había trabajado.   (inteligente, perfecto)
4. Él cantará.   (triste, claro)
5. Mi suegro escribe.   (apresurado, terrible)
6. Volvía corriendo.   (rápido, alegre)

# III · EJERCICIO DE REPASO

Completen las frases siguientes con una de las palabras que aparecen entre paréntesis. Estas palabras tienen significados análogos en inglés y español, debido a su misma procedencia.

1. El profesor le llamó _____ al alumno.   (el adjetivo, el artículo, la atención)
2. Es una muchacha muy _____.   (atractiva, estaba, la autobiografía)
3. Me dio una respuesta _____ a la de ayer.   (la construcción, definido, diferente)
4. Este libro tiene _____ después de las explicaciones.   (efectivo, el ejemplo, exclusivo)
5. _____ es el opuesto al masculino.   (el femenino, la fortuna, la frase)
6. Me _____ cuales eran sus hermanos.   (la imaginación, indicó, la inteligencia)
7. Está tomando un curso _____ de español.   (intensivo, el masculino)
8. _____ me está fallando porque estoy viejo.   (la memoria, el adverbio, bueno)
9. Aunque usted no lo crea yo soy muy _____.   (el negativo, nervioso, el positivo)
10. Una cosa es la teoría y otra _____.   (la personalidad, la posesión, la práctica)
11. Al momento actual se le llama _____.   (el presente, el pretérito, el futuro)
12. A _____ se le llama el Nuevo Mundo.   (la América, el Asia, Europa, el África)


# IV·EJERCICIOS DE VERBOS[13]

Verbos con cambios ortográficos

**conocer**   *to know, be acquainted with*
**creer**   *to believe*
**empezar**[14]   *to begin, start*
**huir**   *to run away, flee*

| Verbos en | cambian | lugar |
|---|---|---|
| **-cer** (precedido de una vocal) | -c- → -zc- | delante de **-o-** y **-a-** |
| **-eer** | -i- (no acentuada) → -y- | entre vocales |
| **-uir** | -i- (no acentuada) → -y-[15] | entre vocales |
| **-zar** | -z- → -c- | delante de **-e-** |

[13] Véase el Apéndice C en la página 315.
[14] También diptonga la vocal de la raíz.
[15] También intercalan y en los tiempos señalados en el Apéndice C, página 315.

(A) Cambien las formas verbales en negrita de acuerdo con los sujetos indicados entre paréntesis.

1. Yo **huyo** constantemente.   (ella, nosotros, ustedes, tú, vosotros)
2. Tú **creíste** algo que no era verdad.   (Juan, tú y yo, los muchachos, vosotros, ustedes)
3. **Empezaron** a contestar.   (tú, Carlos, Juan y yo, vosotros, yo)
4. Nosotros **conocemos** a la señora.   (José, yo, tú, ellos, vosotros)
5. Me ordenó que **empiece** el trabajo.   (nosotros, usted, vosotros, tú, ustedes)
6. No pensé que lo **creyera**.   (Juan y María, nosotros, vosotros, Francisco, tú)

(B) Cambien al plural.

1. **Empiezo** a descansar el miércoles.
2. Se alegra de que **huya** de las muchachas.
3. **Creí** la información del periódico.
4. ¿Es posible que no la **conozca**?
5. **Huyó** hacia el bosque.
6. **Empezaste** mal el día.

(C) Cambien al singular.

1. **Creyeron** cuanto dije.
2. **Empezamos** la clase a las once.
3. **Huyen** de la realidad.
4. Seguro que lo **creerán**.
5. Que lo **empiecen** ahora mismo.
6. **Conocemos** a Pedro muy bien.

# LECCIÓN 6

## Sección Primera

### I · DIÁLOGO

#### La política

*(Son las doce y diez. A la salida° de la clase sobre gobiernos de Latino-américa, en la que está matriculado° Juan, por coincidencia,° se encuentran los dos amigos.)*

JUAN   Oye, Pedro, una vez más[1] necesito tu ayuda. Mi promedio está muy bajo y necesito recibir buenas notas° este trimestre. Si no, sabes lo que me espera.[2]

PEDRO   ¿De qué se trata?[3] Siempre tienes un nuevo problema.

JUAN   Perdí parte de la explicación, pues, como de costumbre,[4] llegué tarde° a clase y deseo hacerte unas cuantas° preguntitas.°

PEDRO   ¿Ahora mismo?° Mira que no puedo. Estoy apurado. Tengo una cita en veinte y cinco minutos. Bueno, bueno... con esa cara de tristeza que has puesto[5] me has convencido. Empieza.

JUAN   Está bien. Trataré de ser breve. En primer lugar,° ¿es cierto que en casi todos los países latinoamericanos hay más de cuatro o cinco partidos políticos?

PEDRO   Desgraciadamente, es verdad. En cierta forma,[6] los hombres son más importantes que los programas. Por ejemplo, a veces hay tantos partidos políticos como líderes aspirando a la presidencia de la república.

JUAN   Eso es una broma. Estás exagerando.

PEDRO   Bueno, quizás un poco, pero hay países que tienen no menos de siete u ocho partidos políticos. Por eso hay tanta desunión. Para mí, éste es uno de los problemas más importantes de Latino-

---

[1] *once more*
[2] *you know what I can expect*
[3] *What's it all about?*

[4] *as usual*
[5] **con... puesto**   *with such a sad face*
[6] *In a way*

américa. De ahí también se originan, en gran parte,[7] los dictadores y los caudillos.

JUAN   Oye, Pedro, como tengo más preguntas, ¿qué te parece si nos
vamos a almorzar?

PEDRO   No, Juan, de verdad que no puedo. Me tengo que ir en pocos
minutos. No obstante, te acepto un cigarrillo; se me han acabado[8]
los míos.

JUAN   Sí, hombre, yo también me voy a fumar uno.

### Cierto o falso

Las frases u oraciones siguientes expresan hechos ciertos o falsos con
respecto al diálogo anterior. Cada alumno leerá una de ellas, y su
compañero más cercano contestará sí o no, completando la respuesta.

1. Son las dos menos cuarto.
2. Juan está matriculado en la clase de civilización latinoamericana.
3. El promedio de Juan está muy bajo.
4. Juan oyó la explicación completa.
5. Pedro no tiene prisa.
6. Pedro tiene una cita en quince minutos.
7. En los países latinoamericanos hay pocos partidos políticos.
8. En general, los hombres son más importantes que los programas.

# II · DIÁLOGO (continuación)

PEDRO   Bueno, sigue.

JUAN   ¿Hay muchos incidentes durante el proceso electoral?

PEDRO   Muchísimos. Lo peor[9] es que las divisiones continúan después
de las elecciones. Eso impide el progreso de las naciones. ¡País
dividido, país perdido!

JUAN   Yo no creía que el problema era tan serio como dices. ¿No hay
esperanzas de que cambien las cosas?

PEDRO   Sí, algunos países ya han cambiado o están cambiando. Otros,
todavía no.

[7] *to a large extent*
[8] **se... acabado**   *I have run out of*
[9] *The worst thing*

JUAN   (*después de varias preguntas más*) ¿Quieres hablarme de los caudillos y de los estudiantes en la política?

PEDRO   Otro día.° Es la una menos veinte y ocho y sólo me quedan tres minutos para llegar al lugar de reunión.

JUAN   ¿Cuándo te vuelvo a ver?° Todo esto es muy interesante... sumamente interesante.

PEDRO   Pasado mañana, miércoles. Es el seis de abril, día de mi cumpleaños. Te invito a un partido de béisbol y después a comer.

JUAN   Hombre, qué bien. ¿A qué hora nos vemos?

PEDRO   Pasaré por[10] ti a las cuatro y cuarto de la tarde. ¿Está bien?

JUAN   Perfecto. Hasta pasado mañana.

## Preguntas

Contesten con frases completas las preguntas siguientes de acuerdo con el diálogo anterior. Cada respuesta deberá tener por lo menos cinco palabras.

1. ¿Cuándo hay muchos incidentes?
2. ¿Cuándo continúan las divisiones?
3. ¿Qué no creía Juan?
4. ¿Qué hora es?
5. ¿Cuántos minutos le quedan a Pedro?
6. ¿Qué fecha es pasado mañana? ¿Miércoles?
7. ¿Adónde invita Pedro a Juan?

## Preguntas relacionadas con usted

1. ¿En qué clases está matriculado usted?
2. ¿Con quién se encontró usted hoy?
3. ¿Necesita usted ayuda de alguien?
4. ¿Necesita usted recibir buenas notas (calificaciones) en sus exámenes?
5. ¿Qué tiene usted que hacer ahora mismo?
6. ¿Está usted apurado hoy?
7. ¿Tiene usted una cita hoy?
8. ¿Adónde va usted a almorzar hoy?
9. ¿Tiene usted cigarrillos?
10. ¿Cuándo es el día de su cumpleaños?
11. ¿Cuántos años cumple?

[10] *I'll come after*

# III·HABLEMOS EN ESPAÑOL

1. ¿Cuántos partidos nacionales hay en los Estados Unidos? ¿Cuáles son?
2. ¿Cree usted conveniente que haya más de dos partidos políticos en los Estados Unidos? ¿En otros países?
3. ¿Cuántos partidos habrá en los próximas elecciones? Explique su respuesta.
4. ¿Cree usted que hay unidad en los Estados Unidos? ¿Por qué?
5. ¿Sabe usted a qué se debe el progreso político y económico de los Estados Unidos?
6. ¿Cuál cree usted que haya sido el momento político más importante en la historia de los Estados Unidos?
7. ¿Cree usted que es importante la estabilidad económica, política y social para el progreso de un país? Explique su respuesta.
8. ¿Estamos en un momento difícil en la historia de los Estados Unidos? Explique su respuesta.
9. ¿Cuál es la diferencia principal entre una democracia y una tiranía?
10. ¿Cuáles son las libertades más importantes en una democracia?
11. ¿Cuántos partidos hay en los países comunistas?
12. ¿Cuántas personas aspiran a la presidencia de la república en esos países?
13. ¿Podría usted vivir en un país sin libertades?

# IV·MODISMOS Y EXPRESIONES

estar matriculado   *to be enrolled*
sacar buenas notas   *to get good grades*
volver a + infinitivo   infinitive + *again*
llegar tarde   *to be late*
estar apurado   *to be in a hurry*
hacer preguntas   *to ask questions*

(A) Cambien las frases u oraciones siguientes a preguntas de acuerdo con las palabras indicadas entre paréntesis, tal como se indica en el modelo.

El profesor **estaba apurado** por llegar a clase.   (¿Por qué?)
**¿Por qué estaba apurado el profesor?**

1. Pedro **estaba matriculado** en la universidad.   (¿Dónde?)
2. Mi compañera de cuarto **sacará buenas notas.**   (¿Quién?)
3. Pablo **había llegado tarde** por un accidente.   (¿Por qué?)
4. **Volvíamos a** viajar el lunes.   (¿Cuándo?)
5. Ellos **están apurados.**   (¿Quiénes?)
6. Ricardo **hizo** veinte **preguntas.**   (¿Cuántas?)

> a la salida   *on the way out*
> por coincidencia   *by a coincidence*
> unos cuantos   *a few, some*
> ahora mismo   *right now*
> en primer lugar   *in the first place*
> otro día   *later on, another time*

**(B)** Completen las frases u oraciones siguientes con uno de los modismos o expresiones anteriores que produzca un contraste con el resto de la frase u oración.

1. Hoy no puedo; _____ te lo explicaré.
2. No lo ví a la entrada, sino _____.
3. Nos vimos _____, no intencionalmente.
4. _____, no tengo dinero; en segundo lugar, estoy enfermo.
5. _____ no puedo; más adelante le llamaré.
6. No vinieron todos los invitados, sólo _____.

**(C)** Si su profesor se lo ordena, estén preparados para usar, en forma escrita u oralmente, en una frase u oración, los anteriores modismos y expresiones.

# Sección Segunda

# I · GRAMÁTICA

### 54. La hora

La hora del día se expresa con los números cardinales precedidos del artículo femenino y del verbo **ser** mostrando la concordancia.

| ¿Qué hora es? | *What time is it?* |
| **Es la una.** | *It is one o'clock?* |
| **Son las dos. (tres, cuatro, etc.)** | *It is two (three, four, etc.) o'clock.* |

Los minutos se expresan con **y** hasta la mitad de la hora. Después se restan de la hora siguiente usando **menos**.

| Son **las dos y treinta (media).** | *It is two thirty.* |
| Son **las tres menos veinte y nueve.** | *It is twenty-nine to three.* |

A.M. se expresa por **de la mañana.** P.M. se expresa por **de la tarde** o **de la noche.**[11]

| Son las ocho **de la mañana.** | *It is eight o'clock in the morning.* |
| Es la una **de la tarde.** | *It is one o'clock in the afternoon.* |
| Son las once **de la noche.** | *It is eleven o'clock at night.* |

## 55. Las fechas

**A.** Los números cardinales, con excepción de **primero**, se usan para expresar la fecha.

| ¿Qué día es hoy? | *What day is today?* |
| ¿Cuál es la fecha de hoy? | *What is today's date?* |
| ¿A cómo estamos? | *What day is it?* |
| Hoy es (el) **primero** de abril. | *Today is April first.* |
| Mañana es (el) **dos** de abril. | *Tomorrow is April second.* |
| Pasado mañana es (el) **tres** de abril. | *The day after tomorrow is April third.* |
| Ayer fue (el) **treinta y uno** de marzo. | *Yesterday was March 31.* |
| Anteayer fue (el) **treinta** de marzo. | *The day before yesterday was March 30.* |

**B.** Los días de la semana son **el lunes, el martes, el miércoles, el jueves, el viernes, el sábado** y **el domingo.**

**C.** Los meses del año son **enero, febrero, marzo, abril, mayo, junio, julio, agosto, septiembre (setiembre), octubre, noviembre** y **diciembre.**

**D.** Las estaciones del año son **la primavera, el verano, el otoño** y **el invierno.**

**E.** Noten que no se escriben con mayúscula los días de la semana, los meses del año ni las estaciones. Delante de los días de la semana y de las estaciones del año (con excepción de **la primavera,** que es nombre femenino) se usa comúnmente el artículo **el.**

[11] Cuando la hora no se expresa, se usa la preposición **por:** Te veo **por la mañana** (tarde, noche). *I'll see you in the morning (afternoon, evening).*

## 56. Cuadro sinóptico de los grados de significación del adjetivo calificativo *inteligente* y el adverbio *tarde*

POSITIVO                                              **inteligente**

|            |              |                       |                          |
|------------|--------------|-----------------------|--------------------------|
|            | inferioridad | **menos inteligente que** | *less intelligent than* |
| COMPARATIVO | igualdad     | **tan inteligente como**  | *as intelligent as*     |
|            | superioridad | **más inteligente que**   | *more intelligent than* |

|             |          | |  |
|-------------|----------|--|--|
|             | absoluto | **muy inteligente** <br> **inteligentísimo** <br> **extremadamente inteligente** <br> **sumamente inteligente** | *very intelligent* <br> *extremely intelligent* |
| SUPERLATIVO | relativo | | |

|  |              |                                       |                        |
|--|--------------|---------------------------------------|------------------------|
|  | inferioridad | **el menos inteligente en, de, por,** etc. | *the least intelligent* |
|  | superioridad | **el más inteligente en, de, por,** etc.   | *the most intelligent*  |

POSITIVO                                              **tarde**

|            |              |                       |                    |
|------------|--------------|-----------------------|--------------------|
|            | inferioridad | **menos tarde que**[12] | *less late than*  |
| COMPARATIVO | igualdad     | **tan tarde como**    | *as late as*       |
|            | superioridad | **más tarde que**     | *later than*       |

|             |          | | |
|-------------|----------|--|--|
|             | absoluto | **muy tarde** <br> **tardísimo** | *very late* |
| SUPERLATIVO | relativo | (similar al comparativo) | |

Fórmula general para formar los comparativos:

**Inferioridad**
 \_\_\_\_\_ + **menos** + adjetivo (adverbio o nombre) + **que** + \_\_\_\_\_

**Superioridad**
 \_\_\_\_\_ + **más** + adjetivo (adverbio o nombre) + **que** + \_\_\_\_\_

**Igualdad**
 \_\_\_\_\_ + **tan** + adjetivo (adverbio) + **como** + \_\_\_\_\_
 \_\_\_\_\_ + **tanto** (-a, -os, -as) + nombre + **como** + \_\_\_\_\_

---

[12] Esta forma casi nunca se usa. En su lugar se usa un negativo con el comparativo de igualdad, al igual que en inglés. Él **no** llegó **tan tarde como** Pedro. *He did not arrive as late as Pedro.*

## 57. Los grados de significación del adjetivo: positivo, comparativo y superlativo

**A.** El **positivo** expresa simplemente la cualidad del nombre.

Pedro es **inteligente.**                     *Pedro is intelligent.*
Juan es **rico.**                             *Juan is rich.*

**B.** El **comparativo** puede ser de inferioridad, igualdad y superioridad.

(1) El comparativo de inferioridad
**menos** + adjetivo + **que** = *less* + adjective + *than*

Pedro es **menos inteligente que**            *Pedro is less intelligent than Juan.*
Juan.
Marta es **menos rica que** María.            *Marta is less rich than María.*
Los programas son **menos impor-**            *Programs are less important than*
**tantes que** los hombres.                    *men.*

(2) El comparativo de superioridad
**más** + adjetivo + **que** = *more* + adjective (adjective + *-er*) + *than*

Pedro es **más inteligente que** Juan.        *Pedro is more intelligent than Juan.*
Marta es **más rica que** María.              *Marta is richer than María.*
Los programas son **más importantes**         *Programs are more important than*
**que** los hombres.                           *men.*

(3) El comparativo de igualdad
**tan** + adjetivo + **como** = *as* + adjective + *as*

Pedro es **tan inteligente como** Juan.       *Pedro is as intelligent as Juan.*
Marta es **tan rica como** María.             *Marta is as rich as María.*
Los programas son **tan importantes**         *Programs are as important as men.*
**como** los hombres.

**C.** El superlativo puede ser absoluto y relativo.

(1) Absoluto
**muy**[13] + adjetivo = *very* + adjective
adjetivo + **-ísimo (-a)** = *very* + adjective

Pedro es **muy inteligente (inteligentísimo).**   *Pedro is very intelligent.*
Marta es **muy rica (riquísima).**   *Marta is very rich.*

Reglas más comunes para formar el superlativo absoluto con -ísimo:
Si el adjetivo termina en consonante: adjetivo + -ísimo (**-a**)

---

[13] En ocasiones, **sumamente** o **extremadamente** sustituyen a **muy:** Pedro es **suma-**
**mente (extremadamente)** inteligente. *Pedro is extremely intelligent.*

| fácil | facilísimo | *easy* | *very easy* |
| débil | debilísimo | *weak* | *very weak* |

Si el adjetivo termina en -z: adjetivo + -z → -c + -ísimo (-a)

| feliz | felicísimo | *happy* | *very happy* |

Si el adjetivo termina en -ble: adjetivo + -ble → -bil + -ísimo (-a)

| amable | amabilísimo | *friendly* | *very friendly* |
| notable | notabilísimo | *notable* | *very notable* |

Si el adjetivo termina en -co o -go (-a):   adjetivo + -co → -qu + -ísimo (-a)
adjetivo + -go → -gu + -ísimo (-a)

| rico | riquísimo | *rich* | *very rich* |
| largo | larguísimo | *long* | *very long* |

Si el adjetivo termina en vocal o vocales: adjetivo − vocal o vocales finales + -ísimo (-a)

| lindo | lindísimo | *pretty* | *very pretty* |
| sucio | sucísimo | *dirty* | *very dirty* |

(2) El relativo puede ser de inferioridad o superioridad.

**Inferioridad: el (la, los, las) + menos + adjetivo + (de [en])**   *the + least + adjective + (in [of])*

| Pedro es **el menos inteligente** (**de** la clase). | *Pedro is the least intelligent (in the class).* |
| Marta es **la menos rica** (**de** la clase). | *Marta is the least rich (in the class).* |

**Superioridad: el (la, los, las) + más + adjetivo + (de [en])**   *the + most + adjective + (in [of]).*

| Pedro es **el más inteligente** (**de** la clase). | *Pedro is the most intelligent (in the class).* |
| Marta es **la más rica** (**de** la clase). | *Marta is the richest (in the class).* |

## 58. Formación del comparativo y el superlativo de los adverbios

**A.** Se forman el comparativo de superioridad e inferioridad y el superlativo relativo usando **más** o **menos** delante del adverbio.

| temprano | más temprano | menos temprano |
| tarde | más tarde | menos tarde |

| Hoy llegó **más (menos) tarde que** ayer. (comparativo) | *Today he arrived later (less late) than yesterday.* |
| Hoy llegó **más tarde.** (superlativo) | *Today he arrived later.* |

Como el superlativo relativo y el comparativo del adverbio son iguales, a veces se usa la siguiente forma para el superlativo:

**lo** + **más (menos)** + adverbio + **posible (que poder)**

| Hoy llegó **lo más tarde posible.** | *Today he arrived the latest possible.* |
| Hoy llegó **lo más tarde que pudo.** | *Today he arrived the latest he could.* |

**B.** El comparativo de igualdad se forma con el adverbio **tan** delante del adverbio y la conjunción **como** después.

| Pedro llegó **tan temprano como** tú. | *Pedro arrived as early as you.* |
| María comió **tan tarde como** Juana. | *María ate as late as Juana.* |

**C.** El superlativo absoluto se forma de la misma manera que los adjetivos.

| El alumno llegó **tardísimo.** | *The student arrived very late.* |

En caso de que el adverbio termine en **-mente** se usará la terminación **-ísima-mente.** Este uso no es muy común.

| El escribe **facilísimamente.** | *He writes very easily.* |
| Ellos corrían **rapidísimamente.** | *They ran very rapidly.* |

## 59. Comparativos y superlativos irregulares

| *Positivo* | *Comparativo y superlativo* |
|---|---|
| grande (*large, great*) | mayor (*older, oldest, greater, greatest* [*importance*]) |
| | más grande (*larger, largest* [*size*]) |
| pequeño (*small*) | menor (*younger, youngest, smaller, smallest* [*importance*]) |
| | más pequeño (*smaller, smallest* [*size*]) |
| malo (*bad*) | peor (*worse, worst*) |
| bueno (*good*) | mejor (*better, best*) |
| mucho (*much, a great deal*) | más (*more, most*) |
| muchos (*many*) | |
| poco (*little* [*in amount or degree*]) | menos (*fewer, less, fewest, least*) |
| bien (*well*) | mejor (*better, best*) |
| mal (*badly*) | peor (*worse, worst*) |

## 60. *De* en sustitución de *que*

**A.** En los casos de los comparativos la preposición **de** sustituye a **que** delante de números y cantidades.

| | |
|---|---|
| Hay más **de** cuatro o cinco partidos políticos. | *There are more than four or five political parties.* |
| Marta tiene menos **de** cuatrocientos pesos en el banco. | *Marta has less than 400 pesos in the bank.* |

**B.** Esta regla tiene las siguientes excepciones:

(1) En el caso de oraciones negativas.

**no... más que** + número = *only* + number
**no... más de** + número = *no more than* + number

| | |
|---|---|
| Pedro **no** tiene **más que diez** dólares. | *Pedro has only ten dollars.* |
| Pedro **no** tiene **más de diez** dólares. | *Pedro has no more than ten dollars.* |

(2) Cuando lo que se quiere expresar es más que la idea del número o cantidad.

| | |
|---|---|
| Tiene **más que cien** mil dólares; tiene una mujer y cinco hijos. | *He has more than a hundred thousand dollars; he has a wife and five children.* |
| Trajo **más que dos** invitaciones; trajo una buena noticia. | *He brought more than two invitations; he brought good news.* |

Nótese en los dos ejemplos anteriores que la idea del número o la cantidad no es la principal, sino el concepto que se expresa a continuación.

## 61. Usos de *de lo que, del que, de la que, de los que, de las que*

Cuando la segunda parte de la comparación es una cláusula, y por lo tanto se usan dos verbos, se emplea **de lo que** y **del (de la, de los, de las) que**.[14]

**A.** **De lo que** se usa cuando lo que se compara es un adjetivo, un adverbio o una idea.

| | |
|---|---|
| Es más inteligente **de lo que** decías. (adjetivo) | *He is more intelligent than [what] you used to say.* |
| Es más temprano **de lo que** dices. (adverbio) | *It is earlier than [what] you say.* |

[14] Sin embargo, **que** se usa cuando la cláusula subordinada comienza con un pronombre relativo: Estos problemas son más difíciles **que los que** me explicaste. *These problems are more difficult than those that you explained to me.*

Pedro estudia más **de lo que** Juan
pensaba.   (idea)

*Pedro studies more than [what]
Juan thought.*

**B.** **Del** (**de la, de los, de las**) **que** se usan cuando lo que se compara es un nombre.

Tiene más libros **de los** (libros)
**que** yo puedo leer.

*He has more books than [those that]
I can read.*

Le trajeron más mantas **de las**
(mantas) **que** necesitaba.

*They brought him more blankets
than [those that] he needed.*

Noten que el género y número del artículo se determinan por el género y número
del nombre.

## 62. *Tanto (-a, -os, -as) y tan*

**A.** El comparativo de igualdad de los nombres requiere **tanto (-a, -os, -as)**, mostrando
su concordancia en género y número.

**tanto** (a, os, as) + nombre + **como** = *as* + *much (many)* + noun + *as*

Hay **tantos partidos como** líderes.

*There are as many parties as leaders.*

Tiene **tanta paciencia como** Job.

*He has as much patience as Job.*

Ganamos **tanto dinero como** el
profesor.

*We won (earn) as much money as
the professor.*

Asistía a **tantas clases como** María.

*He used to attend as many classes
as María.*

**B.** **Tanto** usado como adverbio traduce *as much* y *so much*.

Pedro come **tanto** como Juan.

*Pedro eats as much as Juan.*

Gritamos **tanto** como ellos.

*We shouted as much as they did.*

**C.** Cuando **tan** se usa sin la conjunción **como** traduce *so:*

¡Qué hombre **tan** inteligente!

*What an intelligent man!*

En ocasiones, dependiendo del contexto, traduce *such a:*

Decir una cosa como ésa en una
ocasión **tan** solemne.

*To say something like that on such
a solemn occasion.*

**D.** **Cuanto...** (**tanto**) y **tanto... como** traducen *the more ... the more* y *as well as.*

**Cuanto** más dice (**tanto**) más
entiendo.

*The more he says the more I under-
stand.*

**Tanto** Pedro **como** Juan estudiaron.

*Pedro, as well as Juan, studied.*

# II · EJERCICIOS

(A)  Sustituyan las palabras en negrita con las indicadas.

1.  Tengo más **dinero** que Pedro.   (plata, libros, revistas, periódicos)
2.  Tengo más de **diez pesos.**  (cinco autos, tres novias, cuatro ases, veinte problemas)
3.  No tengo más que **un** dólar.   (cien, mil, quinientos, cien mil)
4.  Actuó más **rápidamente** de lo que pensamos.  (inteligentemente, correctamente, sabiamente, lentamente)
5.  Era más **simpático** de lo que creía.   (alto, agradable, desagradable, activo)
6.  Tiene más **paciencia** de la que es necesaria.  (salud, líos, carácter, prometidas)

(B)  Formen los comparativos de inferioridad, igualdad y superioridad, tal como se indica en el modelo. Presten atención al uso de **tan** o **tanto, -a, -os, -as.** En este ejercicio han de participar el profesor y tres alumnos.

>  Pedro es inteligente y Juan también.
>  **Sí, pero Pedro es menos inteligente que Juan.**
>  **No, Pedro es tan inteligente como Juan.**
>  **No, no creo, Pedro es más inteligente que Juan.**

1.  Carlos es agradable y tu hermano también.
2.  Yo tengo dinero y mi amigo también.
3.  La casa es grande y el edificio también.
4.  Había plumas en la mesa y en el escritorio también.
5.  El chico era fuerte y José también.
6.  El senador era poderoso y el representante también.
7.  Pedro ha comprado libros y Eduardo también.
8.  Yo venderé revistas y mi amigo también.
9.  Carlota es bonita y mi esposa también.
10.  Tú eres alto y gordo y él también.

(C)  Formen el superlativo absoluto y los sustitutos del mismo de los adjetivos o adverbios siguientes, tal como se indica en el modelo.

>  Pedro es **inteligente.**  (muy inteligente, inteligentísimo, extremadamente inteligente, sumamente inteligente)
>  Pedro se levanta **tarde.**  (muy tarde, tardísimo, extremadamente tarde, sumamente tarde)

1.  Los alumnos son **inteligentes.**
2.  Las chicas eran **lindas.**

3. Carlos se acostaba **tarde.**
4. Mi novia es **rica;** por eso la quiero.
5. El farmacéutico había sido **agradable.**
6. Él se portará **mal.**

**(D)** Formen el superlativo relativo de los adjetivos en negrita, tal como se indica en el modelo.

> Juan es **inteligente.**   (clase)
> **Juan es el más inteligente de la clase.**
> **Juan es el menos inteligente de la clase.**

1. María era **bonita.**   (universidad)
2. Mi auto es **nuevo.**   (todos los que hay aquí)
3. Yo he sido **estudioso.**   (colegio)
4. Carmen había sido **ambiciosa.**   (casa)
5. Mis amigos serán **cuidadosos.**   (todos)
6. El edificio es **grande.**   (ciudad)

**(E)** Expresen la hora en español.

1. 2:18
2. 1:45 A.M.
3. 1:15 P.M.
4. 3:30 P.M.
5. 3:31 A.M.
6. 12:00
7. A.M.
8. 9:43
9. 1:27 A.M.
10. 1:31 P.M.
11. 11:45
12. 8:57
13. 10:59 A.M.
14. P.M.

**(F)** Suponiendo que hoy es el dos de agosto de mil novecientos setenta y cuatro, contesten las preguntas siguientes expresando la fecha completa.

1. ¿Qué fecha fue ayer?
2. ¿Qué fecha será mañana?
3. ¿Qué fecha fue anteayer?
4. ¿Qué fecha será pasado mañana?
5. ¿Qué fecha fue hace cuatro años?
6. ¿Qué fecha será dentro de dos años?
7. ¿Qué fecha será dentro de cuatro meses?
8. ¿Qué fecha será dentro de diez y ocho días?
9. ¿Qué fecha será el mes que viene?
10. ¿Qué fecha será dentro de una semana?

## III·*EJERCICIO DE REPASO*

Llenen los espacios en blanco con el artículo definido en caso de que sea necesario. Así mismo sitúen el adjetivo entre paréntesis delante o detrás del nombre según corresponda.

### José Martí

José Martí fue un hombre (gran, famoso). Nació en _____ Habana _____ veinte y ocho de enero de mil ochocientos cincuenta y tres. Su amor por _____ libertad, _____ justicia y _____ independencia de _____ Cuba, sin _____ olvidar la de toda _____ Latinoamérica, fue _____ idea (central) de su existencia. Hombre (ningún) se sacrificó tanto por sus ideales (altos). Empezó, por así decirlo, desde el momento (primer) de su vida a luchar por ellos, y por ellos también supo morir. Una bala le quitó _____ vida en _____ campo (de batalla) a _____ cuarenta y dos años.

## IV·*EJERCICIOS DE VERBOS*[15]

Verbos con cambios ortográficos

    **averiguar**  *to ascertain, find out*
    **enviar**  *to send*
    **distinguir**  *to distinguish*
    **continuar**  *to continue*

| *Verbos en* | *cambian* | *lugar* |
| --- | --- | --- |
| **-guar** | llevan déresis escrita en la -u- | delante de -e- |
| **-iar** (con excepciones) | llevan acento escrito en la -i- | en todo el singular y en la tercera persona plural del presente de indicativo y de subjuntivo |
| **-guir** | llevan acento escrito en la -gu- → -g- | delante de -o- y -a- |
| **-uar** | -u- | en todo el singular y en la tercera persona plural del presente de indicativo y de subjuntivo |

[15] Véase el Apéndice C en la página 315.

(A) Cambien las formas verbales en negrita a los tiempos indicados.

1. **Enviamos** las cartas ahora mismo.   (futuro de indicativo)
2. **Averiguaré** el resultado.   (pretérito de indicativo)
3. **Desea** que lo **distingas.**   (imperfecto de indicativo, imperfecto de subjuntivo)
4. **Continuaron** las investigaciones.   (presente de indicativo)
5. **Ordenaron** que **enviaran** los libros.   (presente de indicativo, presente de subjuntivo)
6. Yo **distinguía** a mis padres a lo lejos.   (perfecto de indicativo)

(B) Cambien las formas verbales en negrita de acuerdo con el sujeto.

1. **Averiguaste** a tiempo el precio.   (ustedes, vosotros, nosotros, yo, Carlos)
2. **Distingues** perfectamente los sonidos.   (usted, yo, Juan y yo, vosotros, ellas)
3. Dice que **envíes** la plata.   (Pedro y yo, ustedes, Carlos y Elena, usted, nosotros)
4. **Continúo** estudiando por media hora.   (vosotros, tu tío, sus amigos, tú, nosotros)
5. ¿**Envías** la carta a Pedro?   (nosotros, Elena, ustedes, vosotros, yo)
6. Quiere que lo **averigüe.**   (Jorge, Carlos y yo, Elena y tu tío, vosotros, tú)

# LECCIÓN 7

# Sección Primera

## I · DIÁLOGO

### Los deportes

*(Para celebrar su cumpleaños, Pedro ha invitado a Juan a un partido de béisbol y a comer. Juan está vistiéndose° cuando Pedro llega.)*

PEDRO   Juan, apúrate,° vamos a llegar tarde.[1] El partido empieza a las cuatro y media.

JUAN   Estoy terminando... un minuto más... Bueno, ya estoy listo.[2]

PEDRO   Vamos, andando.[3]

JUAN   (*en el estadio*) Pedro, nunca te he visto gritar tanto. Te estás divirtiendo° mucho, ¿eh?

PEDRO   No faltaría más.° El béisbol es mi deporte favorito.

JUAN   Nunca lo hubiera creído. Había oído que el fútbol era el deporte más popular de ustedes, los hispanoamericanos.

PEDRO   En la mayoría de los países, sí lo es, pero en la zona del Caribe, el béisbol es el preferido. No olvides la gran cantidad de jugadores hispanoamericanos en los equipos de las grandes ligas.

JUAN   Tienes razón. Se me olvidaba...[4] Oye, tengo sed.[5] ¿Le pedimos unos refrescos de soda al vendedor?

PEDRO   No, tengo una idea mejor. ¿Qué te parece si los refrescos los tomamos en el bar?[6]

### Cierto o falso

Las frases u oraciones siguientes expresan hechos ciertos o falsos con respecto al diálogo anterior. Cada alumno leerá una de ellas, y su compañero más cercano contestará sí o no completando la respuesta.

[1] *we're going to be late*
[2] *I'm ready*
[3] *Let's get moving.*
[4] *I forgot.*
[5] *I'm thirsty*
[6] *snack bar, concession stand, bar*

1. Pedro ha invitado a Juan al cine.
2. Es el santo de Juan.
3. El partido empieza a las tres y media.
4. Pedro está callado.
5. El béisbol es el deporte favorito de Pedro.
6. El fútbol es el deporte más popular en toda Hispanoamérica.
7. Hay pocos jugadores hispanoamericanos en las grandes ligas.
8. Los muchachos quieren pedir unos helados.


## II · DIÁLOGO (continuación)

JUAN   (*en el bar*) Esto es imposible. ¡Qué lata!° Tener que hacer
cola° para tomar un refresco... ya no espero más. Volvamos a
nuestros asientos o si no perdemos el juego.

PEDRO   Tienes razón. Salgamos. Mira, allá veo un vendedor. Se los
pedimos a él.

JUAN   Se me han quitado las ganas.[7] Pídelo sólo para ti.

PEDRO   Ya yo tampoco lo deseo. Sentémonos. Aquí hay demasiada
gente hoy.

JUAN   ¿Qué? ¿No habías visto nunca setenta mil personas presen-
ciando un partido?

PEDRO   Y más también. Hay veces que en Hispanoamérica más de
cien mil personas presencian un partido de fútbol. Sucede lo
mismo que[8] con las corridas de toros.

JUAN   Por cierto,[9] no me has hablado de las corridas de toros. ¿Por
qué?

PEDRO   Porque nosotros no consideramos las corridas de toros como
un deporte, sino como un arte. Además, déjame decirte que, a
pesar[10] de lo que muchos piensan, no hay corrida de toros en
todos nuestros países.

JUAN   Bueno, ¿y qué otros deportes practican ustedes?

PEDRO   Aunque no son tan populares, el baloncesto, la natación, el
polo, el tenis, el jai alai y algunos otros.

JUAN   Bueno, Pedro, ya se termina el juego, ¿y ahora qué?

PEDRO   Pues, ahora, a comer, que tengo mucha hambre. Vamos a un
restaurante español. ¿Qué te parece?°

JUAN   Me parece... me parece una solemne tontería° esa pregunta.
Se me hace agua la boca.°

---

[7] **Se... ganas**   *I have lost the desire.*          [9] *By the way*
[8] *The same thing happens*          [10] *in spite of*

**Preguntas**

Contesten, con frases completas, las preguntas siguientes de acuerdo con el diálogo anterior. Cada respuesta deberá tener por lo menos cinco palabras.

1.  ¿Qué hay que hacer en el bar para tomar un refresco?
2.  ¿Por qué quiere Juan volver a los asientos?
3.  ¿Quién se toma el refresco?
4.  ¿Cuántas personas presencian el partido?
5.  ¿Cuántas personas hay, a veces, en un partido de fútbol?
6.  ¿Por qué Pedro no ha hablado de las corridas de toros?
7.  ¿Qué otros deportes se practican en Hispanoamérica?
8.  ¿Quién tiene mucha hambre?

**Preguntas relacionadas con usted**

1.  ¿De qué color está vestido usted hoy?
2.  ¿Llegó usted a clase tarde o temprano hoy?
3.  ¿Se tiene usted que apurar para llegar a clase temprano todos los días?
4.  ¿A quién ha invitado usted a un partido de fútbol, béisbol o baloncesto últimamente?
5.  ¿Llega usted a tiempo o tarde a los partidos?
6.  ¿Grita usted mucho en los partidos? ¿Se divierte mucho?
7.  ¿Qué toma o come usted cuando asiste a los partidos?
8.  ¿Tiene usted sed en este momento? ¿Hambre?
9.  ¿Toma usted muchos refrescos de soda?
10.  ¿Cuándo se le hace agua la boca a usted?
11.  ¿Tiene usted que hacer cola en un estadio cuando quiere comer o tomar algo?
12.  ¿Hay que hacer cola para matricularse en esta universidad?
13.  ¿En qué parte del estadio prefiere usted sus asientos?
14.  ¿Cuántas personas caben en el estadio de su escuela, colegio o universidad?

## III·HABLEMOS EN ESPANOL

1.  ¿Cuál es el deporte más popular en los Estados Unidos?
2.  ¿Cuántas personas asisten a un buen partido de fútbol en los Estados Unidos? ¿A uno de béisbol?
3.  ¿Qué le gusta más, el deporte colegial o el profesional? ¿Por qué?

4. ¿Son importantes los deportes en este centro escolar? Explique su respuesta.
5. ¿Está usted de acuerdo con la importancia de los deportes en las universidades norteamericanas? ¿Por qué?
6. ¿Está usted de acuerdo con que se le dé ayuda económica y becas escolares a los atletas? Explique su respuesta.
7. ¿Cuáles son algunos de los otros deportes favoritos en este país? ¿Cuál es su favorito?
8. ¿Le gusta a usted el boxeo? Explique su respuesta.
9. ¿Qué deporte es más peligroso, el boxeo o el fútbol?
10. ¿Dónde son famosas las corridas de toros?
11. ¿Ha visto usted alguna vez una corrida? ¿Dónde? ¿Cuándo?
12. ¿Está usted de acuerdo con que se mate a los toros en las corridas?
13. ¿Cree usted que las corridas son crueles? ¿Por qué?
14. ¿Qué le parecen a usted las carreras de caballo?

# IV · MODISMOS Y EXPRESIONES

¿Qué te parece?   *How does that seem to you?*
una solemne tontería   *absolute nonsense*
no faltaría más   *it couldn't be otherwise*
¡Qué lata!   *What a pain!*

(A) Llenen los espacios en blanco con uno de los modismos o expresiones anteriores.

1. ¿Te gustan los tacos? _____. Me encantan.
2. ¡_____! ¡Tener que trabajar con los modismos!
3. ¿_____ una cervezita para calmar la sed?
4. Tu respuesta me parece _____.

llegar tarde (a tiempo, temprano)   *to be late (on time, early)*
hacerse(le) a uno agua la boca   *to make one's mouth water*
divertirse   *to have fun*
vestirse   *to get dressed*
apurarse   *to hurry up*
hacer cola   *to stand in line*

(B) Sustituyan los modismos o expresiones en negrita por uno de los que aparecen en la lista anterior que tenga un significado opuesto o diferente. Hagan los cambios correspondientes.

1. Como siempre, **llegas tarde.**
2. **Me estoy aburriendo** mucho.
3. **Demórate** todo lo que puedas.
4. A mí me gusta **entrar en seguida.**
5. Juan dijo, "Veo la comida y **no me da hambre**".
6. **Se desnudaba** en ese momento.

(C) Si su profesor se lo ordena, estén preparados para usar, en forma escrita u oralmente, en una frase u oración, los anteriores modismos y expresiones.

# Sección Segunda

## I · GRAMÁTICA

**63. Cuadro sinóptico de los números cardinales**

| | | | |
|---|---|---|---|
| 0 cero | | 19 diez y nueve | |
| 1 un, uno, -a | | 20 veinte | |
| 2 dos | | 21 veinte y uno, -a (veintiuno) | |
| 3 tres | | 22 veinte y dos | |
| 4 cuatro | | 23 veinte y tres, etc. | |
| 5 cinco | | 30 treinta | |
| 6 seis | | 31 treinta y uno, -a | |
| 7 siete | | 32 treinta y dos, etc. | |
| 8 ocho | | 40 cuarenta | |
| 9 nueve | | 50 cincuenta | |
| 10 diez | | 60 sesenta | |
| 11 once | | 70 setenta | |
| 12 doce | | 80 ochenta | |
| 13 trece | | 90 noventa | |
| 14 catorce | | 100 cien, ciento | |
| 15 quince | | 101 ciento uno, -a | |
| 16 diez y seis (dieciséis) | | 102 ciento dos | |
| 17 diez y siete | | 103 ciento trés | |
| 18 diez y ocho | | 104 ciento cuatro, etc. | |

| | | | |
|---|---|---|---|
| 200 | doscientos, -as | 800 | ochocientos, -as |
| 201 | doscientos uno | 900 | novecientos, -as |
| 202 | doscientos dos, etc. | 1000 | mil |
| 300 | trescientos, -as | 2000 | dos mil |
| 400 | cuatrocientos, -as | 3000 | tres mil |
| 500 | quinientos, -as | 100,000 | cien mil |
| 600 | seiscientos, -as | 500,000 | quinientos mil |
| 700 | setecientos, -as | 1,000,000 | un millón |

## 64. Los números cardinales: sus usos

**A. Un, uno** y **una** traducen *one, a* y *an*. **Un** se usa delante de un nombre masculino singular o plural.

| | |
|---|---|
| En la clase hay veinte y **un** muchachos y **una** muchacha. | *There are twenty one boys and one girl in the class.* |
| ¿Cuántos días faltan, **uno** o dos? | *How many days are left, one or two?* |

**B.** Los números del 16 al 19 y del 21 al 29 se pueden escribir con tres palabras o con una sola.

**diez y seis (dieciséis)**
**diez y nueve (diecinueve)**
**veinte y tres (veintitrés)**
**veinte y siete (veintisiete)**

**C. Ciento** cambia a **cien** inmediatamente delante de cualquier nombre, masculino o femenino, al cual modifique, excepto en aquellos casos en que precede a un número menor.

| | |
|---|---|
| Me quedan **cien** dólares. | *I have one hundred dollars remaining.* |
| Había unas **cien** mil personas. | *There were around one hundred thousand people.* |

Pero:

| | |
|---|---|
| Me quedan **ciento** tres pesos. | *I have 103 pesos remaining.* |

**D. Un** no se usa delante de **cien, ciento** ni de **mil.**

| | |
|---|---|
| Eran **cien** los habitantes de la isla. | *There were one hundred inhabitants on the island.* |
| Tenía sólo **mil** dólares. | |
| Tenía **ciento** doce casas en la ciudad. | *He had only one thousand dollars.* |
| | *He had 112 houses in the city.* |

**E.** Los cientos desde 200 hasta 900 muestran su concordancia en género y número con el nombre que modifican.

| | |
|---|---|
| Venían **doscientos** tres soldados. | *Two hundred three soldiers were coming.* |
| Vieron **trescientas** caras. | *They saw three hundred faces.* |
| Había **doscientas** niñas y **cuatrocientos** niños. | *There were two hundred girls and four hundred boys.* |

**F.** Los millones usan la preposición **de** delante del nombre que modifican.

| | |
|---|---|
| Tres millones **de** personas. | *Three million people.* |
| Brasil tiene más de cien millones **de** habitantes. | *Brazil has more than one hundred million inhabitants.* |

## 65. Los signos aritméticos

$$+ \quad \text{más (y)}$$
$$- \quad \text{menos}$$
$$\times \quad \text{por (veces)}$$
$$\div \quad \text{dividido por (entre)}$$

| | | |
|---|---|---|
| $2 + 3 = 5$ | **Dos más (y) tres son cinco.** | *Two plus three is five.* |
| $6 - 2 = 4$ | **Seis menos dos son cuatro.** | *Six minus two is four.* |
| $3 \times 3 = 9$ | **Tres por (veces) tres son nueve.** | *Three times three is nine.* |
| $8 \div 4 = 2$ | **Ocho dividido por (entre) cuatro son dos.** | *Eight divided by four is two.* |

## 66. Cuadro sinóptico de los pronombres personales usados como sujetos del verbo

| *Singular* | *Plural* |
|---|---|
| yo | nosotros, -as |
| tú | vosotros, -as |
| él | ellos |
| ella | ellas |
| usted (Ud.) | ustedes (Uds.) |
| ello | |

## 67. Los pronombres personales: sus usos como sujeto del verbo

**A.** Regla general: Estos pronombres, con excepción de **usted (Ud.)** y **ustedes (Uds.)**[11] son, generalmente, omitidos, ya que el verbo indica la persona y el número.

| | |
|---|---|
| Había oído que el fútbol era el deporte más popular. | *He had heard that football was the most popular sport.* |
| Tienes razón. | *You are right.* |
| Tengo sed. | *I am thirsty.* |

**B.** Excepciones:

(1) Cuando se quiere dar énfasis a lo que se dice se usa el pronombre personal.

| | |
|---|---|
| **Tú** rompiste la ventana. | *You broke the window. (I didn't.)* |
| **Yo** me casé muy joven. | *I married very young. (You didn't.)* |

También para dar aún mayor énfasis o para producir contraste, se sitúa el pronombre personal después del verbo o se usa **mismo, -a, -os, -as** a continuación del sujeto.

| | |
|---|---|
| Lo hiciste **tú.** | *You did it.* |
| **Ella misma** me lo trajo. | *She brought it to me herself.* |

(2) Con objeto de evitar duda o confusión, en ocasiones, se usa el pronombre personal, como en el caso de la primera persona del singular del imperfecto de indicativo, donde se usa **yo** para diferenciarla de la tercera persona.

| | |
|---|---|
| **Yo** lo sabía. | *I knew it.* |
| **Él** lo sabía. | *He knew it.* |

(3) Después del verbo **ser** se usa el pronombre personal.

| | |
|---|---|
| ¿Quién está ahí? Soy **yo.** | *Who's there? It's me.* |

## 68. *Tú, vos* y *vosotros; usted* y *ustedes*

**Tú** es la forma familiar del singular. Se emplea con aquellas personas a las que podemos llamar por su nombre: amigos, familiares, niños, sirvientes, etc. **Vosotros** es la forma familiar del plural, pero no se usa en Hispanoamérica, sólo en España. **Usted** y **ustedes** son las formas para tratar de manera formal a una persona o personas. **Ustedes** sustituye a **vosotros** en Hispanoamérica. Se debe evitar el uso de **tú** cuando uno habla a una persona a quien no conoce o a quien le debe cierto respeto, por ejemplo, a un profesor, a un jefe, etc.

---

[11] **Usted** y **ustedes** se usan a discreción del que habla, con el propósito o no de usar una construcción más elegante o lograr mayor claridad en la expresión.

**Vos** es una forma familiar que sustituye a **tú** en algunas regiones de países como Argentina, Costa Rica, Paraguay y Uruguay. Tiene sus propias formas en el presente de indicativo y en el imperativo de los verbos cuyos infinitivos terminan en **-ar** y **-er**. Es de notar, también, que el uso de **vos** implica cierto grado de afecto o estimación entre las personas que lo emplean.

| | |
|---|---|
| Niño, (**tú**) te vas a caer de esa escalera. | *Kid, you are going to fall from that ladder.* |
| **Tú** eres mi mejor amigo. | *You are my best friend.* |
| **Usted** es el profesor. | *You are the professor.* |
| **Vos** me **recordás** a mi hermano. | *You remind me of my brother.* |

## 69. Los usos de *ello*

**Ello** en algunas pocas ocasiones se usa como sujeto. Como objeto de una preposición su uso es un poco más extenso. Sirve para referirse a una idea, declaración, pensamiento o situación. El pronombre demostrativo **eso** lo sustituye comúnmente.

| | |
|---|---|
| **Ello** (**eso**) es lo que quiero evitar. | *That is what I want to avoid.* |
| Por **ello** (**eso**) es que no me gusta estar en casa. | *That is why (for that reason) I don't like to be at home.* |

## 70. La traducción de *it*

El pronombre *it* como sujeto del verbo normalmente no se traduce al español.

| | |
|---|---|
| Está nevando; es imposible ir. | *It is snowing, it is impossible to go.* |
| Es difícil hacerlo. | *It is difficult to do it.* |

## 71. Cuadro sinóptico de los pronombres complementos (pronombres usados como objeto del verbo)

| *Objeto directo* | | *Objeto indirecto* | |
|---|---|---|---|
| SINGULAR | PLURAL | SINGULAR | PLURAL |
| (yo) me | (nosotros) nos | me | nos |
| (tú) te | (vosotros) os | te | os |
| (él) lo, le | (ellos) los, les | le | les |
| (ella) la | (ellas) las | le | les |
| (usted) lo, le; la | (ustedes) los, les; las | le | les |
| lo (neutro) | | | |

## 72. Las formas de los pronombres complementos

Estos pronombres tienen la misma forma como objeto directo y como indirecto, con excepción de la tercera persona, como se ve en el cuadro sinóptico anterior.

Yo **los** veo. (directo)                         *I see them.*
Yo **les** traigo las manzanas.                   *I am bringing the apples to them.*
  (indirecto)
El **me la** trae. (indirecto, directo)           *He brings it to me.*

## 73. Las posiciones de los pronombres complementos

**A.** Regla general: Los pronombres objectivos se sitúan delante del verbo.

Yo **lo** veo.                                     *I see him.*
**Me** trae el lápiz.                              *He brings me the pencil.*

**B.** Excepciones: En los siguientes casos el pronombre objectivo se une al verbo:

(1) Con mandatos afirmativos directos.

Hábla**le.**                                       *Speak to him.*
Cóme**lo.**                                        *Eat it.*
Dése**lo.**                                        *Give it to him.*

(2) Con infinitivos.

Hacer**lo** ahora es imposible.                    *To do it now is impossible.*
Al rompér**sela** (su muñeca)                      *On breaking it (her doll), she started*
  empezó a llorar.                        *  to cry.*
Me es difícil creer**lo.**                         *It's difficult for me to believe it.*

(3) Con el gerundio.

Leyéndo**la** se durmió.                           *Reading it, he fell asleep.*
**La** vi escribiéndo**la.**                       *I saw her writing it.*

(4) En raras ocasiones, en poesía u otros géneros literarios.

Amába**la** apasionadamente.                       *He loved her passionately.*
Sabía**la** mía.                                   *I knew she was mine.*

Pero: Cuando el infinitivo o el gerundio se usan subordinados a un verbo principal, el pronombre complemento, directo o indirecto, se puede usar delante o unido al verbo. Esto sucede normalmente con los verbos **estar, ir, querer, poder** y **saber.**

Estoy mirándo**la.**
**La** estoy mirándo.  } *I'm looking at her.*

Quiero dár**sela.**
**Se la** quiero dar.  } *I want to give it to her.*

Estaba escribiéndo**le.**
**Le** estaba escribiéndo.  } *He was writing to him.*

## 74. Dos pronombres como objetos del verbo

**A.** Regla general: Cuando se usan dos pronombres como objetos del verbo, el indirecto siempre precede al directo:
*Indirecto + directo + verbo.*

**Me la** presentó ayer.                          *He presented it to me yesterday.*
**Preséntemela.**                                 *Introduce me to her.*

**B.** Excepción: **Se** (reflexivo o personal) siempre se sitúa delante del verbo o de otros pronombres complementos, por lo que el orden que se sigue es *reflexivo + indirecto + directo + verbo.*

**Se le** cayó el plato.                           *He dropped the dish.*
**Se me** rió en la cara.                          *He laughed in my face.*
**Se lo** peinaba enfrente del espejo.             *He combed his hair in front of the*
                                                   *mirror.*

En el caso de que se usen dos pronombres de tercera persona como objetos de un verbo, el indirecto **le** o **les** siempre se sustituye por **se**. Este **se** obliga, en muchas ocasiones, al uso de una forma preposicional para mayor claridad.

**Pídeselo** (a él, a ella, etc.).                 *Request it from him, her, etc.*
**Se** lo quería decir (a él, a ella,             *He wanted to tell it to him, her, etc.*
etc.).

Cuando se usan dos pronombres como objetos del verbo, se sitúan delante del verbo o se unen a él, siguiendo las mismas reglas que anteriormente hemos estudiado para el caso de un solo pronombre objetivo. Nótese que los dos pronombres tienen que preceder o unirse al verbo; no se puede usar uno delante y otro unido al verbo detrás.

**Me la** estaba dando.
Estaba **dándomela.**  } *He was giving it to me.*

**Te lo** quiso dar.
Quiso **dártelo.**  } *He wanted to give it to you.*

## 75. Usos especiales de los pronombres como objeto directo

**A.** En España se usa comúnmente **le** o **les** como objeto directo para referirse al masculino de la tercera persona. **Lo** y **los,** por el contrario, se usan con más frecuencia en Hispanoamérica.

Yo **lo** (**le**) veo.      *I see him.*
**Los** (**les**) invitaron a la fiesta.      *They invited them to the party.*

Nótese que **le** (**les**) como objeto directo solamente se refiere a personas, mientras que **lo** (**los**) se puede referir a personas o cosas.

**B.** Si un objeto directo precede al verbo, también se usa un pronombre objetivo directo redundante.

Los refrescos **los** tomamos en el bar.      *We drink refreshments in the bar.*
Las cartas **las** envió ayer.      *He sent the letters yesterday.*

Comparen:

Tomamos los refrescos en el bar.
Envió las cartas ayer.

**C.** La forma neutra **lo,** como objeto directo, sirve para referirse a una idea o concepto expresado anteriormente sin necesidad de repetir lo expresado. Este **lo** es equivalente, en cierta forma, al inglés *so.*

¿Estamos de acuerdo? No, no **lo** creo.      *Do we agree? No, I don't think so.*

**D.** Con los verbos **ser** y **estar** también se usa **lo** en forma muy similar a la anterior, para referirse a un nombre, adjetivo, concepto o idea expresado con anterioridad.

¿Estaban ustedes enfermos? Sí, **lo** estábamos.      *Were you sick? Yes, we were.*
¿Son ellos norteamericanos? Sí, **lo** son.      *Are they North Americans? Yes, they are.*

Nótese que el verbo **ser** nunca puede usarse solo.

**E.** El pronombre objetivo directo **lo** (**la, los, las**) también se usa en los casos en que **todo** (**-a, -os, -as**) es el objeto directo de un verbo.

(**Lo**) sabe **todo.**      *He knows everything.*
(**Lo**) comprendo **todo.**      *I understand everything.*

**F.** Los pronombres objetivos directos **lo, la, los** y **las** son usados como objetos de **hay, había,** etc. En inglés no se usan.

| | |
|---|---|
| ¿Habrá gente en la fiesta? Sí, **la** habrá. | *Will there be people at the party? Yes, there will.* |
| ¿Hay autos en la calle? Sí, **los** hay. | *Are there cars in the street? Yes, there are.* |

**G. La** o **las** se usan en muchas expresiones indefinidas, donde un antecedente femenino está sobrentendido.

| | |
|---|---|
| Tú **la** estás pasando bien, ¿eh? (sobrentendido: la tarde) | *So you're enjoying it (the evening), eh?* |
| Ya me **la** pagarás. (sobrentendido: la mala acción) | *You will pay me for it.* |

## 76. Usos especiales de los pronombres como objeto indirecto

**A.** Cuando el objeto indirecto es una persona, comúnmente se usa también un pronombre objetivo indirecto (redundante) que reproduce el nombre.

| | |
|---|---|
| ¿**Le** pedimos unos refrescos **al vendedor?** | *Shall we order some drinks from the vendor?* |
| No **se** lo mande **a mis padres.** | *Don't send it to my parents.* |
| Lléve**selo a Jacinto.** | *Take it to Jacinto.* |

**B.** Con algunos verbos como **comprar, tomar,** etc., también se usa un pronombre objetivo indirecto que traduce *from* e indica separación.

| | |
|---|---|
| **Me** compraron el coche. | *They bought the car from me.* |
| **Le** tomaron las valijas. | *They took his bags (from him).* |

## 77. Dativo de interés

En español, un pronombre objetivo indirecto, llamado dativo de interés, se usa para representar a la persona interesada en la realización de lo significado por el verbo, indicando a la vez su participación y el efecto moral que ésta le produce.

| | |
|---|---|
| **Me** acusaron a mis alumnos. | *They accused my students.* |
| **Le** hirieron a su hijo. | *They wounded his son.* |
| **Me** hurtaron la maleta. | *They stole my suitcase.* |

## 78. Cuadro sinóptico de las formas preposicionales

| Singular | Plural |
|---|---|
| (para, por, a) mí | nosotros, -as |
| ti | vosotros, -as |
| él | ellos |
| ella | ellas |
| usted | ustedes |
| ello (neutro) | |
| sí (reflexivo) | sí (reflexivo) |

## 79. Las formas preposicionales: sus usos

**A.** Las formas preposicionales, con excepción de **mí, ti, sí** son iguales a los pronombres personales usados como sujeto, y se usan con cualquiera preposición. En el caso de **con,** por excepción, se forma una sola palabra: **conmigo, contigo, consigo.**

| | |
|---|---|
| El deporte favorito de **ustedes.** | *Your favorite sport.* |
| Pídeselo sólo para **ti.** | *Order (request) it from him only for you.* |
| Venga **conmigo.** | *Come with me.* |

**B.** Como hemos visto anteriormente, **ello** se usa con preposiciones para referirse a una idea, declaración, pensamiento o situación. Comunmente **eso** sustituye a **ello.**

| | |
|---|---|
| **Para ello (eso)** es que quiero verte. (situación) | *That is why (for that reason) I want to see you.* |
| **Por ello (eso)** te vengo a ver. (idea) | *That is why (for that reason) I am coming to see you.* |
| Yo no me quejo de **ello (eso).** (pensamiento) | *I don't complain about that.* |

**C.** Después de verbos que expresan movimiento se usa, comúnmente, la preposición **a** seguida de la forma preposicional, en sustitución del pronombre objetivo indirecto.

| | |
|---|---|
| Caminó **a él.** | *He walked to him.* |
| Vino **a nosotros** corriendo. | *He came running to us.* |
| Ve **a él,** no vengas **a mí.** | *Go to him, don't come to me.* |

**D.** Como hemos visto anteriormente, las formas preposicionales se usan, en muchas ocasiones, para mayor claridad cuando se usan como objeto indirecto los pronombres **le** o **les** y, en especial, **se.**

      **Le (les)** habla a **él (ella, usted,**      *He speaks to him (her, you, them,*
        **ellos, ellas, ustedes).**            *you).*
      **Se** los trajo **para ustedes.**       *He brought them for you.*

**E.**  También las formas preposicionales se usan para mayor énfasis.

      **A mí** no **me** lo dijo.           *He didn't say it to me.*
      **A ellos les** pesará.             *They will regret it.*

**F.**  A diferencia del inglés, en español después de **entre** (*between*), **según** (*according to*), **como** (*like*), **menos** (*except*), **salvo** (*except*), **excepto** (*except*), e **incluso** (*including*), se usa un pronombre personal usado como sujeto.

      **Según él,** yo no estudio.      *According to him, I don't study.*
      Todos comieron **menos (excepto)**   *Everyone ate but me.*
        **yo.**

# II · EJERCICIOS

**(A)**  Expresen oralmente en español.

    1.  $3 \times 5 =$          6.  $300 + 287 =$
    2.  $7 + 6 =$          7.  $999 - 777 =$
    3.  $80 \div 20 =$       8.  $100 \times 300 =$
    4.  $200 - 150 =$     9.  $100,000 - 20 =$
    5.  $7 \times 13 =$      10.  $555 + 666 + 111 =$

**(B)**  Sustituyan las palabras en negrita con los pronombres correspondientes.

    1.  Yo veo a **Pedro.**
    2.  Juan estudia **la tarea.**
    3.  Escribimos **la nota al profesor.**
    4.  Yo estoy de acuerdo con **lo expresado.**
    5.  **Marta y Pedro** salieron de fiesta.
    6.  Enviaron **los paquetes a los amigos.**
    7.  Este regalo es para **Carmen.**
    8.  Le trajeron **el regalo a Pedro.**
    9.  Le rompieron **las tazas a María.**
   10.  Quieren comer **los biftecs con Carlos.**
   11.  Expliquen **el problema al presidente.**
   12.  Estoy comprando **la corbata y la camisa.**

13. Deme **los pantalones y el saco.**
14. No le ensucie **la bolsa a Juana.**
15. Estarán buscando **la invitación.**
16. Digan **las respuestas** rápida y brevemente.
17. Quiero escribir **la carta,** pero **Cristina** no.
18. Compren **los boletos a Margarita.**
19. Al entrar **las cajas** se cayeron.
20. Que el director diga **las reglas a los estudiantes.**

(C) Sustituyan las palabras en negrita por los pronombres correspondientes. Después cambien al negativo, tal como se indica en el modelo.

> Manden las **cartas a don Tomás.**
> **Mándenselas.**
> **No se las manden.**

1. Entreguen **los juguetes a los chicos.**
2. Tráigame **la pipa y la picadura.**
3. Envíen **las preguntas al profesor.**
4. Dé **los cigarrillos a Jorge.**
5. Enséñeme **los regalos** ahora mismo.
6. Entretenga **a los muchachos.**

(D) Sustituyan los nombres en negrita por los pronombres correspondientes. Después cambien al afirmativo.

1. No me traiga usted **la mesa.**
2. No rompa **el reloj a Ignacio.**
3. No le regales **los caramelos a la niña.**
4. No vendas tus **aretes.**
5. No lleve **a Mercedes** a bailar.
6. No crea usted **el cuento.**

(E) Contesten las preguntas siguientes, tal como se indica en el modelo. Presten atención a la diferencia entre **ser** y **estar** en contraste con **hay** y **había.**

> ¿Son bonitas las muchachas?   (no)
> **No, no lo son.**

> ¿Había enfermos en el hospital?   (sí)
> **Sí, los había.**

1. ¿Hay cartas para mí?   (no)
2. ¿Piensa usted que sea cierto?   (sí)
3. ¿Habrá soldados en la parada?   (sí)
4. ¿Están enfermos tus hermanos?   (no)

5. ¿Es fácil bailar el cha cha cha? (sí)
6. ¿Había un sombrero allá? (no)

(F) Contesten las preguntas siguientes, tal como se indica en el modelo.

¿Para quién es el libro? (tú)
**El libro es para ti.**

1. ¿Por quién lo hizo? (ellos)
2. ¿Con quién bailará? (ella)
3. ¿De quiénes son los abrigos? (nosotros)
4. ¿A quién se lo manda? (él)
5. ¿Para quiénes compraba los dulces? (ustedes)
6. ¿Con quién había venido? (tú)

(G) Añadan una forma preposicional para mayor claridad o énfasis de los pronombres objetivos, tal como se indica en el modelo.

Me gusta el cine.
**A mí me gusta el cine.**

1. **Nos** miraban los policías.
2. **Le** parece una gran idea.
3. Yo **lo** veo.
4. **Me** cansará caminar tanto.
5. Juan **las** ayuda.
6. **Nos** duele la cabeza.
7. **Los** vinieron a buscar.
8. **Le** escribieron una carta.

# III·EJERCICIOS DE REPASO

(A) Usen **ser** y **estar** según corresponda.

El profesor Martínez y su familia _____ de Cuba, pero desde 1961 _____ en los Estados Unidos. Ellos _____ cinco de familia y _____ muy simpáticos. La casa en que viven _____ en un reparto que _____ muy elegante. _____ nueva y _____ pintada de azul. Las ventanas de la casa _____ grandes y _____ cerradas en el invierno, pues a ellos no les gusta el frío.

(B) Cambien todos las formas verbales del párrafo anterior al pretérito o al imperfecto de indicativo, según corresponda.

# IV · *EJERCICIOS DE VERBOS*[12]

> **andar**  *to walk; to go, go about; to run (as a watch or machinery)*
> **caber (dentro, en)**  *to fit (into); to have enough room for*

**Andar** presenta irregularidades en el pretérito de indicativo y en el imperfecto de subjuntivo. **Caber** presenta irregularidades en el presente, pretérito y futuro de indicativo; en el potencial simple; en el presente e imperfecto de subjuntivo; y en el imperativo.

**(A)** De acuerdo con el significado de la frase u oración completen los espacios en blanco con uno de las formas verbales suministradas.

1. Ayer yo _____ a verlo.   (ando, andaré, anduve)
2. Yo pensé que no _____ la pelota en la caja.   (quepo, habrá cabido, cabría)
3. Me pide que no _____ por esta acera.   (andará, ande, anduviera)
4. Ayer no _____ en el baúl.   (quepa, cupiera, cabía)
5. En el nuevo edificio el carro no _____ en el garaje.   (cupiera, cabe, quepa)
6. Mañana el motor _____ perfectamente.   (anduvo, anduviera, andará)

**(B)** Hagan los cambios necesarios de acuerdo con el sujeto.

1. Él anduvo toda la tarde.   (yo, nosotros, tú, ustedes, vosotros)
2. Tú cabes perfectamente.   (nosotros, ella, Juan y yo, ustedes, yo)
3. Nosotros no cabremos allí.   (ellos, tú, yo, usted, vosotros)
4. ¿Que anduviera hasta allá?   (tú, nosotros, ustedes, yo, vosotros)
5. ¿Cabrían Pedro y Pablo?   (yo, nosotros, ella, vosotros, tú)
6. Él no cupo en el asiento.   (ustedes, Pedro y yo, tú, vosotros, yo)

---

[12] Véase el Apéndice D en la página 321.

# LECCIÓN 8

## Sección Primera

## I · DIÁLOGO

### La comida

*(Juan y Pedro llegan al restaurante. No ven a nadie en la puerta y entran al salón principal. Como es la hora de la comida,[1] el restaurante está bastante lleno.)*

JUAN   Al fin° llegamos. Se me ha abierto el apetito,° sobre todo[2] sabiendo que pagas tú. ¿Dónde está el camarero?

PEDRO   No lo veo por ninguna parte.[3] Oh, mira, allá viene.

CAMARERO   ¿Desean una mesa los señores? ¿Para cuántos?

PEDRO   Somos dos. Mire, qué suerte,° allí se desocupa una mesa cerca de la ventana. ¿Nos la puede dar? ¿Hay alguna otra persona esperando?

CAMARERO   Sí, claro,° se la puedo dar. No hay ninguna otra persona esperando, pero llevará algún tiempo,[4] pues hay que[5] cambiar el mantel y poner cubiertos[6] limpios. Mientras tanto,° pueden sentarse y escoger lo que deseen comer. Aquí tienen el menú. Ahora mismo[7] regreso.

*(Los dos amigos se sientan y comienzan a examinar el menú.)*

### Cierto o falso

Las frases u oraciones siguientes expresan hechos ciertos o falsos con respecto al diálogo anterior. Cada alumno leerá una de ellas, y su compañero más cercano contestará **sí** o **no** completando la respuesta.

[1] *dinner time*
[2] *mainly*
[3] *anywhere*
[4] *it will take some time*
[5] *we have to*
[6] *to set (places at table)*
[7] *right away*

1. Juan y Pedro salen del restaurante.
2. Ven al camarero en la puerta.
3. A Juan se le ha abierto el apetito.
4. Se desocupa una mesa cerca de la puerta.
5. Hay varias personas esperando.
6. La mesa está lista, y no hay que esperar.
7. Los amigos no desean examinar el menú.

## II · DIÁLOGO (continuación)

PEDRO   ¿Qué te apetece,° Juan? ¿Quieres algo especial? En el menú tienes platos españoles e hispanoamericanos para pedir a la carta,[8] y además[9] tienes el cubierto de hoy.[10]

JUAN   A mí me da lo mismo.° Cualquiera cosa me viene bien.° Creo que jamás he tenido tanta hambre.[11] Ya casi tengo dolor de cabeza.° ¿Qué me recomiendas?

PEDRO   Pues tienes platos españoles famosos: paella a la valenciana,[12] fabada asturiana,[13] cocido a la madrileña,[14] menestra de legumbres;[15] también hispanoamericanos: arroz con pollo, arroz con pescado, asado a la parrilla,[16] biftec de lomo[17] y otros más.

JUAN   No sigas, que me desmayo.[18] Creo que prefiero el cubierto, así no se demoran en[19] servirnos. ¿Cuál es?

PEDRO   Una comida típica del Caribe. Para empezar una sopa; el plato principal,° arroz con frijoles negros y puerco asado;[20] de postre, cuatro frutas a escoger —mango, piña, bananas o sandía; al final, café fuerte.[21]

JUAN   No hablemos más, eso mismo. Camarero, por favor...

CAMARERO   ¿Qué ordenan los señores? ¿Algo a la carta?

[8] à la carte (from the list in the menu)
[9] besides
[10] today's special
[11] I have never been so hungry
[12] dish of seafood, chicken, and sausage and saffron-tinted rice
[13] stew of large white beans and blood sausage
[14] stew of chick peas, potatoes, blood sausage, bacon, etc.
[15] combination of cooked vegetables to which meat is sometimes added
[16] grilled roast
[17] beef loin
[18] que... desmayo   literally, I'll faint (I can't resist any more)
[19] they won't be long in
[20] roast pork
[21] espresso

PEDRO   De ninguna manera,²² ninguno de los dos podemos esperar
más.²³ Por favor, tráiganos el cubierto.

## Preguntas

Contesten, con frases completas, las preguntas siguientes de acuerdo
con el diálogo anterior. Cada respuesta deberá tener por lo menos
cinco palabras.

1. ¿Qué le apetece a Juan?
2. ¿Por qué dice Juan que ya casi tiene dolor de cabeza?
3. ¿Cuáles son los platos españoles? ¿Y los hispanoamericanos?
4. ¿Por qué prefiere Juan el cubierto?
5. ¿Cuál es el cubierto de hoy?
6. ¿Ordenan algo a la carta?

## Preguntas relacionadas con usted

1. ¿Le gustaría a usted comer en un restaurante esta noche?
2. ¿Cuál es su restaurante favorito? ¿Por qué?
3. ¿Dónde desearía usted la mesa en el restaurante?
4. ¿Qué le apetece comer a usted hoy?
5. ¿Le gustaría a usted tomar café, leche, agua, vino o cerveza con su
   comida?

# III·HABLEMOS EN ESPAÑOL

1. ¿Cuáles cree usted que son los platos típicos en el sur de los
   Estados Unidos? ¿En el este? ¿En el medio oeste? ¿En el oeste?
   ¿En el sudoeste?
2. ¿Cuál es el desayuno típico en este país? ¿El almuerzo?
3. ¿Cuál es su plato favorito?
4. ¿Cuál es su postre favorito?
5. ¿Come usted mucho?
6. ¿Está usted a dieta?
7. ¿Por qué es malo comer mucho?
8. ¿Cree usted que los norteamericanos comen mucho?

---

²² *By no means*
²³ **ninguno... más**   *neither of us can wait any longer*

9. ¿Le gusta a usted la comida sazonada?
10. ¿Dónde prefiere usted comer, en su casa o en un restaurante?
11. ¿Quién cocina en su casa?
12. ¿Qué tal cocina?
13. ¿Ha comido usted platos españoles o hispanoamericanos?

# IV · MODISMOS Y EXPRESIONES

qué suerte   *how lucky*
al fin   *finally*
claro ( que sí )   *of course*
mientras tanto   *meanwhile*
el plato principal   *the main course*

(A) Sustituyan los modismos o expresiones en negrita con uno de los que aparece en la lista anterior que tenga el mismo o parecido significado.

1. **El plato fuerte** es una paella a la valenciana.
2. Él le contestó, "**Por supuesto,** estoy de acuerdo".
3. **¡Qué dicha!** ¡Se sacó la lotería!
4. Habíamos llegado a Roma **finalmente.**
5. **Entretanto,** nos entreteníamos jugando a las cartas.

apetecer( le ) a uno algo   *to appeal (something) to a person*
dar( le ) lo mismo a uno   *to be all the same to a person*
tener dolor de cabeza   *to have a headache*
abrirse( le ) el apetito a uno.   *to whet one's appetite*
venirle bien a uno   *to suit a person fine*

(B) Cambien las oraciones afirmativas siguientes a preguntas, de acuerdo con la palabra indicada. No dejen de usar el modismo o expresión en negrita. Hagan los cambios necesarios.

1. A Pedro **le apetecían** huevos con jamón.   (¿Qué?)
2. Mi novia **ha tenido dolor de cabeza.**   (¿Quién?)
3. A ellos **les daba lo mismo** todo.   (¿A quiénes?)
4. **Se le abría el apetito** todos los días.   (¿Cuándo?)
5. A mí **me viene bien** comer ahora.   (¿A quién?)

(C) Si su profesor se lo ordena, estén preparados para usar, en forma escrita u oralmente, en una frase u oración, los anteriores modismos y expresiones.

# Sección Segunda

## I · GRAMÁTICA

### 80. Cuadro sinóptico de los números ordinales

| | | | |
|---|---|---|---|
| primero | sexto | undécimo | trigésimo  $30^{th}$ |
| segundo | séptimo | duodécimo | centésimo |
| tercero | octavo | décimo tercero | centésimo primero |
| cuarto | noveno | décimo cuarto | centésimo segundo |
| quinto | décimo | vigésimo  $20^{th}$ | milésimo |

### 81. Los números ordinales: sus usos

**A.** Los números ordinales muestran su concordancia en género y número con el nombre que modifican o sustituyen.

| | |
|---|---|
| Estudien la **segunda** lección. | *Study the second lesson.* |
| Pedro es el **quinto;** María es la **cuarta.** | *Pedro is the fifth; María is the fourth.* |
| El **tercero** (la **tercera**) en la fila. | *The third in the row.* |

**B.** Los números ordinales se sitúan usualmente delante del nombre.

| | |
|---|---|
| Yo estudio en el **quinto** cuarto. | *I study in the fifth room.* |
| La **primera** niña es mi hija. | *The first girl is my daughter.* |
| Ganamos el **segundo** partido. | *We won the second game.* |
| El **cuarto** examen es el de español. | *The fourth exam is the Spanish one.* |

Excepciones:

1. Se sitúan detrás del verbo:

Para indicar el orden de sucesión de soberanos, papas, etc. Noten que el artículo definido no se usa.

| | |
|---|---|
| Felipe **Segundo** fue el hijo de Carlos **Quinto.** | *Phillip the Second was the son of Charles the Fifth.* |
| El papa Pablo **Sexto** viajó a Colombia. | *Pope Paul the Sixth traveled to Colombia.* |

Cuando se usan un número cardinal y un número ordinal juntos, usualmente se sitúa primero el cardinal.

| | |
|---|---|
| Repasen los **cinco primeros** capítulos para el examen. | *Review the first five chapters for the exam.* |
| Las **diez primeras** veces falló. | *He failed the first ten times.* |

En algunas expresiones.

| | |
|---|---|
| María es mi **prima segunda**. | *María is my second cousin.* |

2.  Se sitúan, indistintamente, delante o detrás del nombre refiriéndose a volúmenes, capítulos, páginas, párrafos, etc.

| | |
|---|---|
| Leí el **segundo** volumen. | *I read the second volume.* |
| Estudien el capítulo **séptimo**. | *Study the seventh chapter.* |
| Copié la **primera** página. | *I copied the first page.* |
| Está en el párrafo **octavo**. | *It is in the eighth paragraph.* |

C.  Los números ordinales normalmente no se usan después del décimo o duodécimo. Los números cardinales los sustituyen, pero se sitúan sólo detrás del nombre.

| | |
|---|---|
| Estudien el capítulo **quince** (**décimo quinto**). | *Study the fifteenth chapter.* |
| Van por la vuelta **dieciocho** (**décimo octava**). | *They go for the eighteenth turn.* |
| Es el **veinticinco** (**vigésimo quinto**) en la fila. | *He is the twenty-fifth in the row.* |
| El papa Juan **Veintitres** fue muy bueno. | *Pope John XXIII was very good.* |

D.  **Primero** y **tercero** pierden la **-o** final delante de un nombre masculino singular.

| | |
|---|---|
| El **primer** capítulo del libro. | *The first chapter of the book.* |
| El **tercer** niño a la derecha. | *The third boy on the right.* |
| La **primera** clase es mañana. | *The first class is tomorrow.* |
| Los **primeros** días no vino. | *He didn't come the first days.* |

## 82. Cuadro sinóptico de los partitivos (las fracciones)

| | | | |
|---|---|---|---|
| 1/2 | un medio | 1/11 | un onzavo |
| 1/3 | un tercio | 1/12 | un dozavo |
| 1/4 | un cuarto | 1/13 | un trezavo |
| 1/5 | un quinto | 1/14 | un catorzavo |
| 1/6 | un sexto | 1/17 | un diecisieteavo |
| 1/7 | un séptimo | 1/19 | un diecinueveavo |
| 1/8 | un octavo | 1/20 | un veintavo |
| 1/9 | un noveno | 1/30 | un treintavo |
| 1/10 | un décimo | 1/100 | un centavo |

### 83. Los partitivos: su formación

**A.** Los partitivos se forman de la siguiente manera:

(1) El numerador es un número cardinal.
(2) El denominador desde 1/4 a 1/10 es un número ordinal.
(3) A partir de 1/11 el denominador se forma añadiendo **-avo(s)** al número cardinal. La vocal final se pierde (con excepción de **siete** y **nueve**). También la **-c-** se cambia a **-z.**
(4) La forma de 1/100 es irregular.

| | |
|---|---|
| **Una quinta** parte es suficiente. | *One-fifth is sufficient.* |
| Compró **dos terceras** partes del lote. | *He bought two-thirds of the lot.* |
| La respuesta es **un cuarto** y no **un sexto.** | *The answer is one-fourth and not one-sixth.* |
| Tenía **un diecisieteavo.** | *He had one-seventeenth.* |

**B.** **La mitad (de)** es la traducción, generalmente, de *half, a half, half a,* con excepción de las expresiones de tiempo y medida, en que se usa **medio, -a** sin artículo delante o detrás.

| | |
|---|---|
| Vino por **media hora.** | *He came for half an hour.* |
| Véndame **la mitad.** | *Sell me half.* |
| **Media hora** después apareció. | *Half an hour later he showed up.* |
| **La mitad de** la gente no lo sabe. | *Half the people don't know it.* |
| Son las tres y media. | *It's half past three.* |
| Dame **medio litro** de leche. | *Give me half a liter of milk.* |

### 84. Los números colectivos

Los números colectivos, por lo general, terminan en **-ena.** En ocasiones, tienen simplemente un valor aproximado. A continuación ofrecemos los más comunes.

| | |
|---|---|
| un par | una veintena |
| una decena | una centena |
| una docena | un centenar |
| una quincena | un millar |

| | |
|---|---|
| Estará allá **una quincena.** | *He'll be there around fifteen days.* |
| Tengo sólo **un par.** | *I have only a pair.* |

Los colectivos son sustantivos y se usan con la preposición **de** delante de otro sustantivo.

Compré **una docena de** tomates.        *I bought a dozen tomatoes.*
Encontré **un centenar de** errores.      *I found one hundred errors.*

## 85. Función y usos de los indefinidos

Los indefinidos (adjetivos, pronombres, adverbios) se refieren a personas, cosas o ambas y, en ocasiones, son neutros. Algunos no tienen plural y poseen una sola terminación para ambos géneros.

## 86. Cuadro sinóptico de los indefinidos más comunes

### Afirmativos

algo   *something*
alguien   *somebody, someone*
algún, alguno, -a   *some, any (one of a group)*
algunos, -as   *some, several (of a group), a few*
(de) algún modo   *somehow, in some way*
(de) alguna manera   *somehow, in some way*
(en) alguna parte   *somewhere*
alguna vez   *ever, at some time*
cualquier(a)   *any, anyone (whatsoever), anybody*
cualesquier(a)   *any, anyone, anybody*
quienquiera   *whoever (whosoever)*
quienesquiera   *whoever (whosoever)*
uno, -s   *some, a few, one (indefinite)*
todo, -a, -os, -as,   *all, every, everything*
mucho, -a, -os, -as   *much, many, a great deal*
demasiado, -a, -os, -as   *too much, too many*
bastante   *enough, plenty of*
varios, -as   *several*
ambos, -as   *both (of)*
cada   *each, every*
(unos, -as) pocos, -as   *some, a few*
(unos, -as) cuantos, -as   *some, a few*
poco, -a, -os, -as   *little (quantity), a few, not much*
(o)... o   *(either)... or*
también   *also*
siempre   *always*
dondequiera   *anywhere, wherever*

*Negativos*

nada    *nothing*
nadie    *nobody, no one*
ningún, ninguno, -a    *none, no (one of a group), neither (one)*
ningunos, -as    *no, none (of a group)*
(de) ningún modo    *in no way*
(de) ninguna manera    *in no way*
(en) ninguna parte    *nowhere*
nunca    *never, not ever*
jamás    *never, not ever*
(ni)... ni    *(neither) . . . nor*
tampoco    *neither, not . . . either*

## 87. Uso de los adjetivos, pronombres y adverbios indefinidos más comunes

Los adjetivos y pronombres indefinidos se refieren a personas o cosas, o son neutros.

A. Se refieren a personas: **alguien, nadie, cualquiera, quienquiera, algún, ningún, uno, mucho, poco, todo, demasiado, bastante, cada, ambos** y **varios.**

| | |
|---|---|
| **Alguien** vendrá. | *Someone will come.* |
| **Pocos** estudiantes asistieron. | *Few students attended.* |

B. Se refieren a cosas: **algo, nada, cualquiera, algún, ningún, uno, mucho, poco, todo, demasiado, bastante, cada, ambos** y **varios.**

| | |
|---|---|
| **Algo** compraré. | *I will buy something.* |
| Tiene **demasiado** dinero. | *He has too much money.* |

C. Son neutros: **todo, mucho, demasiado, bastante** y **poco.**

| | |
|---|---|
| **Todo** lo sabía. | *He knew it all.* |
| **Bastante** trabajo me dio. | *He gave me enough problems.* |

D. Los adverbios indefinidos son **siempre, jamás, nunca, nada** y **dondequiera.**

| | |
|---|---|
| **Siempre** viene. | *He always comes.* |
| Trabajo **mucho.** | *I work a lot.* |

## 88. Los afirmativos: su posición

Los afirmativos se usan como las formas correspondientes en inglés.

| | |
|---|---|
| ¿Quieres **algo** especial? | *Do you want something special?* |
| ¿**Algo** a la carta? | *Something à la carte?* |
| ¿Hay **alguna** otra persona? | *Is there any other person?* |

## 89. Los negativos: su posición

**A.** Los negativos **nada, nadie, ninguno, nunca, jamás, tampoco** y **ni** se pueden usar de dos maneras:

(1) Delante del verbo en cuyo caso *no* se requiere el negativo **no.**

| | |
|---|---|
| **Ninguno** de los dos podemos esperar. | *Neither one of us can wait.* |
| **Nunca** viene. | *He never comes.* |
| **Nada** quiero. | *I want nothing.* |
| **Ningún** libro llegó. | *No book arrived.* |

(2) Detrás del verbo en cuyo caso *sí* se requiere el negativo **no.**

| | |
|---|---|
| **No** podemos esperar a **ninguno** de los dos. | *We can't wait for either of the two.* |
| **No** hay **ninguna** persona. | *There is nobody.* |
| **No** viene **nunca**. | *He never comes.* |
| **No** quiero **nada**. | *I want nothing.* |
| **No** llegó **ningún** libro. | *No book arrived.* |

**B.** Es común el uso de varios negativos seguidos en español. Compárese este uso con el inglés. Noten que dos o más negativos no hacen un afirmativo.

**No** escribo **nunca nada** a **nadie.**
**Nunca** escribo **nada** a **nadie.** } *I never write anything to anybody.*

**C.** Normalmente *any, a* y *one* no se traducen al español.

| | |
|---|---|
| No tiene auto. | *He does not have a car.* |
| ¿Tiene hijas? No tiene. | *He does not have any.* |

Sin embargo, cuando se quiere poner énfasis en la negación, entonces se traducen esas palabras con **ninguno (ningún), ninguna,** y **ni uno (un)** y **ni una.**

| | |
|---|---|
| No tiene **ningún (ni un)** auto. | *He doesn't have a car at all.* |
| No tiene **ninguna (ni una).** | *He doesn't have any at all.* |

También, **ninguno, -a** se puede usar detrás del nombre, lo que es poco común, o sustituir por **alguno, -a** a continuación del nombre.

No tiene hija **ninguna.**
No tiene hija **alguna.**[24]   *He doesn't have any daughters at all.*

## 90. Notas sobre el uso de los indefinidos

**A.** En forma diferente a lo que sucede con **alguno,** que, por excepción poco común, se puede usar en una oración negativa detrás del nombre (letra **C** del número 89), **algo** y **alguien** nunca se pueden usar en una oración negativa.

No compro **nada.**    *I don't buy anything.*
No llamé a **nadie.**    *I didn't call anybody.*
No dice **nada.**    *He doesn't say anything.*
No quiero a **nadie.**    *I don't love anybody.*

**B.** Alguno y ninguno[25] pierden la **-o** final delante de un nombre masculino singular.

No tiene **ningún** hijo.    *He has no son.*
**Algún** abogado vendrá.    *Some lawyer will come.*
**Ningún** médico lo permitiría.    *No doctor would permit it.*
¿Lo hizo **algún** estudiante?    *Did some student do it?*

**C.** Alguno y ninguno se refieren a una persona de un grupo previamente mencionado. **Alguien** y **nadie** no se refieren a ninguna persona específica.

**Alguno** de los muchachos vendrá.    *One of the boys will come.*
**Alguien** vendrá.    *Someone will come.*
**Ninguno** de ellos lo admitirá.    *None of them will admit it.*
**Nadie** lo hubiera imaginado.    *Nobody would have imagined it.*

**D.** Cuando los indefinidos **alguien, nadie, alguno, ninguno, uno, cualquiera** y **todo** se refieren a personas, y son usados como objetos directos del verbo, requieren, como veremos en esta lección, la **a** personal.

Llamaba a alguien.    *He was calling somebody.*
No veo a nadie.    *I don't see anybody.*
No ama a ninguno.    *He doesn't love anyone.*
Dígaselo a cualquiera.    *Tell it to anyone.*
Llame a alguno.    *Call someone.*
Escriba a todos.    *Write to all of them.*

[24] Después de la preposición **sin,** que tiene fuerza negativa, también se puede usar **alguno, -a:** Vine sin dinero **alguno.** *I came without any money at all.*
[25] El plural de **ninguno** y **ninguna** es poco usado, a no ser en aquellos casos en que se usan con nombres siempre en plural: No tengo **ningunas** tijeras. *I don't have any scissors.*

**E.** **Jamás,** de uso muy limitado, se emplea en forma enfática. Traduce, comúnmente, *ever* y, en algunos casos, *never*.

| | |
|---|---|
| Creo que **jamás** he tenido tanta hambre. | *I don't believe I have ever been so hungry.* |
| No lo veré **jamás** (nunca). | *I will never see it.* |
| **Jamás** lo hubiera creído. | *I never would have believed it.* |
| No me lo repita **jamás.** | *Don't ever repeat it to me.* |

**F.** **Algo** y **nada** se usan también como adverbios, con el significado de *somewhat* o *rather* y *not at all*.

| | |
|---|---|
| Ella es **algo** bonita. | *She is rather pretty.* |
| Ella no es **nada** bonita. | *She is not at all pretty.* |

**G.** Delante de un nombre masculino o feminino se usa **cualquier** (pl. **cualesquier**) para indicar que no hay preferencia en la selección de una persona o cosa. Cuando no hay nombre, o cuando ocurre después del nombre, se usa **cualquiera** (pl. **cualesquiera**).

| | |
|---|---|
| **Cualquier** muchacho puede hacerlo. | *Any boy can do it.* |
| **Cualquier** madre haría lo mismo. | *Any mother would do the same.* |
| ¿Cuál de los libros prefiere usted? Me manda **cualquiera.** | *Which (one) of the books do you prefer? Send me any one.* |
| Un hombre **cualquiera.** | *Any man at all.* |

**H.** En correspondencia con **ni... ni** (*neither . . . nor*) se usa como antónimo **o... o** (*either . . . or*). Los nombres singulares unidos por **ni** o por **o** delante del verbo hacen que éste adopte la forma plural. En el caso contrario, el verbo se usa en el singular.

| | |
|---|---|
| **Ni** cortos **ni** perezosos supieron aprovecharse de la situación. | *Neither the shy ones nor the lazy ones knew how to take advantage of the situation.* |
| **Ni** Pedro **ni** Juan prepararon el examen. | *Neither Pedro nor Juan prepared the exam.* |
| No vino **ni** Pedro **ni** Juan. | *Neither Pedro nor Juan came.* |

**I.** En correspondencia con **tampoco** (*neither, not . . . either*) se usa como antónimo **también** (*also*).

| | |
|---|---|
| **Tampoco** vino. | *He didn't come either.* |
| **También** vino. | *He came also.* |

## 91. Otros indefinidos

Hay otros indefinidos o expresiones indefinidas de uso común.

(ni)... tampoco   *not . . . either*

> **(Ni)** Pedro **tampoco** irá.          *Pedro will not go either.*

ni   *not even*

> **Ni** Pedro irá.          *Not even Pedro will go.*

un poco (de)   *a little bit (of)*

> Tengo **un poco de** hambre.          *I am a little hungry.*

ni siquiera   *not even*

> **Ni siquiera** Pedro irá.          *Not even Pedro will go.*

ni el uno ni el otro[26]   *neither one*

> **Ni el uno ni el otro** irán.          *Neither one will go.*

ninguno de los dos[27]   *neither one*

> **Ninguno de los dos** irá.          *Neither one will go.*

en (por) ninguna parte   *nowhere*

> No lo veo **en ninguna parte.**          *I don't see it anywhere.*

de ninguna manera   *in no way, by no means*

> **De ninguna manera** irá.          *By no means will he go.*

de ningún modo   *in no way, by no means*

> **De ningún modo** irá.          *By no means will he go.*

alguna vez   *sometime*

> **Alguna vez** irá.          *He will go sometime.*

algún día   *someday*

> **Algún día** irá.          *He will go someday.*

de alguna manera   *some way, somehow*

> **De alguna manera** irá.          *He will go somehow.*

de algún modo   *some way, somehow*

> **De algún modo** irá.          *He will go somehow.*

[26] Se usa el verbo en el plural.
[27] Se usa el verbo en el singular.

fulano, -a, mengano, -a, y zutano, -a de tal   *every Tom, Dick, and Harry; every-*
*body and his brother*

Vinieron **un fulano, un mengano y**      *Every Tom, Dick, and Harry came.*
**un zutano de tal.**

(un) fulano, -a de tal.   *Mr. So-and-so, somebody or other, what's-his-name*

Lo compró **un fulano de tal.**      *What's his name bought it.*

## 92. El numeral *uno* como indefinido

El numeral **uno** se usa como pronombre indefinido de dos maneras:

A. Refiriéndose a la persona que habla, dándole a la frase carácter genérico (al igual que el impersonal **se**), y traduciendo *one*. El verbo se usa en el singular.

**Uno** no cree esas cosas.      *One does not believe those things.*

B. Refiriéndose a otra persona o personas, y traduciendo *you* o *some* de acuerdo con el número. Se usa el verbo en el singular o en el plural, según corresponda.

**Unos**[28] dijeron que sí, otros que no.      *Some said yes, others no.*

## 93. La *a* personal

La preposición **a,** que no se traduce al inglés, se usa delante de un objeto directo en los casos siguientes:

A. Con personas determinadas o animales considerados en forma especial.

Pedro ha invitado **a** Juan.      *Pedro has invited Juan.*
Había llamado **a** Carlos.      *He had called Carlos.*
Miraba **a** la mascota del equipo.      *He was looking at the team's mascot.*

B. Con nombres propios, cuando no llevan el artículo.

Deseo visitar **a** Buenos Aires.      *I want to visit Buenos Aires.*
Extraño **a** Varadero.      *I miss Varadero.*

C. Con cosas personificadas.

Temo **a** la muerte.      *I fear death.*
El soldado saluda **a** la bandera.      *The soldier salutes the flag.*

---

[28] **Unos** al igual que **algunos** traduce *some;* sin embargo, el primero se usa sólo, como hemos visto, en forma genérica, por lo que el uso de **algunos** es mucho más común.

**D.** Con los colectivos de personas, en aquellos casos en que la acción del verbo se produce sobre los individuos.

Entretenía **al** grupo cantando. *He was entertaining the group singing.*

Admiraba **a** la clase de español. *He was admiring the Spanish class.*

**E.** Con los pronombres indefinidos **alguien, nadie,** etc., cuando se refieren a personas.

No miro **a** nadie. *I don't look at anyone.*

Déselo **a** alguien. *Give it to someone.*

**F.** No se usa la **a** personal a continuación del verbo **tener** cuando sólo se expresa existencia.

Tienen una tía en la Florida. *They have an aunt in Florida.*

Tenemos una hija y tres hijos. *We have a daughter and three sons.*

Sin embargo, cuando se expresa algo más que la existencia se usa la **a** personal.

Tienen **a** una tía enferma en la Florida. *They have a sick aunt in Florida.*

Tenemos **a** una hija casada y tres hijos solteros. *We have a married daughter and three bachelor sons.*


# II · EJERCICIOS

**A.** Expresen oralmente en español los siguientes números colectivos, partitivos u ordinales.

1. 1000 (colectivo)
2. 1/3
3. Felipe II
4. 1/2 libra
5. 4/10
6. la Lección VII
7. 7/13
8. 12 (colectivo)
9. 10 (colectivo)
10. 1/4

**B.** Contesten las preguntas en forma negativa, tal como se indica en el modelo.

¿Ve usted algo?
**No, no veo nada.**

1. ¿Conoce usted a alguien?
2. ¿Quería ella que comprara alguna?
3. ¿Traías tú algún muchacho?

4. ¿Perdió la pelota en alguna parte?
5. ¿Quieres que lo haga de algún modo?
6. ¿Le hemos hablado jamás?
7. ¿Ha viajado usted alguna vez?
8. ¿Le había escrito a alguien?
9. ¿Había querido comprar algo?
10. ¿Ha bailado usted con ella jamás?

**C.** Cambien las oraciones siguientes al afirmativo.

1. Tampoco lo sabía yo.
2. Nunca le hablaba a María.
3. Ni Pedro ni Juan irán a la fiesta.
4. No lo haría de ninguna manera.
5. De ningún modo vaya a verlo.
6. La plata no está en ninguna parte.
7. Ninguna mujer conduce bien.
8. No había llegado ningún chico a clase.
9. No se la dé a nadie.
10. Por favor, no le lleve usted nada.

**D.** Cambien la posición de los negativos, tal como se indica en el modelo.

No quiero nada.
**Nada quiero.**

Nadie viene.
**No viene nadie.**

1. No vino ninguno.
2. No es fácil nada para Carlos.
3. Nunca lo invitaría al baile.
4. Nadie le avisó del accidente.
5. No conocía ni a Francisco ni a Marta.
6. Tampoco yo lo creería.
7. No pagaré la cuenta de ninguna manera.
8. No se veía nada a la distancia.
9. Ningún hombre honrado haría tal cosa.
10. Ninguno de los dos había sido culpable.

**E.** Usen la **a** personal en aquellos casos que sea necesario. Después sustituyan la palabra en negrita con las indicadas.

1. Veo _____ **mis hermanas.** (un niño, mi profesor escribiendo, unas muchachas jugando, Carlos, mi gato)

2. Visito _____ **el edificio.**  (Roma, la Argentina, el hospital, San Luis, el Perú)
3. Saludo _____ **la bandera.**  (unos niños, la nación)
4. Entretienen _____ **el pueblo.**  (unos chicos, la multitud)
5. No veo _____ **nadie.**  (nada, ninguno)

# III·EJERCICIO DE REPASO

Contesten las preguntas siguientes, tal como se indica en el modelo.

¿Cómo habla usted español?  (fácil)
**Hablo español fácilmente.**
**Hablo español con facilidad.**
**Hablo español de un modo fácil.**
**Hablo español de una manera fácil.**

1. ¿Cómo había escapado de la prisión?  (difícil)
2. ¿Cómo escribía ella?  (claro)
3. ¿Cómo conducía el coche?  (veloz)
4. ¿Cómo ha nadado en el agua?  (diestro)
5. ¿Cómo tiraba con el rifle?  (certero)
6. ¿Cómo contestaba el interrogatorio?  (brillante)

# IV·EJERCICIOS DE VERBOS[29]

**caer(se)**  *to fall, fall down*
**conducir**  *to conduct, lead; to drive (a car)*

**Caer(se)** presenta irregularidades en el presente y pretérito de indicativo, en el presente e imperfecto de subjuntivo, en el imperativo y en el participio presente. **Conducir** presenta irregularidades en el presente y pretérito de indicativo, en el presente e imperfecto de subjuntivo y en el imperativo.

**(A)**  Hagan los cambios necesarios de acuerdo con el sujeto.

1. Ellos **(se) cayeron** al suelo.  (yo, usted, nosotros, tú, vosotros)
2. Yo **conduzco** el coche.  (tú y yo, María y Pepe, tú, vosotros, Juan)
3. Él **(se) cae** al suelo.  (tú, ellas, nosotros, vosotros, usted, yo)
4. Tú **condujiste** hasta Lima.  (Carlos y Elena, nosotros, usted, vosotros, él)
5. Quería que **condujera.**  (nosotros, tú, yo, ellos, vosotros)
6. Evita que **(nos) caigamos.**  (yo, Pedro y Francisco, Enrique, tú, vosotros)

[29] Véase el Apéndice D en la página 321.

**(B)** Cambien las formas verbales a los tiempos indicados.

    1. **Desean** que **conduzcamos** despacio.   (imperfecto de indicativo + imperfecto de subjuntivo, futuro de indicativo + presente de subjuntivo, potencial simple + imperfecto de subjuntivo)

    2. La pelota **se cae** al suelo.   (pretérito de indicativo, perfecto de indicativo, pluscuamperfecto de indicativo)

    3. El **conduce** el auto.   (pretérito de indicativo, futuro de indicativo, presente de subjuntivo)

    4. **Nos caímos** en el patio.   (pluscuamperfecto de indicativo, presente de indicativo, potencial simple)

**(C)** Cambien las formas verbales de las oraciones siguientes a todos los tiempos y modos.

    1. Yo **conduzco** de prisa.

    2. Ellos **se caen** al salir.

# LECCIÓN 9

## Sección Primera

## I · DIÁLOGO

### Las fiestas

*(El club de español de la universidad ha organizado una serie de°
actos y fiestas durante el fin de semana.° Juan y Pedro, y sus respec-
tivas compañeras, Elena, una morena madrileña, y Margarita, una
rubia venezolana, asisten a[1] un baile que se ofrece el sábado por la
noche[2] en los salones de la* Unión Estudiantil. *Los amigos todavía no
se han visto en la fiesta.)*

JUAN   Hay que ver.° Ustedes sí que se divierten. Ésta es una verdadera[3] fiesta. Aquí se respira la alegría hispana.

ELENA   Gracias por el cumplido.[4] Otra vez° el profesor Fernández
y los miembros del club han demostrado saber lo que hacen.

JUAN   La orquesta está tocando mi canción favorita. ¿Quieres bailar?

ELENA   Nunca te cansas. A mí me duelen mucho los pies,[5] pero como
todo el mundo baila, sigamos el consejo, "adonde fueres, haz
como vieres".°

ELENA   *(después que la orquesta termina de tocar)* ¡Uf! No puedo
más.° Estoy que me caigo.° Creo que debemos irnos.

JUAN   ¿Quieres aguarme la fiesta?° ¿Qué pasa? Una madrileña que-
riendo irse tan temprano. ¿No dicen que las fiestas de ustedes
duran toda la noche?

ELENA   Sí, pero llevo varios días acostándome tarde y, además, tengo
que ir a misa mañana a las ocho, y, después, estudiar para mi
prueba de matemáticas, que es el lunes.

[1] *to attend*
[2] *at night*
[3] *truly, real*
[4] *for your kind words, courtesy*
[5] *My feet are killing me*

143

JUAN   Bueno, unos minutos más. Nos sentamos y tomamos un refresco. Mientras tanto, me cuentas un poco de esas fiestas famosas
de Madrid, Sevilla y Valencia.

ELENA   No tendríamos para cuando terminar.° Me obligarías a con-
tarte de nuestras ferias y verbenas, o de los carnavales y los
paseos de los hispanoamericanos.

*(Elena y Juan se sientan unos minutos, y Elena le empieza a decir
algo a Juan.)*

## Cierto o falso

Las frases u oraciones siguientes expresan hechos ciertos o falsos con
respecto al diálogo anterior. Cada alumno leerá una de ellas, y su
compañero más cercano contestará **sí** o **no** completando la respuesta.

1. Los amigos ya se han visto en la fiesta.
2. Juan dice que los hispanos no saben cómo divertirse.
3. Juan está muy cansado.
4. A Elena le duelen los pies.
5. Elena quiere quedarse en la fiesta.
6. Elena se ha acostado temprano todos los días.
7. La prueba de matemáticas es el lunes.
8. Elena y Juan se sientan a comer.

# II · DIÁLOGO *(continuación)*

JUAN   Perdona que te interrumpa, pero ¿no son aquéllos allá lejos[6]
Margarita y Pedro?

ELENA   Sí, son ellos. Vamos a verlos.

PEDRO   *(a los pocos instantes)*[7] ¡Dios mío! Elena, ¡qué linda estás!
Bueno, mejor dicho,[8] qué lindas están tú y Margarita. Aunque,
a ella, ya se lo he dicho muchas veces.

ELENA   Favor que me haces,° Pedro, tú, como de costumbre,[9] tan
galante.

JUAN   *(molesto)* Yo diría, en forma más acertada,° tratando de hacer
el papel[10] de Don Juan.

[6] *over there*
[7] *a few seconds later*
[8] *to put it better*
[9] *as usual*
[10] **hacer el papel**   *play the role*

MARGARITA    (*suavizando*)[11] No te preocupes Juan, que tú también luces muy guapo.

ELENA    Bueno, bueno. Ya están a veinte y nueve iguales.°

MARGARITA    Ya empieza a tocar la orquesta nuevamente. Bailamos todos.

ELENA    Nosotros no podemos. Nos tenemos que ir. Estoy muy cansada y tengo mucho que hacer mañana.

JUAN    Hay que conformarse.[12] Como dicen los españoles, "Paciencia y barajar".[13] Hasta mañana.

## Preguntas

Contesten, con frases completas, las preguntas siguientes de acuerdo con el diálogo anterior. Cada respuesta deberá tener por lo menos cinco palabras.

1.  ¿Quiénes se ven a lo lejos?
2.  ¿Qué le dice Pedro a Elena?
3.  Según Juan, ¿qué está tratando de hacer Pedro?
4.  ¿Qué le dice Margarita a Juan? ¿Por qué?
5.  ¿Por qué dice Elena, "Ya están a veinte y nueve iguales"?
6.  ¿Qué propone Margarita?
7.  ¿Qué le responde Elena?

## Preguntas relacionadas con usted

1.  ¿Adónde fue usted durante el fin de semana?
2.  ¿Cuándo le gustan a usted las fiestas, por la tarde o por la noche?
3.  ¿Cuál es su canción favorita?
4.  ¿Cuándo le duelen a usted los pies?
5.  ¿Se acuesta usted tarde o temprano todos los días?
6.  ¿Quién cree usted que es un Don Juan en esta clase?
7.  ¿Tiene usted mucho que hacer hoy por la mañana?
8.  ¿Está usted cansado hoy? ¿Por qué?

# III · HABLEMOS EN ESPAÑOL

1.  ¿Le gustan a usted las fiestas? ¿Qué tipo?
2.  ¿Va usted mucho a fiestas?

[11] *smoothing things over*
[12] **Hay que conformarse.**    *We have to accept it. (There is no use arguing.)*
[13] *What can you do?*

3. ¿Hay muchas fiestas en esta universidad o colegio?
4. ¿Dondé se celebran la mayoría de las fiestas en esta universidad?
5. ¿Cuál fue la última fiesta a que usted asistió? ¿Dónde tuvo lugar?
6. Describa a su compañero o compañera.
7. ¿A qué hora empezó la fiesta? ¿Cuándo terminó?
8. ¿Quiénes estaban allí? ¿Era una fiesta formal?
9. ¿Cuántas veces bailó? ¿Qué dieron de comida y de refrescos?
10. ¿Cuánto dinero gastó en la fiesta?
11. ¿Se divirtió mucho en la fiesta?
12. ¿Qué hizo después de la fiesta?
13. ¿A qué hora regresó a su casa o dormitorio?

# IV · MODISMOS Y EXPRESIONES

el (un) fin de semana   *the (a) weekend*
favor que me haces   *you flatter me*
en forma más acertada   *in a better way*
una serie de   *a series of*
otra vez   *again*
Adonde fueres, haz como vieres.   *When in Rome do as the*
                                    *Romans do.*

(A) Completen las frases siguientes con uno de los modismos u oraciones anteriores.

1. La muchacha le contestó, "Gracias, _____".
2. _____ es un refrán muy importante cuando vamos de viaje.
3. Te has equivocado _____ en este momento.
4. Tenía _____ libros de la misma editorial.
5. Hoy respondió _____.
6. _____, no el mes que viene, voy a Chicago.

no poder más   *not to be able to stand it any longer*
hay que ver   *live and learn*
aguar la fiesta   *to spoil a pleasure*
no tener para cuando terminar   *to last forever*
estar a veinte y nueve iguales   *to be even*
estar uno que se cae   *to be dead tired*

(B) Contesten las preguntas siguientes. No dejen de usar en la respuesta el modismo o expresión en negrita.

1. ¿Por qué le dijo usted a su padre, "**No puedo más**"?
2. ¿Es más o menos lo mismo **hay que ver** y **ver para creer?**
3. ¿Cuándo dice usted en una fiesta, "**Estoy que me caigo**"?
4. ¿Es más o menos lo mismo **aguar la fiesta** que **echarlo a perder todo?**
5. ¿Cuál es el opuesto de **no tener para cuando terminar?**
6. ¿Por qué le dice usted a su amigo, "**Estamos a veinte y nueve iguales**"?

(C) Si su profesor se lo ordena, estén preparados para usar, en forma escrita u oralmente, en una frase u oración, los anteriores modismos y expresiones.

# Sección Segunda

# *I · GRAMÁTICA*

## 94. La preposición *de* para indicar posesión

La preposición **de** se usa en español para expresar posesión, y, por lo tanto, traduce lo mismo *of* que el apóstrofo (') en inglés.

| | |
|---|---|
| Los paseos **de** los hispano-americanos | *The Spanish Americans' processions.* |
| El prometido **de** Elena | *Elena's fiancé.* |
| La maleta **de** Eduardo | *Eduardo's suitcase.* |

## 95. Uso de un pronombre como objeto indirecto para indicar posesión

A. En ciertas ocasiones se usa un pronombre como objeto indirecto para indicar posesión, cuando la acción del verbo se refiere a artículos de vestir, efectos personales o partes del cuerpo y la recibe una persona distinta del sujeto que la ejecuta. En estos casos, normalmente, el artículo definido sustituye al adjetivo posesivo.

**Me** trajeron **las** maletas. ⎫
Trajeron **mis** maletas. ⎬ *They brought me my suitcases.*

**Le** pintaron **el** auto. ⎫
Pintaron **su** auto. ⎬ *They painted his car.*

**B.** Se usa un pronombre reflexivo para expresar posesión cuando la acción del verbo la recibe el propio sujeto y se refiere a la misma clase de objetos o cosas.

**Se** pusieron **el** (**su**) abrigo.[14]     *They put on their coats.*
**Lávate la** (**tu**) cara y **las** (**tus**)     *Wash your face and your hands*
manos ahora mismo.     *right now.*

En los casos anteriores, cuando el uso del artículo puede causar confusión en cuanto al poseedor, se debe usar el adjetivo posesivo.

Pedro, usted está poniéndose **mi** sombrero.     *Pedro, you are putting on* my *hat.*
No me dé **su** libro, sino el mío.     *Don't give me* your *book, but mine.*

## 96. Cuadro sinóptico de los adjetivos posesivos

| *Delante del nombre* | | *Después del nombre* | |
|---|---|---|---|
| SINGULAR | PLURAL | SINGULAR | PLURAL |
| mi | mis | mío, -a | míos, -as |
| tu | tus | tuyo, -a | tuyos, -as |
| su | sus | suyo, -a | suyos, -as |
| nuestro, -a | nuestros, -as | nuestro, -a | nuestros, -as |
| vuestro, -a | vuestros, -as | vuestro, -a | vuestros, -as |
| su | sus | suyo, -a | suyos, -as |

## 97. Los adjetivos posesivos: sus formas

Los adjetivos posesivos son de dos clases:

**A.** La primera, la de aquéllos que se usan delante del nombre que modifican.

**Ésa** es **mi hermana**.     *That one is my sister.*
Llévate **nuestro coche**.     *Take our car.*
Le trajeron **su libro**.     *They brought him his book.*

[14] En estos casos, como cada persona se pone sólo un abrigo, el nombre se usa en singular, a diferencia del inglés.

**B.** La segunda, la de aquéllos que se sitúan detrás del nombre que modifican, y que, a diferencia de los primeros, expresan la posesión en forma enfática. El uso de éstos, como veremos, es muy limitado.

| | |
|---|---|
| María es **hermana suya.** | *María is your (his, her, etc.) sister.* |
| Se llevó el **coche nuestro.** | *He took our car.* |
| ¡**Dios mío,** ayúdame! | *My God, help me!* |

## 98. Adjetivos posesivos que se usan delante del nombre

**A.** Los adjetivos posesivos que se usan delante del nombre muestran su concordancia en género y número con la cosa poseída y no con el poseedor.

| | |
|---|---|
| **Nuestros libros** y **nuestros revistas** llegaron por correo. | *Our books and our magazines arrived by mail.* |
| **Tus discos** se los llevó Pedro. | *Pedro took away your records.* |

Como se ve en el cuadro sinóptico, del número 95, de este capítulo, sólo la primera y segunda persona del plural de estos adjetivos tienen forma femenina y masculina.

| | |
|---|---|
| Me dijo que **nuestras maletas** y **nuestros abrigos** están en el cuarto, pero **vuestras bolsas** y **vuestras sombrillas** se quedaron en el vestíbulo. | *He told me that our suitcases and overcoats are in the room, but your purses and umbrellas were left in the hall.* |

**B.** Normalmente, los adjetivos posesivos se repiten delante de cada nombre que modifican.

| | |
|---|---|
| Vinieron **tu** tía y **tus** primos. | *Your aunt and your cousins came.* |
| Mandaron **mi** dinero y **mis** camisas con Pedro. | *They sent my money and my shirts with Pedro.* |
| Le trajeron **su** hijo y **su** hija al hospital. | *They brought his son and daughter to the hospital.* |

Sin embargo, cuando dos o más cosas del mismo género pertenecen a una misma persona, o cuando una serie de nombres plurales, aunque sean de diferente género, están relacionados por razón de clase, no hay necesidad de repetir al adjetivo.

| | |
|---|---|
| Allá veo al Dr. Sánchez, **nuestro amigo** y **profesor.** | *I see Dr. Sanchez, our friend and professor, there.* |
| **Nuestras ferias, verbenas** y **romerías.** | *Our fairs, festivals and pilgrimages.* |

**C.** Para evitar confusión o ambigüedad con **su** o **sus** (*his, her, your, its* o *theirs*) se usa una frase preposicional aclaratoria (**de él, de ella, de usted, de ellos, de ellas, de ustedes**) después del nombre.[15]

> **Las fiestas de ustedes** duran toda la noche.
>
> *Your parties last all night.*

> Me trae **su** libro. = Me trae **el** libro **de**
> $\left\{ \begin{array}{l} \textbf{él.} \\ \textbf{ella.} \\ \textbf{usted.} \\ \textbf{ellos.} \\ \textbf{ellas.} \\ \textbf{ustedes.} \end{array} \right.$

> *He brings me*
> $\left\{ \begin{array}{l} his \\ her \\ your \\ their \\ their \\ your \end{array} \right\}$
> *book.*

## 99. Adjetivos posesivos que se sitúan detrás del nombre

**A.** La forma enfática de los adjetivos posesivos como hemos dicho se sitúa detrás del nombre. También, en ciertas ocasiones, se usa, por sí sola, detrás del verbo **ser**.

> Llamaba una **amiga nuestra.**
> Es **mía.**
>
> *A friend of ours was calling.*
> *It is mine.*

**B.** Estos adjetivos también muestran su concordancia en género y número con el nombre que modifican y no con el poseedor. Nótese que hay una forma femenina para cada una de las personas.

> Visitaron unas **primas tuyas** y unas **primas mías.**
> ¡**Alumnas mías**, por favor!
>
> *They visited some of your cousins and some of my cousins.*
> *Students, please!*

**C.** Como **suyo** (**suya, suyos, suyas**) puede tener diversos significados, una frase prepositional **de él, de ella,** etc., se usa, en ocasiones, con propósitos aclaratorios en sustitución del adjetivo.

---

[15] Normalmente, cuando se usa una frase preposicional, es el artículo definido, y no el adjetivo, el que se emplea: Me trae **el** libro de él. *He brings me his (own) book.*

| | |
|---|---|
| Es un primo **suyo** | *He is a cousin of yours* (*his, hers, etc.*). |
| Es un primo **de él** (**de ella, de usted,** etc.) | *He is a cousin of his* (*of hers, of yours, etc.*). |

La preposición **de** también, en algunos países, se usa con **vosotros** y **nosotros,** pero nunca con **mí** y **ti.**

| | |
|---|---|
| Es un primo **nuestro.** | *He is our cousin.* |
| Es un primo **de nosotros.** | *He is a cousin of ours.* |

**D.** Las formas enfáticas comúnmente traducen *my,* (*of*) *mine; your,* (*of*) *yours;* (*of*) *his; her,* (*of*) *hers;* etc.

| | |
|---|---|
| Es el libro **mío.** | *It is my book.* |
| La cama **mía** es dura. | *My bed is hard.* |

También se usan (a) en exclamaciones: **¡Dios mío!** (*My God!*); (b) en expresiones de cariño o amor intenso: (**Amada mía,** ayúdame. *My love, help me.*); (c) en alocuciones directas: (**Amigos nuestros,** eso es lo que queremos. *My friends, that is what we want.*).

**E.** Las formas enfáticas se usan por sí solas como verdaderos pronombres posesivos, a continuación del verbo **ser.** Este uso se confunde con el del pronombre posesivo detrás de dicho verbo. Compárense:

Es **nuestro.**   *It is ours.*   Es **el nuestro.**   *That's ours.*
Son **míos.**   *They are mine.*   Son **los míos.**   *Those are mine.*

No obstante, hay una diferencia entre las oraciones anteriores. La primera de cada par simplemente indica posesión. La segunda no solamente indica posesión, sino señala una persona o cosa entre varias.

## 100. Cuadro sinóptico de los pronombres posesivos

| *Singular* | | *Plural* | |
|---|---|---|---|
| el mío | la mía | los míos | las mías |
| el tuyo | la tuya | los tuyos | las tuyas |
| el suyo | la suya | los suyos | las suyas |
| el nuestro | la nuestra | los nuestros | las nuestras |
| el vuestro | la vuestra | los vuestros | las vuestras |
| el suyo | la suya | los suyos | las suyas |

## 101. Los pronombres posesivos: sus usos

**A.** Los pronombres posesivos mantienen la concordancia en género y número con la cosa poseída a que sustituyen.

| | |
|---|---|
| **El mío** (mi auto) y **los tuyos** (tus autos) están en el parque de estacionamiento. | *Mine (my car) and yours (your cars) are in the parking lot.* |
| Llegaron **la mía** (mi esposa) y **la tuya** (tu esposa). | *Mine (my wife) and yours (your wife) arrived.* |

**B.** Los pronombres posesivos se forman con los adjetivos posesivos usados después del nombre precedidos del artículo definido.

| | |
|---|---|
| Ésta es su corbata y éstas son **las mías**. | *This is his tie and these are mine.* |
| Eran **los míos** y **los tuyos**. | *They were mine and yours.* |

**C.** Las formas neutras **lo mío, lo tuyo, lo suyo, lo nuestro**, etc., que no tienen plural, se usan para expresar *what (that which) is mine, what is yours*, etc. También se usan en sentido colectivo precedidas de **todo**, con el significado de *everything that belongs to us*.

| | |
|---|---|
| **Lo tuyo** es muy difícil. | *What is yours is very difficult.* |
| Eso es **lo mío**. | *That is what is mine.* |
| Él trajo **todo lo nuestro**. | *He brought everything that belongs to us.* |

**D.** En los casos de **el suyo, la suya, los suyos, las suyas**, en ocasiones, para evitar confusión, se usa la forma correspondiente del artículo definido seguido de la forma preposicional **de él, de ella, de usted, de ellos**, etc.

| | |
|---|---|
| Regresaron mi abuela y **la suya** (**la de él, la de ella**, etc.). | *My grandmother and yours (his, hers, etc.) returned.* |
| Se robaron tu auto y **el suyo** (**el de ella, el de ellos**, etc.). | *They stole your car and his (hers, theirs, etc.).* |
| Trajeron **los suyos** (**los de él, los de ella**, etc.) y **las suyas** (**las de él, las de ella**, etc.). | *They brought yours (his, hers, etc.) and yours (his, hers, etc.).* |

**E.** La forma plural de los pronombres, en especial las masculinas, **los míos, los tuyos**, etc., se usan, algunas veces, para referirse a amigos, padres, parientes en general, etc.

| | |
|---|---|
| Vinieron **los míos** (mis padres). | *Mine (my parents) came.* |
| Allá están **los tuyos** (tus amigos, padres, alumnos, etc.). | *Yours (your friends, parents, students, etc.) are there.* |

## 102. Aquí (acá), ahí y allí (allá)

**A.** **Aquí** (*here*) y **allí** (*there*) tienen el mismo significado que **acá** (*here*) y **allá** (*there*) pero éstos no son tan específicos en cuanto al lugar como aquéllos. **Ahí** (*there, not too far*) se refiere a un punto cerca de la persona a quien se habla, o no lejos de la persona que habla. Cuando se usan verbos de movimiento, como es lógico, se prefiere el uso de **acá** y **allá**.

**B.** Los adverbios **aquí**, **ahí** y **allí** nos han de servir de base para la distinción entre los adjetivos demostrativos **este**, **ese** y **aquel** (y sus otras formas) que en cierta forma se corresponden con estos adverbios.

| | |
|---|---|
| ¿No son **aquellos** chicos **allá** lejos Margarita y Pedro? | *Aren't those kids over there (in the distance) Margarita and Pedro?* |
| Mira **esta** chica **aquí** sentada. | *Look at this girl sitting here.* |
| **Ese** joven está por **ahí**. | *That young fellow is around there (not too far).* |

## 103. Cuadro sinóptico de los adjetivos demostrativos

| Masculino | Femenino |
|---|---|
| **SINGULAR** | |
| este (muchacho)  *this* | esta (niña)  *this* |
| ese (amigo)  *that* | esa (prima)  *that* |
| aquel (chico)  *that (far off)* | aquella (tía)  *that (far off)* |
| **PLURAL** | |
| estos (muchachos)  *these* | estas (niñas)  *these* |
| esos (amigos)  *those* | esas primas)  *those* |
| aquellos (chicos)  *those (far off)* | aquellas (tías)  *those (far off)* |

## 104. Los adjetivos demostrativos: sus usos

**A.** Los adjetivos demostrativos, como su nombre lo indica, son aquéllos que sirven para señalar o demostrar una persona o cosa entre varias. Los adjetivos demostrativos se usan delante del nombre que modifican.

| | |
|---|---|
| **Esa niña** es mi hija. | *That girl is my daughter.* |
| **Ese** libro es muy bueno. | *That book is very good.* |
| **Estos** muchachos y **aquellos** muchachos son colombianos. | *These boys and those boys are Colombians.* |

**B.** Los adjetivos demostrativos concuerdan en género y número con el nombre que modifican y deben ser repetidos delante de cada nombre.

|  |  |
|---|---|
| **Esta** bolsa y **este** vestido son viejos. | *This purse and this dress are old.* |
| **Estos** libros y **aquellos** papeles los tiraría al cesto. | *I would throw these books and those papers in the basket.* |

No obstante, no hay necesidad de repetir los adjetivos demostrativos cuando los nombres que se modifican se consideran como una sola idea o concepto o están estrechamente relacionados.

|  |  |
|---|---|
| **Estos libros** y **papeles** son míos. | *These books and papers are mine.* |
| **Esas bolsas, blusas** y **faldas** son de María. | *Those purses, blouses, and skirts are María's.* |

**C.** Basándose en la relación señalada en el número *102*, el uso de los adjetivos demostrativos es como sigue.

(1) **Este, esta, estos** y **estas** se usan para señalar algo o alguien que está cerca de la persona que habla en el espacio, en la idea, en el tiempo o en el pensamiento.

|  |  |
|---|---|
| **Esta** novela es muy interesante. | *This novel is very interesting.* |
| **Este** pensamiento lo tengo siempre presente. | *I have this thought always present.* |
| **Esta** tarde no estudio. | *I'm not studying this afternoon.* |

(2) **Ese, esa, esos** y **esas** se usan para señalar algo o alguien que está cerca de la persona a quien se habla, o no muy distante de la persona que habla, en el espacio, en la idea o en el tiempo.

|  |  |
|---|---|
| **Esas** fiestas de Madrid duran toda la noche. | *Those Madrid parties last all night.* |
| **Esos** jóvenes son mis hermanos. | *Those young men are my brothers.* |
| **Esos** días yo no estaba allí. | *I wasn't there in those days.* |

(3) **Aquel, aquella, aquellos** y **aquellas** se usan para señalar algo o alguien que está lejos de la persona que habla en el espacio, en la idea o en el tiempo.

|  |  |
|---|---|
| **Aquel** incidente se me había olvidado. | *I had forgotten that incident.* |
| **Aquel** hombre que viene a lo lejos es mi profesor. | *That man coming in the distance is my professor.* |
| **Aquellos** años eran de felicidad. | *Those years were happy ones.* |

**D.** En ocasiones, el adjetivo demostrativo se usa después del nombre con el propósito de demostrar viveza y, en otros casos, aprecio, desagrado, desprecio o lástima.

|  |  |
|---|---|
| Qué ojos **esos**. | *What lovely eyes.* |
| ¡Qué tipo **ese**! | *What a character.* |

Los tiempos **aquellos** eran mejores.    *Those times were better.*
El infeliz **ese**                         *That poor chap*

## 105. Cuadro sinóptico de los pronombres demostrativos

*Singular*

| MASCULINO | | FEMENINO | |
|---|---|---|---|
| éste | *this one, the latter* | ésta | *this one, the latter* |
| ése | *that one* | ésa | *that one* |
| aquél | *that one, the former* | aquélla | *that one, the former* |

*Plural*

| | | | |
|---|---|---|---|
| éstos | *these, the latter* | éstas | *these, the latter* |
| ésos | *those* | ésas | *those* |
| aquéllos | *those, the former* | aquéllas | *those, the former* |

| NEUTROS | |
|---|---|
| esto | *this* |
| eso | *that* |
| aquello | *that* |

## 106. Los pronombres demostrativos: sus usos

**A.** Los pronombres demostrativos tienen la misma forma que los adjetivos demostrativos con la diferencia de que llevan un acento escrito.

**Ésta** (fiesta) es una verdadera       *This (one) is a real party.*
   fiesta.

¿No es **aquél** Pedro?                  *Isn't that (one) Pedro?*
¿No es **ésa** Margarita?                *Isn't that (one) Margarita?*

**B.** Los pronombres demostrativos muestran su concordancia con el nombre o cosa a que sustituyen.

**Ésos** (niños) son mis hijos.          *Those (children) are my sons.*
**Aquéllas** (maletas) están viejas.     *Those (suitcases) are old.*
**Ésta** (chaqueta) y **aquéllos**       *This (jacket) and those (pants) are*
   (pantalones) son de Pepe.                *Pepe's.*

**C.** **Éste, ésta, éstos** y **éstas** se usan para traducir **la última** (**el último,** etc.) y **aquél, aquélla, aquéllos** y **aquéllas** se usan para traducir **el primero** (**la primera,** etc.). A diferencia del inglés, **éste** se usa primero que **aquél.**

A **ésta** se lo había dicho muchas       *He had said it many times to the*
   veces                                      *latter.*

| | |
|---|---|
| Pedro y Juan cayeron enfermos; **éste** (Juan) se fue a casa, pero **aquél** (Pedro) se quedó en clase. | *Pedro and Juan both got sick; the latter went home, but the former stayed in class.* |

**D.** El uso de los pronombres demostrativos se determina siguiendo las mismas reglas señaladas para los adjetivos demostrativos. (Véase la letra **C** del número *104.*)

| | |
|---|---|
| **Éste** (aquí mismo), **ése** (ahí) y **aquél** (allá) son mis regalos. | *This one (right here), that one (there, not too far) and that one (there, farther off) are my gifts.* |

**E.** **Ésta** se usa para referirse a la carta que uno está escribiendo, **ésa** a una carta que se escribió hace algún tiempo.

| | |
|---|---|
| En **ésta** te adjunto cinco pesos de regalo. | *In this one I enclose five pesos for you as a gift.* |
| En **ésa** él te contaba lo sucedido. | *In that one he told you what happened.* |

## 107. Los pronombres demostrativos neutros

**A.** **Esto, eso** y **aquello** son las formas invariables de los pronombres neutros que se usan siguiendo las mismas reglas que los adjetivos y pronombres. No llevan acento ya que no hay adjetivos neutros. Se refieren a: (a) cosas u objetos que no sabemos qué son y cuyo género por tanto desconocemos; y (b) ideas, declaraciones, situaciones, acciones o hechos.

| | |
|---|---|
| ¿Qué es **eso** debajo de la mesa? | *What is that under the table?* |
| **Esto** es pasarla bien. | *This is (really) having a good time.* |
| ¿Qué es **aquello** allá lejos? | *What is that over there (at a distance)?* |

**B.** Cuando se hace una pregunta usando uno de los pronombres demostrativos neutros, generalmente, aun en el caso de que se conozca el género, se usa el pronombre neutro en la respuesta.

| | |
|---|---|
| ¿Qué es **eso** que tienes escondido en la mano? | *What is that you have hidden in your hand?* |
| **Esto** es un anillo. | *This is a ring.* |
| ¿Y **eso**? | *And that?* |
| **Eso** es tu regalo. | *That is your gift.* |

**C.** **Esto, eso** y **aquello** seguidos de la preposición **de** se usan como sustitutos de *"this (that) matter (problem, question, idea, business) of."*

| | |
|---|---|
| **Eso de** venir temprano (la idea) no me gusta. | *I don't like the idea of coming early.* |

**Aquello del** accidente (el hecho)
no se me olvida.

*I cannot forget that matter of the accident.*

**D. Eso es** y, en ocasiones, **eso** se usan para mostrar nuestra conformidad con algo que se ha propuesto o dicho.

¿Son cien dólares los que te debo? **Eso es.**

*Do I owe you one hundred dollars? That's correct.*

¿Quieres un refresco? **Eso.**

*Do you want a cold drink? Yes.*

## 108. Sustitutos aparentes de los demostrativos

**A. El (la, los, las) de** se usan como traducción de *that of, those of, the one(s) with (in, on)* cuando no tienen función demostrativa sino simplemente sustituyen un nombre.

Me gustan tu auto y **el de** Pedro.
*I like your car and Pedro's.*

Quería mi libro y **los de** Jorge.
*He wanted my book and Jorge's.*

Prefiero esta tienda a **la de** la ciudad.
*I prefer this store to the one in the city.*

**B. El (la, los, las) que** se usan para traducir *that (those) which (who); the one(s) which, who.*

**Las que** vinieron son norte-americanas.
*Those that came are North Americans.*

**Los que** trajeron están nuevos.
*Those (the ones) they brought are (look like) new.*

Esta camisa y **la que** te compré son azules.
*This shirt and the one I bought you are blue.*

# II · *EJERCICIOS*

**(A)** Sustituyan las palabras en negrita (adjetivos posesivos y nombres) por los pronombres posesivos correspondientes. En los casos de posible confusión, usen la forma preposicional aclaratoria.

Me trajeron **su auto.**
**Me trajeron el suyo (el de él, el de ella, etc.).**

1. Le escribían a **mi hermana.**
2. **Tu perro** es de raza.

3. Vendrán **tu tía** y su tía.
4. No hemos querido **vuestras sábanas.**
5. **Nuestras amigas** asisten al teatro.
6. Enséñeme sus **trabajos.**

**(B)** Procedan de acuerdo con el modelo.

> ¿Tiene su auto?   (él)
> **¿Tiene el auto de él?**

1. Llegó **su abuelo.**   (usted)
2. Me habían traído **sus gafas.**   (ellos)
3. Planchaban **sus faldas.**   (ella)
4. ¿Leyó **su revista?**   (él)
5. ¿Había tocado **su guitarra?**   (él)
6. Enviaron **sus cartas** por correo.   (ellas)

**(C)** Contesten las preguntas siguientes de acuerdo con el modelo.

> ¿Cuáles son estos libros? (mis libros)
> **Son los míos.**
> ¿De quién es el auto? (mi auto)
> **Es mío.**

1. ¿Cuál es esta manzana?   (tu manzana)
2. ¿De quién es este mango?   (vuestro mango)
3. ¿Cuáles son estas casas?   (sus casas)
4. ¿De quiénes son estos lápices?   (nuestros lápices)
5. ¿Cuál es esta regla?   (mi regla)
6. ¿De quién es esta mesa?   (su mesa)

**(D)** Cambien los sujetos, tal como se indica en el modelo. Hagan todos los cambios necesarios.

> Esos zapatos y los suyos son negros.   (esta camisa)
> **Esta camisa y la suya son negras.**

1. Aquellos muchachos y los de al lado son altos.   (esas niñas, esa muchacha, estos niños, aquel chico)
2. Esos coches y los míos son nuevos.   (aquel radio, estos libros, esas plumas, esa silla)
3. Estas frutas y las tuyas están verdes.   (esas manzanas, aquella piña, ese plátano, aquel mango)
4. Esta planta y la del jardín han florecido.   (aquellas dalias, este crisantemo, esas orquídeas, estos árboles)

5. Esos regalos y el de él no me gustan.   (esta mesa, esas noticias, aquellos relojes, este cuadro)

6. Aquel vestido y el de mi hermana son baratos.   (aquella falda, estas blusas, esa cartera, estos pendientes)

(E) Sustituyan los adjetivos demostrativos y los nombres que modifican por pronombres demostrativos, tal como se indica en el modelo.

> Estas casas son de Pepe.   (este edificio, aquellos coches)
> **Éstas son de Pepe.**
> **Este edificio es de Pepe.**
> **Éste es de Pepe.**
> **Aquellos coches son de Pepe.**
> **Aquéllos son de Pepe.**

1. **Esa corbata** es de Francisco.   (este reloj, esas gafas, aquellas camisas, ese pantalón)

2. **Aquellas casas** son tuyas.   (este traje, esos sombreros, aquel lápiz, estas plumas)

3. **Estos coches** son míos.   (aquel avión, esa lancha, este radio, esas bicicletas)

4. **Ese postre** es delicioso.   (esas manzanas, aquella fruta, esos platos, esta piña)

5. **Aquel muchacho** es alto, moreno y guapo.   (esas muchachas, este chico, esas actrices, aquellos alumnos)

6. **Ese profesor** es rico, soltero y agradable.   (aquel médico, estos abogados, esa amiga, aquel invitado)

(F) Usen los sujetos indicados y hagan todos los cambios necesarios, tal como se indica en el modelo.

> Aquellos libros y los de María son nuevos.   (este vestido)
> **Este vestido y el de María son nuevos.**

> Aquellos libros y los que María tiene son nuevos.   (este vestido)
> **Este vestido y el que María tiene son nuevos.**

1. **Esas novelas** y las de la biblioteca son interesantes.   (aquel periódico, esta revista, esos libros)

2. **Aquel coche** y el que yo tengo son del último modelo.   (estas bicicletas, esos camiones, aquellos buses)

3. **Este traje** y el de la vidriera son azules.   (aquellas camisas, esos vestidos, esta capa)

4. **Esa playa** y la de tu pueblo son grandes.   (aquellas fábricas, estos mercados, ese edificio)

(G)  Usen **éste** y **aquél,** tal como se indica en el modelo.

> Pedro y Juan son amigos. Pedro nació en Sudamérica, Juan en Norteamérica.
> **Pedro y Juan son amigos; éste nació en Norteamérica, aquél en Sudamérica.**

1.  María y Elena son estudiantes. María lee mucho, Elena nada.
2.  El médico y el dentista van de vacaciones. El médico va al Brasil, el dentista a España.
3.  El jardinero y el carpintero trabajan. El jardinero empieza a las ocho, el carpintero a las diez.
4.  Eduardo y Osvaldo vuelven a casa. Eduardo regresa corriendo, Osvaldo caminando.
5.  Mi tía y mi prima juegan a las cartas. Mi tía gana dinero, mi prima lo pierde.

# III·EJERCICIOS DE REPASO

Formen los comparativos de inferioridad, igualdad y superioridad, tal como se indica en el modelo. Presten atención al uso de **tan** o **tanto, -a, -os, -as.**

> Mi prima es delgada. La profesora es delgada.
> **Mi prima es menos delgada que la profesora.**
> **Mi prima es tan delgada como la profesora.**
> **Mi prima es más delgada que la profesora.**

1.  Francisco es gordo. Carlos es gordo.
2.  Mi suegro es calvo y feo. Tu abogado es calvo y feo.
3.  Esta alumna es bonita. Aquella alumna es bonita.
4.  Mi reloj es caro. Tu sortija es cara.
5.  Yo tengo sueño y hambre. Tú tienes sueño y hambre.
6.  Ellos son simpáticos. Mis invitados son simpáticos.

# IV·EJERCICIOS DE VERBOS[16]

> **dar**   *to give; to strike, hit*      **decir**   *to say; to tell*

**Dar** presenta irregularidades en el presente y pretérito de indicativo y en el presente e imperfecto de subjuntivo. **Decir** presenta irregularidades en el presente, pretérito y futuro de indicativo; en el potencial simple; en el presente e imperfecto de subjuntivo; en el gerundio; y en el participio pasivo.

---

[16] Véase el Apéndice D en la página 321.

**(A)** Cambien las formas verbales de acuerdo con el sujeto indicado. Hagan los cambios necesarios.

1. **Dimos** los boletos al portero.   (yo, usted, ustedes, vosotros, tú)
2. Le recomendé que **dijera** la verdad.   (ellos, Carlos, tú, vosotros, ustedes)
3. Quiere que **dé** la respuesta.   (nosotros, ellos, tú, ella, vosotros)
4. María **dice** que no.   (Juan y yo, Pedro y Carmen, tú, usted, vosotros)
5. Yo vi cuando le **diste** las medias.   (ustedes, ella, vosotros, ellos, Pedro)
6. Pedro **dirá** lo que sucedió.   (tú, nosotros, yo, Juan y Josefina, vosotros)

**(B)** Cambien el párrafo siguiente al plural, después al singular y plural del pretérito o el imperfecto de indicativo, según corresponda. Hagan todos los cambios necesarios.

Yo le **doy** a mi hijo todo lo que me **pide.** Él siempre **dice** que yo **soy** un buen padre. Yo le **digo** a mi amigo que no —que el que **da** todo a su hijo no le **da** una enseñanza buena.

**(C)** Cambien los infinitivos entre paréntesis a todos los tiempos y modos.

1. Yo (dar) un buen ejemplo.
2. Él (decir) su opinión.

# LECCIÓN 10

## Sección Primera

### I · DIÁLOGO

#### Los estudiantes y la política

*(Pedro está sentado en el salón de recibo° del dormitorio en que vive. Está muy preocupado° leyendo una carta. No parece el mismo[1] muchacho alegre y jovial de siempre.[2] Hay algo distinto en él. En ese momento llega Juan.)*

JUAN   ¿Qué tal, Pedro? ¿Cómo te va?°

PEDRO   Pues no muy bien. Acabo de recibir[3] carta de un amigo y me dice que mataron a un estudiante de la ciudad en que vivo y a quien conocía desde hace tiempo.

JUAN   ¡Qué noticia más triste! ¡Cuánto lo siento![4] Pero, ¿por qué lo mataron? ¿Cómo y dónde sucedió?[5]

PEDRO   El presidente de la Federación Estudiantil y otros más acordaron una huelga. Después, alrededor de[6] doscientos estudiantes salieron en una manifestación por las calles. No tenían permiso y tuvieron problemas con la policía, lo que provocó el tiroteo.

JUAN   ¿Quién crees tú que tuvo la culpa?°

PEDRO   Por supuesto,[7] la policía. Disolvieron la manifestación a palos y a tiros.[8] ¡Qué sinvergüenzas! Pero, no te preocupes,[9] quien la hace la paga...°

[1] *He doesn't seem the same*
[2] *as usual*
[3] *I have just received*
[4] *How sorry I am!*
[5] *How and where did it happen?*
[6] *around, about*
[7] *Of course*
[8] **a palos... tiros**   *by clubbing and shooting*
[9] *don't you worry*

JUAN   Bueno, cálmate,° que todavía no entiendo bien. Pero antes de[10] continuar la conversación, saquemos unos helados de la máquina[11] que está allí en el pasillo. Así se te pasará un poco la excitación.[12]

### Cierto o falso

Las frases u oraciones siguientes expresan hechos ciertos o falsos con respecto al diálogo anterior. Cada alumno leerá una de ellas, y su compañero más cercano contestará sí o no completando la respuesta.

1. Pedro está sentado en el comedor del dormitorio.
2. Está muy contento leyendo una revista.
3. Acaba de recibir un paquete de su padre.
4. Mataron a un conocido de Pedro.
5. Los estudiantes acordaron una fiesta.
6. Quinientos estudiantes salieron en una manifestación.
7. Pedro dice que la policía tuvo la culpa.

## II · DIÁLOGO (continuación)

*(Los dos amigos sacan unos helados de la máquina y reanudan su charla.)*

JUAN   ¿Cuál fue la razón de la huelga y la manifestación? ¿Qué es lo que hizo el gobierno?

PEDRO   El gobierno aprobó el aumento del precio de los pasajes en los ómnibus, lo cual inició el problema. Posteriormente° alguien quemó una estación de ómnibus y, como siempre,° acusaron a los estudiantes. Además, prendieron a tres estudiantes que llevaban armas.

JUAN   Pero, ¿qué tienen que° ver los estudiantes con el precio de los pasajes?

PEDRO   Pues, mucho. Si ellos no defienden al pueblo, ¿quién lo va a defender? Los estudiantes tienen ideales y no tienen miedo° de lo que pueda suceder.

JUAN   Bueno, hoy no quiero discutir contigo. Estás muy nervioso.

---

[10] *before*
[11] **saquemos... de la máquina**   *let's get some ice cream from the vending machine*
[12] **Así... excitación**   *This way you will cool down a little.*

Otro día hablaremos con más tranquilidad de este problema, pues
he leído que en las universidades latinoamericanas hay idealistas,
pero también hay muchos agitadores profesionales y extremistas,
que utilizan a los estudiantes para sus propios fines.[13]

PEDRO   Sí, es mejor que no sigamos hablando de este problema. Ya
te he dicho que el muchacho a quien mataron yo lo conocía y
estoy muy disgustado.

JUAN   Bueno, te dejo. Allá hay un grupo de muchachas entre las que
se encuentra Elena. Necesito hablarle. Hasta luego.

PEDRO   (*Sin prestarle atención a Juan, hablándose a sí mismo*) Voy a
escribir al Presidente de la República. Esto no puede continuar
así.°

## Preguntas

Contesten, con frases completas, las preguntas siguientes de acuerdo
con el diálogo anterior. Cada respuesta deberá tener por lo menos
cinco palabras.

1.  ¿Qué sacan los amigos de la máquina?
2.  ¿Qué hizo el gobierno?
3.  ¿Qué fue lo que se quemó?
4.  ¿A quiénes acusaron?
5.  ¿Por qué no quiere discutir Juan con Pedro hoy?
6.  ¿Qué ha leído Juan?
7.  ¿A quién ve Juan?
8.  ¿Qué se dice Pedro a sí mismo?

## Preguntas relacionadas con usted

1.  ¿Dónde está el dormitorio en que usted vive?
2.  ¿Es usted una persona alegre y jovial?
3.  ¿Ha recibido usted alguna noticia esta semana?
4.  ¿Qué clase de helado le gusta a usted?
5.  ¿Con quién charló usted ayer?
6.  ¿Han aumentado el precio de los pasajes en los ómnibus en esta
    ciudad?
7.  ¿Está usted excitado hoy? Disgustado?
8.  ¿Va usted a escribir una carta hoy? ¿A quién?
9.  ¿A quién ve usted en esta clase?
10. ¿Con quién necesita usted hablar hoy?

[13] *own ends*

# III·*HABLEMOS EN ESPAÑOL*

1. ¿Cuál es su opinión de las universidades latinoamericanas?
2. ¿Cuál es su opinión de las universidades norteamericanas?
3. ¿Cuál es su opinión de esta universidad o colegio?
4. ¿Prefiere usted las universidades con una gran inclinación hacia los asuntos políticos nacionales?
5. ¿Qué es más importante para el estudiante, la política o los estudios?
6. ¿Qué piensa usted de las manifestaciones estudiantiles?
7. ¿Por qué cree usted que la mayoría de las universidades en Latinoamérica tienen tantas huelgas?
8. ¿Por qué cree usted que vienen tantos estudiantes latinoamericanos a estudiar a los Estados Unidos?
9. ¿Opina usted que los estudiantes pueden tener libertad completa en las universidades?
10. ¿Cree usted que los estudiantes tienen suficiente libertad en esta universidad? ¿En lo personal? ¿En lo académico?
11. ¿Deben los estudiantes tener el derecho a evaluar a sus profesores y clases?
12. ¿Cómo deben ser las relaciones entre los estudiantes y los profesores?
13. ¿Cree usted que sus profesores o maestros siempre están dispuestos a contestar preguntas?
14. ¿Cree usted que su consejero está interesado en ayudarlo(la) a usted?

# IV·*MODISMOS Y EXPRESIONES*

no poder continuar (seguir) así   *to have to be stopped; not to be able to continue in that way*
qué tener que ver (algo) con   *what (something) has to do with*
tener la culpa   *to be to blame*
calmarse   *to calm down*
tener miedo de   *to be afraid of*
estar preocupado   *to be concerned*

(A) Cambien las formas verbales en negrita al tiempo indicado.

1. Los estudiantes no **tenían** miedo.   (pluscuamperfecto de indicativo)

2. Eso no **puede** seguir así.   (imperfecto de indicativo)
3. El lechero **ha tenido** la culpa del accidente.   (potencial simple)
4. Después de la manifestación, **se habían calmado.**   (pretérito de indicativo)
5. ¿Qué **tenía que ver** una cosa con la otra?   (futuro de indicativo)
6. El pueblo **está** muy disgustado.   (potencial compuesto)

> posteriormente   *later on*
> como siempre   *as always*
> salón de recibo   *reception room*
> ¿Cómo te va?   *How are you doing?*
> Quien la hace la paga.   *He who does wrong suffers.*

**(B)** Completen las frases siguientes con uno de los modismos o expresiones anteriores.

1. Pablo, _____, ha llegado tarde.
2. Está esperándote en el _____ del edificio.
3. _____, se enteraron de lo sucedido; pero ya era tarde para hacer algo.
4. El ladrón fue castigado; _____.
5. Cuando me preguntó "_____", yo le dije, "Bien mal".

**(C)** Si su profesor se lo ordena, estén preparados para usar, en forma escrita u oralmente, en una frase u oración, los anteriores modismos o expresiones.

# Sección Segunda

# I · GRAMÁTICA

## 109. *Llevar* contra *hacer que*

En la Lección 1 vimos el uso del verbo **hacer** en expresiones de tiempo: **hacer** + tiempo + **que** + verbo (acción o estado) o verbo (acción o estado) + **hace** + tiempo.

> **Hace un mes que la conocí.**
> **La conocí hace un mes.** (acción) } *I met her a month ago.*

> **Hace un mes que está** aquí.
> **Está** aquí **hace un mes.** (estado) } *He has been here a month.*

El verbo **llevar** se puede usar en algunos de esos casos, más o menos con el mismo significado, con la diferencia que **llevar** puede conjugarse en cada persona.

**A. Llevar** (presente de indicativo) + tiempo = **hace** + tiempo + **que** + **estar** (estado).

> **Llevo tres horas** en la clase. = **Hace tres horas que estoy** en la clase.
>
> *I have been in the class for three hours.*

Otras combinaciones usuales:

> **Llevaba tres horas** en la clase. = **Hacía tres horas que estaba** en la clase.
>
> *He had been in the class for three hours.*

> **Llevará tres horas** en la clase. = **Hará tres horas que está** en la clase. (probabilidad en el presente)
>
> *He probably has been in the class three hours.*

> **Llevaría tres horas** en la clase. = **Haría tres horas que estaba** en la clase. (probabilidad en el pasado)
>
> *He probably had been in the class three hours.*

**B. Llevar** (presente de indicativo) + tiempo + gerundio = **hace** + tiempo + **que** + verbo (acción).

> **Llevo tres horas bailando.** = **Hace tres horas que bailo.**
>
> *I have been dancing for three hours.*

Otras combinaciones usuales:

> **Llevaba tres horas bailando.** = **Hacía tres horas que bailaba.**
>
> *He had been dancing for three hours.*

> **Llevará tres horas bailando.** = **Hará tres horas que baila.** (probabilidad en el presente)
>
> *He probably has been dancing for three hours.*

> **Llevaría tres horas bailando.** = **Haría tres horas que bailaba.** (probabilidad en el pasado)
>
> *He probably had been dancing for three hours.*

**C. Llevar** + tiempo + **sin** + infinitivo se usa en expresiones negativas.

| | |
|---|---|
| **Llevo tres horas sin bailar.**[14] | *I haven't been dancing for three hours.* |
| **Llevaba tres horas sin bailar.**[15] | *I hadn't danced for three hours.* |

## 110. *Preguntar (preguntar por)* contra *pedir*

**Preguntar**   *to ask a question about something; to inquire about*
**Preguntar por**   *to ask for (about) something or someone*
**Hacer (una) pregunta**   *to ask (a) question*
**Pedir**   *to ask for; to petition, request, beg; to claim*

| | |
|---|---|
| **Pregunté** el resultado. | *I asked about the result.* |
| **Pregunta** si sabemos lo que pasa. | *He asks if we know what is happening.* |
| **Preguntaba por** la hora de llegada. | *He was asking for the arrival time.* |
| Nos **había preguntado por** Pedro. | *He had asked us about Pedro.* |
| El profesor le **hace una pregunta** a Juan. | *The professor is asking Juan a question.* |
| Nos **harán** muchas **preguntas.** | *They will ask us many questions.* |
| Pedro **pide** el menú. | *Pedro is asking for the menu.* |
| Juan **pidió** a Pedro que lo ayudara. | *Juan asked Pedro to help him (requested that Pedro help him).* |
| **Pedía** su dinero. | *He was asking for his money.* |

**Pedir** y **preguntar** (**por**) tienen significados diferentes. Se pregunta cuando se desea o necesita saber o conocer algo. Se pide cuando se desea o necesita un objeto o que se realice una acción.

| | |
|---|---|
| **Pide** el libro. | *He is asking for (requesting) the book.* |
| **Pregunta por** el libro. | *He is asking (inquiring) about the book.* |
| **Pedí** el resultado. | *I asked for (requested) the result (outcome).* |
| **Pregunté** el resultado. | *I inquired about the result.* |

---

[14] También se dice: **Llevo tres horas que no bailo.**   *I haven't been dancing for three hours.*
[15] También se dice: **Llevaba tres horas que no bailaba.**   *I hadn't danced for three hours.*

## 111. *Cuestión* contra *pregunta*

**Pregunta**   question = *query requesting information or details as an answer*
**Cuestión**   question = *matter or topic being discussed*
**Es cuestión de**   *it's a matter of*
**Pregunta** y **cuestión** tienen significados diferentes.

| | |
|---|---|
| La **pregunta** es importante. | *The question is important.* |
| La **cuestión** es importante. | *The matter being discussed (under consideration) is important.* |
| Tenía muchas **preguntas** que contestar. | *He had many questions to answer.* |
| Tenía muchas **cuestiones** que resolver. | *He had many matters to resolve.* |

## 112. Cuadro sinóptico de los relativos

que   *who, whom, which, that*
quien, -es   *who, whom; he who, those who, the one(s) who*
el (las, los, las) que   *who, whom, which; he who, those who, the one(s) who*
el (la, los, las) cual, -es   *who, whom, which*
lo que   *which*
lo cual   *which*
cuanto, -a, -os, -as   *all that (which), all those (who), as much (many) as*
cuyo, -a, -os, -as   *whose, of whom, of which*

## 113. Los relativos: su función

Los relativos sirven para referir lo expresado en la cláusula u oración al nombre o pronombre que representan. Este nombre o pronombre se llama el *antecedente*.

Hay agitadores    que    utilizan a los estudiantes.

*antecedente*  *relativo*    *juicio expresado*

*There are agitators that use the students.*

Hay un grupo de muchachas    entre las que    está Elena.

*antecedente*    *relativo*  *juicio expresado*

*There is a group of girls one of whom is Elena.*

### 114. Los relativos: sus usos

**A.** Los relativos (pronombres y adjetivos), con excepción de **que,** que es invariable, concuerdan en género y número con el antecedente o con el nombre que modifican.

| | |
|---|---|
| Hay varias **muchachas entre las cuales** está Margarita. | *There are several girls one of whom is Margarita.* |
| Son los **muchachos de quienes** nos hablaron. | *They are the boys whom they spoke to us about.* |

**B.** Con excepción de **que,** todo pronombre relativo usado como objeto directo y refiriéndose a persona(s) llevará la **a** personal.

| | |
|---|---|
| El muchacho **a quien** mataron es amigo mío. | *The boy who(m) they killed is my friend.* |
| Invitaré **a cuantos** encuentre. | *I will invite as many as I meet.* |

Excepción:

| | |
|---|---|
| El muchacho **que** mataron es amigo mío. | *The boy who(m) they killed is my friend.* |

**C.** Un pronombre relativo nunca se omite en español, como sucede a veces en inglés.

| | |
|---|---|
| La llamada **que** recibí era de mi profesor. | *The call I got was from my professor.* |

**D.** Cuando el pronombre relativo es objeto de una preposición, se sitúa inmediatamente después de ésta. No se puede separar como, en ocasiones, se hace en inglés.

| | |
|---|---|
| Un muchacho de la ciudad en **que** vivo | *A boy from the city I live in* |

### 115. Estudio individual de los relativos

**A. Que** *who, whom, which, that:* Es el relativo más usado en español. Como hemos dicho, tiene una sola forma. Puede ser usado como sujeto u objeto del verbo. Se refiere a personas o cosas.

| | |
|---|---|
| El dormitorio **en que** vivo | *The dormitory in which I live* |
| El muchacho **que** mataron es su amigo. | *The boy whom they killed is his friend.* |

Tres estudiantes **que** llevaban
armas

*Three students that carried guns*

**Que** se usa, comúnmente, con las preposiciones cortas **a, de, en** y **con**. En estos casos, se refiere a cosas.

La ciudad **en que** vivía

*The city in which I used to live*

La pluma **con que** escribe es de
plata.

*The pen with which he writes is
silver.*

Es el libro **de que** te hablé.

*It is the book that I spoke to you
about.*

**B. Quien**   *who, whom, he who, those who, the one(s) who:* Se refiere solamente a personas. Se puede usar como sujeto u objeto del verbo. Su plural es **quienes**. Sus usos más comunes son:

(1) Como traducción de *who*, cuando el relativo se separa de la oración principal por una coma.

Vine con María, **quien** no conocía
la ciudad.

*I came with María who didn't know
the city.*

(2) Después de preposiciones, por supuesto, refiriéndose a personas.

Invitaron a una muchacha **a quien**
no conocía.

*They invited a girl whom he didn't
know.*

La muchacha **con quien** fui a la
fiesta

*The girl with whom I went to the
party*

Es el capitán **de quien** te hablé.

*He's the captain I spoke to you
about.*

(3) Con el significado de *he who, the one who, those who, etc.* En estos casos **el (la, los, las) que** también se pueden usar.

**Quien (el que)** la hace la paga.

*He who does wrong suffers.*

**Quien (el que)** estudia saca buenas
notas.

*He who studies gets good grades.*

**C. El (la, los, las) que** y **el (la, los, las) cual, -es**   *who, whom, which; he who, those who, the one(s) who:* Estos relativos, que se refieren a personas y cosas, se usan sustituyendo a **que** y **quien**, en los casos siguientes:

(1) Para mayor claridad o para evitar confusión, ya que teniendo cuatro formas, permiten identificar el antecedente sin originar ninguna duda.

Mi novia, **la que (cual)** conociste
ayer, me trajo la carta.

*My girlfriend, the girl you met
yesterday, brought me the letter.*

| | |
|---|---|
| El traje, **el cual (que)** era nuevo, le quedaba bien. | *The suit, which was new, fit him well.* |
| Mis primas, **las que (cuales)** conociste ayer, me trajeron la carta. | *My cousins, whom you met yesterday, brought me the letter.* |
| Los zapatos, **los que (cuales)** eran nuevos, le quedaban bien. | *The shoes, the ones that were new, fit him well.* |

(2) Con el significado de *which* después de todas clases de preposiciones, especialmente de dos o más sílabas y, en especial, después de **por** y **sin** y todas aquellas preposiciones con las que se formaría una conjunción con el uso de **que.**

| | |
|---|---|
| Hay un grupo de muchachas **entre las que (cuales)** está Elena. | *There is a group of girls, one of whom (which) is Elena.* |
| Al norte estaba la ciudad **hacia la que (cual)** íbamos. | *To the north was the city toward which we went.* |
| Me vendían una maleta **por la que (cual)** me pedían treinta pesetas. | *They were selling me a suitcase for which they were asking thirty pesetas.* |
| Necesito unos libros **sin los que (cuales)** no puedo estudiar. | *I need some books without which I can't study.* |

Noten que sólo **el (la, los, las) que** se pueden usar como sustitutos de **quien** con el significado de *he who, those who, etc.,* como hemos visto en **B** (3) y también como un cuarto demostrativo como vimos en la Lección 9.

| | |
|---|---|
| **Quien (el que)** tiene dinero tiene amigos. | *He who has money has friends.* |

**D. Lo que**[16] **y lo cual**  *which:* Estos relativos neutros se usan cuando el antecedente es una idea, una acción, una declaración o un hecho.

| | |
|---|---|
| Tuvieron problemas, **lo que (cual)** provocó el tiroteo. | *They had problems, which provoked the shooting.* |
| El gobierno aprobó el aumento, **lo cual (que)** inició el problema. | *The government approved the increase, which started the problem.* |
| Llegaron temprano, **lo que** me sorprendió. | *They arrived early, which surprised me.* |

**E. Cuanto, -a, -os, -as**  *all that (which), all those (who), as much (many) as:* Es un relativo compuesto, que se usa como pronombre y adjetivo. Tiene el mismo sig-

---

[16] Hay ocasiones en que **lo que** tiene una función más de demostrativo que de relativo: ¿Qué es **lo que** hizo el gobierno?  *What is it that the government did?*

nificado que **todo** (-a, -os, -as) **el** (**la, los, las**) **que** (*all that*), y comúnmente va precedido de **todo.** El neutro **cuanto** es bastante común.

| | |
|---|---|
| **Cuantos (todos los que)** se examinaron sacaron una A. | *All those who took the test received an A.* |
| **Cuantas (todas las)** veces **(que)** llamó estabas ausente. | *All those times that he called you were absent.* |
| **Cuanto (todo lo que)** tengo es tuyo. | *All that I have is yours.* |

**F. Cuyo, -a, -os, -as** *whose, of whom, of which:* Éste es un adjetivo relativo que tiene cuatro formas e indica posesión. Se refiere a personas y cosas. Concuerda con el nombre que modifica. No se debe usar como interrogativo.

| | |
|---|---|
| El hombre **cuya hija** tu conocías preguntó por ti. | *The man whose daughter you knew asked about you.* |
| El niño **cuyos padres** son ingleses nació en Chicago. | *The boy whose parents are English was born in Chicago.* |
| La casa **cuyas puertas** son azules es mía. | *The house whose doors are blue is mine.* |

## 116. Cuadro sinóptico de los interrogativos

¿Qué?   *What? Which?*
¿Quién, -es?   *Who? Whom?*
¿De quién, -es?   *Whose?*
¿Cuál, -es?   *Which one(s)? What?*
¿Cómo?   *How?*
¿Cuánto, -a?   *How much?*
¿Cuántos, -as?   *How many?*
¿Dónde?   *Where?*
¿Adónde? (¿A dónde?)   *Where to?*
¿Por qué?   *Why?*
¿Para qué?   *What for?*
¿Cuándo?   *When?*

## 117. Los interrogativos: sus usos

**A.** Los interrogativos son pronombres, adjetivos o adverbios que se usan para formular preguntas.

| | |
|---|---|
| ¿**Qué** tal Pedro? | *How are things, Pedro?* |
| ¿**Qué** le sucede? | *What is the matter with him?* |
| ¿**Cuándo** viene? | *When is he coming?* |
| ¿**Dónde** y **cómo** sucedió? | *Where and how did it happen?* |

**B.** Los interrogativos siempre llevan acento ortográfico, incluso en aquellos casos de preguntas indirectas.

| | |
|---|---|
| ¿**Cómo** te va? | *How are you doing?* |
| ¿**Cómo** se siente usted? | *How do you feel?* |
| Quiere saber **cómo** me siento. | *He wants to know how I feel.* |
| Dígame **cuándo** viene su hermano. | *Tell me when your brother is coming.* |

**C.** Los interrogativos en preguntas directas se deben colocar al principio de la pregunta, solamente precedidos por el signo de interrogación o por la preposición que pueda formar parte del interrogativo.

| | |
|---|---|
| ¿**Quién** crees tú que tuvo la culpa? | *Who do you think was to blame?* |
| ¿**Qué** quería que le dieras? | *What did he want you to give him?* |
| ¿**De dónde** llega? | *Where does he arrive from?* |
| ¿**A qué** hora vendrá? | *At what time will he come?* |
| ¿**Cuál** fue la razón de la huelga? | *What was the reason for the strike?* |
| ¿**Por qué** lo mataron? | *Why did they kill him?* |

**D.** Nótese que la combinación de los interrogativos con las varias preposiciones permite la creación de innumerables interrogativos compuestos, algunos de los cuales mencionamos a continuación.

| | | | | |
|---|---|---|---|---|
| a qué | a quién | a cuál | a cuántos | a dónde |
| ante qué | ante quién | ante cuál | ante cuántos | hacia dónde |
| de qué | de quién | de cuál | de cuántos | de dónde |
| en qué | en quién | en cuál | en cuántos | en dónde |
| para qué | para quién | para cuál | para cuántos | para dónde |
| por qué | por quién | por cuál | por cuántos | por dónde |

## 118. Estudio individual de los interrogativos

**A.** ¿**Qué**?: Es pronombre y adjetivo.

(1) Como pronombre traduce *what?* Se usa para pedir una definición o explicación.

| | |
|---|---|
| ¿**Qué** es lo que hizo el gobierno? | *What did the government do?* |
| ¿**Qué** tienen que ver los estudiantes con el precio de los pasajes? | *What do the students have to do with the prices of the fares?* |
| ¿**Qué** es la anatomía? | *What is anatomy?* |
| ¿**Qué** es un número ordinal? | *What is an ordinal number?* |
| ¿**Qué** quiere? | *What does he want?* |
| ¿**Qué** pregunta? | *What does he ask?* |
| ¿**Qué** es eso? | *What is that?* |

(2) Como adjetivo traduce *what?* y *which?* Se refiere a personas y cosas.

| | |
|---|---|
| **¿A qué** hora vienes? | *At what time are you coming?* |
| **¿De qué** novela hablan? | *What novel are you talking about?* |
| **¿Qué** libro quieres? | *Which (What) book do you want?* |
| **¿Qué** programa te gusta? | *Which (What) program do you like?* |

B.  **¿Cuál(es)?** Se usa comúnmente como pronombre. Traduce *which? which ones?* y *what?*

| | |
|---|---|
| **¿Cuál** fue la razón de la huelga? | *What was the reason for the strike?* |
| **¿Cuál** es el número? | *Which is the number?* |
| **¿Cuáles** vienen? | *Which ones are coming?* |
| **¿A cuál** viste? | *Which one did you see?* |

**¿Cuál?** se usa también como adjetivo en algunos lugares de Hispanoamérica.

| | |
|---|---|
| **¿Cuáles** novelas leyeron? | *Which novels did you read?* |
| **¿En cuál** hotel viven? | *In which hotel do they live?* |

C.  **¿Qué?** contra **¿Cuál?** con el verbo **ser**.
**¿Qué** + **ser** + nombre = Definición
**¿Cuál?** + **ser** + nombre = Selección

| | |
|---|---|
| **¿Qué** es el problema? | *What is the problem?* (Definición) |
| **¿Cuál** es el problema? | *Which (one) is the problem?* (Selección) |
| **¿Qué** es la solución? | *What is the solution?* (Definición) |
| **¿Cuál** es la solución? | *Which (one) is the solution?* (Selección) |
| **¿Qué** es un juez? | *What is a judge?* (Definición) |
| **¿Cuál** es el juez? | *Which (one) is the judge?* (Selección) |
| **¿Qué** es eso? | *What is that?* (Definición) |
| **¿Cuál** es la capital de Argentina? | *What is the capital of Argentina?* (Selección) |

D.  **¿Quién(es)?:** Se usa sólo como pronombre y se refiere a personas. Traduce *who?* y *whom?*

| | |
|---|---|
| **¿Quién** lo va a defender? | *Who is going to defend it?* |
| **¿Quién** tuvo la culpa? | *Who was to blame?* |
| **¿A quién** viste? | *Whom did you see?* |
| **¿Quiénes** estudian? | *Who are studying?* |

**E.** **¿De quién(es)?:** Se usa para preguntar por la posesión o propiedad de algo. También con los otros significados de la preposición **de.** Traduce *whose?* y *from whom?*

| | |
|---|---|
| **¿De quiénes** son los lápices? | *Whose pencils are they?* |
| **¿De quién** es ese coche? | *Whose car is that?* |
| **¿De quién** recibiste carta? | *From whom did you get a letter?* |

**F.** **¿Cómo?** Se usa para preguntar por el estado de una persona o cosa, por el modo o manera de hacer algo. Traduce *how?*

| | |
|---|---|
| **¿Cómo** estaba la situación? | *How was the situation?* |
| **¿Cómo** sucedió? | *How did it happen?* |
| **¿Cómo** se hace? | *How does one do it?* |
| **¿Cómo** te sientes (encuentras)? | *How are you feeling?* |

**¿Qué tal?** traduce también *how?*, pero sólo refiere a la evaluación de una persona o cosa.

| | |
|---|---|
| **¿Qué tal** te sientes (encuentras)? | *How are you feeling?* |
| **¿Qué tal** la cena? | *How is (was) dinner?* |
| **¿Qué tal** el libro? | *How do you like the book?* |

**¿Cómo?** precedido por la preposición **a** se usa comúnmente para preguntar por el precio de una cosa en relación con una unidad cualquiera. Traduce *What is the price (per . . .)?*

| | |
|---|---|
| **¿A cómo** se venden las uvas? | *What is the price (per unit) of* |
| Se venden a veinte centavos la libra | *grapes?* |
| (la docena, el racimo, el ciento, | *They sell for twenty centavos per* |
| etc.). | *pound (dozen, bunch, hundred,* |
| | *etc.).* |
| **¿A cómo** cuestan? | *How much do they cost (per unit)?* |

**G.** **¿Cuánto, -a?** y **¿cuántos, -as?:** Se usan como pronombres y adjetivos refiriéndose a personas y a cosas. Traducen *how much?* y *how many?*

| | |
|---|---|
| **¿Cuánto** cuesta? | *How much does it cost?* |
| **¿Cuánto dinero** tiene usted? | *How much money do you have?* |
| **¿Cuántos** vinieron? | *How many came?* |
| **¿Cuántos** muchachos vinieron? | *How many boys came?* |
| **¿Cuántas** muchachas vinieron? | *How many girls came?* |

**H.** **¿Dónde?** y **¿adónde?:** **¿Dónde?** tiene un sentido más genérico y sirve para preguntar por la situación de una persona o cosa. **¿Adónde?** (**¿a dónde?**) tiene un carácter más específico. Traduce, comúnmente, *in which direction* y se usa con verbos de movimiento. Traducen *where?* y *where to?*

| ¿**Dónde** sucedió? | *Where did it happen?* |
| ¿**Adónde** vas ahora? | *Where are you going now?* |
| ¿**Dónde** vives? | *Where do you live?* |

I. **¿Por qué?** y **¿para qué?:** ¿**Por qué?** se usa para preguntar por la causa, razón o motivo de una acción. ¿**Para qué?** se usa para preguntar por la finalidad, propósito, destino y posible resultado de una acción. Traducen *why?* y *what for?*

| ¿**Por qué** lo mataron? | *Why did they kill him?* |
| ¿**Por qué** lo compraste? | *Why did you buy it?* |
| ¿**Por qué** lo necesitaba? | *Why did he need it?* |
| ¿**Para qué** lo compraste? | *What did you buy it for?* |
| ¿**Para qué** lo usas? | *What do you use it for?* |

J. ¿**Cuándo?:** Se usa para preguntar por el tiempo o el momento de una acción. Traduce *when?*

| ¿**Cuándo** llegó Pedro? | *When did Pedro arrive?* |
| ¿**Cuándo** lo hará? | *When will he do it?* |
| ¿**Cuándo** es la fiesta? | *When is the party?* |

## 119. Exclamaciones: sus usos

Los interrogativos se pueden usar en exclamaciones manteniendo el acento ortográfico, pero cambiando el signo de interrogación al de admiración ( ¡... ! ).

| ¡**Cuánto** dinero tienes! | *What a lot of money you have!* |
| ¡**Qué** pena! | *How sad!* |

Hay oraciones que al mismo tiempo formulan una pregunta y producen una exclamación. En esos casos se usan el signo de interrogación y el de admiración.

| ¡**Quién** lo hubiera dicho? | *Who would have said it?* |

## 120. Estudio individual de los interrogativos usados en exclamaciones

A. ¡**Qué!:**

(1) ¡**Qué** + nombre = *What a(n)* + noun! Noten que el artículo indefinido no se usa en español.

| ¡**Qué** noticia! | *What a piece of news!* |
| ¡**Qué** muchacha! | *What a girl!* |
| ¡**Qué** tipo! | *What a character!* |

Cuando el nombre se modifica por un adjetivo que se coloca a continuación del nombre, **más** o **tan** se sitúan entre el nombre y el adjetivo: (**Qué** + nombre + **más** [**tan**] + adjetivo = *what a(n)* + adjective + noun.

| | |
|---|---|
| ¡**Qué** noticia **más** interesante! | *What an interesting piece of news!* |
| ¡**Qué** muchacha **tan** linda! | *What a pretty girl!* |

Sin embargo, cuando se invierte el uso del adjetivo, y se coloca delante del nombre, no se usa **más** ni **tan**.

| | |
|---|---|
| ¡**Qué** interesante noticia! | *What an interesting piece of news!* |
| ¡**Qué** linda muchacha! | *What a pretty girl!* |

¡**Vaya un, -a...** ! en ocasiones, sustituye a ¡**Qué...** !, más o menos con el mismo significado.

| | |
|---|---|
| ¡**Vaya** una notica! | *What a piece of news!* |
| ¡**Vaya** una muchacha! | *What a girl!* |

(2) ¡**Qué**! seguido de un adjetivo se usa con el significado de *How... !*

| | |
|---|---|
| ¡**Qué** sinvergüenza! | *How shameless!* |
| ¡**Qué** simpática! | *How nice!* |

El apócope ¡**Cuán**! tiene el mismo significado que ¡**Qué**! delante de un adjetivo, pero solamente se usa en literatura.

| | |
|---|---|
| ¡**Cuán** terrible es la falta de libertad! | *How terrible the lack of liberty is!* |

**B.** ¡**Cuánto, -a, -os, -as!**: Se usa con el significado de *how, how much, how many* en exclamaciones.

| | |
|---|---|
| ¡**Cuánto** lo siento! | *How sorry I am!* |
| ¡**Cuántas** mentiras! | *How many lies!* |

**C.** ¡**Cómo!**: Seguido de un verbo, tiene un significado de exclamación en sentido de perfección o intensidad en la manera de hacer algo.

| | |
|---|---|
| ¡**Cómo** me divertía! | *What a good time I had!* |
| ¡**Cómo** lo extrañaré! | *How I will miss him!* |

**D.** ¡**Quién!**: En exclamaciones, tiene más o menos el mismo uso que en inglés, cuando lo importante sea subrayar la emoción, y no formular una pregunta. Comparen este ejemplo con el último del número **119**.

| | |
|---|---|
| ¡**Quién** haría tal cosa! | *Who would do such a thing!* |

# II · EJERCICIOS

(A) Sustituyan **hacer** por **llevar** en las expresiones de tiempo siguientes. Hagan los cambios necesarios.

> Hace una semana que estoy en París.
> **Llevo una semana en París.**

1.  Hace un mes que estás en la universidad.
2.  Hace cinco días que vienes a verme.
3.  Hacía mucho rato que leía.
4.  Hacía años que no iba al cine.
5.  Estoy en el hotel hace dos horas.
6.  Preparo mis clases hace un largo rato.
7.  No venía hacía siete meses.
8.  No escribo chino hace mucho tiempo.

(B) Sustituyan las oraciones siguientes con **pedir** o **preguntar**, tal como se indica en el modelo.

> Deseo una manzana.
> **Pido una manzana.**
>
> Deseaba saber si habían estudiado.
> **Preguntaba si habían estudiado.**

1.  Quiero la maleta.
2.  Querría conocer lo que sucedió.
3.  Deseaban sus gafas.
4.  Desearás saber lo que dijo el médico.
5.  Necesitábamos un abrigo por el invierno.
6.  Necesitan saber dónde vive.

(C) Llenen los espacios en blanco usando *pregunta* o *cuestión* según corresponda.

1.  Lea las _____ del cuestionario.
2.  Él volverá pronto; ya es _____ de minutos.
3.  Repita la _____, por favor.
4.  La inflación es una _____ difícil de resolver.
5.  No puedo contestar todas las _____.
6.  La _____ planteada es triste.

(D) Únanse las oraciones siguientes usando **que** o **quien**, según corresponda y de acuerdo con el modelo.

> ¿Conoces a esa muchacha? El profesor nos habló de ella.
> **¿Conoces a esa muchacha de quien el profesor nos habló?**

Había visto a tus primos. Entraban al cine.
**Había visto a tus primos que entraban al cine.**

1. Me trae el abrigo. Lo compré anoche.
2. Ayer llegó la muchacha. De ella habíamos hablado.
3. Ésos son los soldados. Atacaron la ciudad.
4. Tenía muchas novias. Con ellas salía diariamente.
5. Vivían en una casa vieja. En ella había goteras.
6. Ésa es la ciudad. A ella me dirigía.
7. Me llamó tu primo. Con él me había encontrado.
8. Al salir a la calle vi a los jugadores. Entraban en el ómnibus.

**(E)** Sustituyan **que** o **quien** con **el (la, los, las) que** y **el (la, los, las) cual, -es.** Háganse ambas sustituciones cuando sea posible, tal como se indica en los modelos.

El primo, **quien** vive en México, es médico.
**Mi primo, el que vive en México, es médico.**
**Mi primo, el cual vive en México, es médico.**

**Quien** venga, no me encontrará.
**El que venga, no me encontrará.**

1. Vinieron tres muchachas **que** decían ser francesas.
2. ¿Fue Pedro **quien** rompió el disco?
3. Ésas son las enfermeras de **quienes** conversábamos.
4. Es él a **quien** me refería.
5. **Quien** conduzca velozmente tendrá problemas.
6. El juicio de **que** me hablaste ayer terminó.
7. Ayer llegó la profesora con **quien** vas a trabajar.
8. **Quien** la hace la paga.

**(F)** Únanse las frases u oraciones siguientes usando **lo que** o **lo cual,** tal como se indica en los modelos. Mantengan las preposiciones cuando éstas aparecen.

Iba a mucha velocidad. Esto le costó una multa.
**Iba a mucha velocidad, lo que (cual) le costó una multa.**

Tenía dolor de cabeza. Por eso tomé unas aspirinas.
**Tenía dolor de cabeza por lo que (cual) tomé unas aspirinas.**

1. Llegamos tarde al estadio. Por eso no conseguimos entradas.
2. Había pedido perdón. Eso me gustó mucho.
3. Tenía muchos problemas. Por eso estaba enferma.
4. Quería venir a verme. Eso era imposible.
5. Me comí tres manzanas. Con eso se me calmó el hambre.
6. Vinieron el mes pasado. De eso me alegré.

(G) Sustitúyanse las palabras en negrita con las indicadas. Hágan los cambios correspondientes.

1. Murió el senador cuyo **hijo** conocías.   (hermanos, tías, abuela, amigo)
2. Cuantos **chicos** vinieron se fueron.   (chicas, jóvenes, primos, tías)
3. Cuanto **dinero** tuve lo perdí.   (plata, oro, utilidad, ingreso)
4. Ése es el profesor Díaz, cuyo **libro** se publicó el mes pasado.   (obras, cuentos, novela, historieta)

(H) Usen ¿qué? o ¿cuál, -es?, según corresponda.

1. ¿_____ de las dos es su hermana?
2. ¿_____ libro quiere?
3. ¿_____ es la capital de Panamá?
4. ¿_____ es eso que está ahí?
5. ¿_____ son los que compraste?
6. ¿_____ son las matemáticas?
7. ¿_____ auto tienes?
8. ¿_____ prefiere, el rojo o el azul?

(I) Cambien a preguntas las oraciones siguientes, sustituyendo las palabras en negrita por el interrogativo indicado, tal como se indica en el modelo.

**¿Qué?**

Ellos encontraron **el libro.**
¿Qué encontraron ellos?

**¿Qué?**

1. Los recién casados querrán **un juego de cubiertos.**
2. El diputado dirá **el discurso principal.**
3. Se rompió la cabeza con **el hierro.**
4. Se quejaba de **su suerte.**
5. La zoología es **una ciencia.**
6. Prefiere **el libro verde.**

**¿Cuál, -es?**

1. Escogerá **el que está a la izquierda.**
2. Se decidió por **esos libros.**
3. La capital de Francia es **París.**

**¿Quién, -es?**

1. **Ese joven** fue el ganador.
2. **Los estudiantes** salieron en una manifestación.
3. **Mis parientes** visitaban a Juan.

**¿De quién, -es?**

1. Estas camisas son **de mi tío.**
2. El auto es **de mi consejero.**
3. La guitarra es **de Bértila.**

### ¿Cómo?

1. Su madre se había sentido **muy mal.**
2. Lo ha hecho **con sus propias manos.**
3. Pedro hablaba chino **rápida y perfectamente.**

### ¿Dónde?   ¿Adónde?

1. Lo pone **sobre la mesa.**
2. En este momento va **al cine.**
3. Ha colocado los libros **en los estantes.**
4. Regresaba **a su pueblo natal.**

### ¿Cuándo?

1. Los vendieron **la semana pasada.**
2. Viajarán a Europa **el mes que viene.**
3. Habían llegado **antes que él saliera.**

### ¿Cuánto, -a, -os, -as?

1. Su novia tiene **mucho** dinero en el banco.
2. El Dr. Soto tiene **cuatro** hijos.
3. Asistieron **quince** graduados a la ceremonia.
4. Tiene **más** paciencia **que Job.**

### ¿Por qué?   ¿Para qué?

1. Lo hizo **porque se lo habían pedido.**
2. Regresaron **para visitar a sus padres.**
3. El coche se detuvo **a causa de un desperfecto.**
4. Estudian **para aprender español.**

(J) Usen ¡**Qué!** o ¡**Cuánto, -os, -a, -as!** según sea el caso.

1. ¡_____ hombre tan inteligente!
2. ¡_____ dinero!   (cantidad)
3. ¡_____ agradable es María!
4. ¡_____ lo siento!   (cantidad)
5. ¡_____ muchachas bonitas!   (número)
6. ¡_____ aburrido!
7. ¡_____ tipo más pesado!

# III · EJERCICIOS DE REPASO

**(A)** Cambien al negativo.

1. **Alguno** lo sabrá.
2. **Siempre** lo hago.
3. **Algo** le pagarán por el trabajo.
4. **Alguien** preguntará que sucedió.
5. **O** mi hermano **o** mi tío pasarán por ti.

**(B)** Cambien al afirmativo.

1. **Tampoco** Elena lo sabía.
2. **Nunca** llega temprano.
3. **Ni** Pedro **ni** Juan saben el resultado.
4. **Nadie** me llevará a cenar.
5. **Nada** te mandó tu novia.

# IV · EJERCICIOS DE VERBOS[17]
**haber** *to have*      **hacer** *to do; to make*

**Haber** presenta irregularidades en el presente, pretérito y futuro de indicativo; en el potencial simple; y en el presente e imperfecto de subjuntivo. **Hacer** presenta irregularidades en el presente, pretérito y futuro de indicativo; en el potencial simple; en el presente e imperfecto de subjuntivo; en el imperativo; y en el participio pasivo.

**(A)** Contesten las preguntas siguientes, de acuerdo con la palabra indicada. No dejen de usar el verbo en negrita. Hagan los cambios que sean necesarios.

1. ¿**Hace** usted su trabajo siempre? (no)
2. ¿**Has** de llegar temprano a tu casa? (sí)
3. ¿Qué **quieres** (tú) que **haga**? (el desayuno)
4. ¿**Hizo** usted la comida? (no, el almuerzo)
5. ¿**Hay** un muchacho en la clase? (sí, seguro)
6. ¿Quién **haría** la tarea? (tu prima)
7. ¿**Cree** usted que **hará** frío? (no, calor)
8. ¿Cuál **habrá** de escoger? (el rojo)
9. ¿**Dije** que usted lo **hiciera**? (sí)
10. ¿**Hubieras pensado** tú tal cosa? (no, nunca)

**(B)** Cambien las preguntas anteriores al plural. Hagan los cambios necesarios. Formúlenselas a un compañero. Éste deberá responderlas.

[17] Véase el Apéndice D en la página 321.

# LECCIÓN 11

## Sección Primera

### I · *UNA CARTA*

#### Las universidades

*(Juan le ha escrito una carta a su profesor de español, que está de vacaciones de receso entre trimestres, para pedirle ayuda con un trabajo sobre las universidades hispanoamericanas que tiene que presentar en la clase de civilización hispanoamericana, donde ha recibido una calificación de incompleto. A continuación ofrecemos la contestación de su profesor.)*

Lake Placid, N. Y.
1 de marzo de 1974

Sr. Juan Clary
357 Avenida del Oeste
Ames, Iowa

Estimado Juan:

No me hace mucha gracia° interrumpir mis vacaciones, pues me había propuesto° olvidarme de todo lo relacionado con la universidad. Además, como le había dicho, me venía sintiendo muy cansado y me hacía falta° un buen reposo.

A pesar de[1] lo expresado anteriormente, habiéndole ofrecido mi ayuda cada vez° que me la pidiera, y sabiendo que su amigo Pedro no está como para° preguntarle, paso a darle[2] mi opinión acerca de[3] lo que considero son los problemas principales de las universidades hispanoamericanas y, en cierta forma, de las españolas. Antes de hacerlo, un

[1] *In spite of*
[2] *I'm going to give you*
[3] *about*

185

consejo sano:° la próxima vez° presente los trabajos a tiempo,[4] para que no le den un incompleto.

1. Las universidades hispanoamericanas tienen muchos estudiantes y pocos profesores. Para agravar la situación debido a los bajos salarios, los profesores lo son sólo parte del tiempo,° pues tienen necesidad de dedicarse al ejercicio de sus profesiones° el resto del tiempo.
2. La autonomía universitaria no ha sido debidamente usada por todos los profesores y estudiantes. Algunos profesores, sintiéndose protegidos por la inamovilidad en sus cátedras, pierden interés en sus clases; otros temen[5] a los estudiantes más radicales. Algunos estudiantes, olvidando para qué están en la universidad, desvían su atención completamente hacia los problemas políticos.

**Cierto o falso**

Las frases u oraciones siguientes expresan hechos ciertos o falsos con respecto a la carta anterior. Cada alumno leerá una de ellas, y su compañero más cercano contestará **sí** o **no,** completando la respuesta.

1. Juan le ha escrito una postal a su profesor de francés.
2. Tiene que pedirle unos libros.
3. Al profesor no le importa interrumpir sus vacaciones.
4. A pesar de todo, el profesor le da su opinión.
5. Las universidades hispanoamericanas tienen muchos profesores y pocos estudiantes.
6. Los salarios son muy altos.
7. La autonomía universitaria ha sido indebidamente usada.

# II · UNA CARTA (continuación)

3. La llamada "política estudiantil" ha sido y es un verdadero problema. Las universidades, de vez en cuando,° se convierten° en "campos de batalla".[6] Los grupos estudiantiles, representando, la mayoría de las veces, a los partídos políticos de izquierda, no sólo discuten con palabras, sino muchas veces con piedras y armas.
4. Los problemas políticos mencionados en el número anterior producen las llamadas huelgas estudiantiles y, otras veces, las suspensiones de clases por las autoridades universitarias. Todo esto trae

[4] *on time*
[5] *fear*
[6] *battlegrounds*

como consecuencia que las universidades permanecen cerradas[7] parte del año académico.

5. Dado que[8] el costo de la matrícula es mínimo, que no hay obligación de asistir a clases, y que el no pasar los exámenes no afecta para nada la permanencia del estudiante en la universidad, se producen los llamados estudiantes profesionales que están matriculados en las universidades años y años sin terminar nunca.

6. La insuficiencia de recursos económicos no permite° la instalación de nuevos equipos y laboratorios. La enseñanza, por lo tanto,[9] en las asignaturas de ciencias, es más teórica que práctica. Asimismo, las bibliotecas no tienen suficientes libros.

7. El sistema tradicional, con un rígido programa académico, todavía impera. Se presta más atención a lo europeo y a lo estadounidense que a lo nuestro. Se olvida aquel sabio pensamiento de Martí: "Nuestro vino es agrio,[10] pero es nuestro vino."

8. La proporción de los que estudian derecho y humanidades es muy grande. Esto se debe, en gran parte,° a las pocas oportunidades de trabajo para ingenieros, arquitectos, químicos, etc. La carrera de derecho permite trabajar para el gobierno y así buscarse[11] "el pan nuestro de cada día".[12]

9. Faltando una verdadera vida universitaria, pues casi nunca hay dormitorios ni muchas actividades fuera de las clases (no académicas), se pierde mucho del espíritu estudiantil. Hay deportes, fiestas y reuniones: se divierten los estudiantes, pero no es lo mismo.

Una advertencia muy importante: hay excepciones. Todas las universidades no son iguales ni tienen los mismos problemas; algunas, y se debe recalcar, son muy estrictas, y como centros de estudio son magníficas.

Bueno, creo que es suficiente. Espero que le sea útil la explicación. Le deseo buena suerte con su trabajo.

Su profesor y amigo,

*Arturo Sánchez*

Arturo Sánchez

Pd: Recuerde la conferencia que tenemos el segundo día de clases. Dígaselo a Pedro.

---

[7] *remain closed*
[8] *Due to the fact that*
[9] *therefore*

[10] *sour*
[11] *to look for*
[12] *..."el... día"    "our daily bread"*

**Preguntas**

Contesten con frases completas las preguntas siguientes, de acuerdo con la carta anterior. Cada respuesta deberá tener por lo menos cinco palabras.

1. ¿En qué se convierten las universidades, de vez en cuando, debido a la llamada "política estudiantil"?
2. ¿Qué producen los problemas políticos mencionados en el número 3 de la carta?
3. ¿Por qué se producen los estudiantes profesionales?
4. ¿Cuál es el resultado de la insuficiencia de recursos económicos?
5. ¿Qué les falta a las bibliotecas?
6. ¿Qué sistema impera?
7. ¿Cómo es la proporción de los que estudian derecho y humanidades?
8. ¿Por qué se pierde mucho del espíritu estudiantil?
9. ¿Cuál es la advertencia del profesor?

**Preguntas relacionadas con usted**

1. ¿Cuándo fue la última vez que usted le escribió a uno de sus profesores o maestros? ¿Para qué le escribió?
2. ¿Tiene usted que entregar o presentar algún trabajo o escrito (*paper*) esta semana? ¿En qué clase? ¿Cuál es el tema?
3. ¿Cuándo y adónde fue usted de vacaciones el año pasado?
4. ¿Se siente usted cansado hoy? ¿Necesita un buen reposo?
5. ¿Quién lo ayuda a usted cuando tiene que escribir algún trabajo o tarea?
6. ¿Presenta usted siempre los trabajos a tiempo?
7. ¿Se considera usted un estudiante radical?
8. ¿Pertenece usted a algún grupo político en esta universidad o colegio?
9. ¿Cuánto es el costo de la matrícula en esta universidad o colegio?
10. ¿Es la asistencia a clases obligatoria en esta universidad o colegio?
11. ¿Qué prefiere usted, la enseñanza teórica o práctica?

# III·HABLEMOS EN ESPAÑOL

1. ¿Qué sistema académico prefiere usted, uno rígido o uno con muchas asignaturas selectivas? ¿Por qué?

2. En su opinión, ¿qué proporción de asignaturas selectivas debe contener el programa para obtener el bachillerato?

3. ¿Está usted de acuerdo con los exámenes finales como medio para comprobar el aprendizaje? ¿Por qué (no)?

4. ¿Qué son más importantes, las pruebas o los exámenes finales?

5. ¿Qué cambios le gustaría ver en esta clase?

6. ¿Qué importancia se le debe dar a las ciencias cuando se estudian humanidades?

7. ¿Tiene usted alguna opinión sobre el sistema de pasar o fallar?

8. ¿Qué cambios les gustaría ver en el sistema de enseñanza de este colegio o universidad?

# IV · MODISMOS Y EXPRESIONES

permitir + infinitivo   *to allow (permit) to* + infinitivo
proponerse + infinitivo   *to resolve, make a resolution, intend to*
hacer falta   *to need, be lacking*
no estar como para   *not to be in the mood for*
el ejercicio de su(s) profesión(es)   *the practice of his (their) profession(s)*
no me hace mucha gracia   *it doesn't amuse me very much*
convertirse en   *to turn into, become*

(A) Contesten las preguntas siguientes. No dejen de usar el modismo o expresión en negrita.

1. ¿A quién no **permiten** fumar?
2. ¿Qué **se propone** hacer usted el fin de semana?
3. ¿Qué le **hace falta** a usted para comprar un auto nuevo?
4. ¿Cuándo **no está** usted **como para** bromas?
5. ¿Quiénes se dedican al **ejercicio de sus profesiones?**
6. ¿Cuándo **no le hace** a usted **mucha gracia** estudiar?
7. ¿En que **se convirtió** la casa después del fuego?

parte del tiempo   *part of the time*
un consejo sano   *a sound piece of advice*
cada vez   *each time*
en gran parte   *to a large extent, for the most part*
la próxima vez   *next time*
de vez en cuando (de cuando en cuando)   *from time to time*

(B) Sustituyan las palabras en negrita con uno de los modismos o expresiones anteriores que tenga el mismo o parecido significado.

1. **En cada ocasión,** hizo lo mismo.
2. Eso se debe, **casi por entero,** a su actuación.
3. **Por otra parte,** yo no estaba de acuerdo.
4. **Una buena recomendación** es una gran cosa.
5. Asistió a la conferencia, pero **por un rato** se quedó dormido.
6. **En la siguiente ocasión,** no me encontrarás aquí.
7. **De cuando en cuando** venía a verme.

(C) Si su profesor se lo ordena, estén preparados para usar, en forma escrita u oralmente, en una frase u oración, las anteriores modismos y expresiones.

# Sección Segunda

## I · GRAMÁTICA

### 121. Nombres colectivos

Los nombres colectivos, como regla genérica, usan la forma singular del verbo.

| | |
|---|---|
| La **familia vino** a verte. | *The family came to see you.* |
| El **pueblo estaba** cansado. | *The people were tired.* |
| La **sociedad es** responsable de lo sucedido. | *Society is responsible for what happened.* |

EXCEPCIÓN:

Sin embargo, cuando la referencia es a una parte total o parcial de un todo, y este todo se considera en total y así se expresa, entonces se usa normalmente la forma plural del verbo.

| | |
|---|---|
| **La mayoría** de los estudiantes **estudian** mucho. | *The majority of the students study a lot* |
| **Una gran parte** de los beneficiados **se opusieron** al acuerdo. | *A large part of the beneficiaries opposed the agreement.* |

Una **gran porción** de los soldados
**llegan** mañana.

*A large group of the soldiers arrive
tomorrow.*

## 122. Nombres que indican pluralidad

**A.** Hay nombres que en inglés implican una idea plural, pero que en español se usan en singular o en plural según corresponda. Los más comunes son: **negocio, negocios** (*business*); **mueble, muebles** (*furniture*); **noticia, noticias** (*news*); y **tontería, tonterías** (*foolishness*); etc.

Me dio **la noticia.**

*He gave me the piece of news.*

Me dio **las noticias.**

*He gave me the news.*

**El negocio** anda mal.

*The business is bad. (one business)*

**Los negocios** andan mal.

*Business is bad. (business in general)*

**B.** Hay un pequeño grupo de nombres que en español siempre o casi siempre se usan en plural y muestran su concordancia con artículos, adjetivos o verbos. De estos últimos los más comunes son: **calzoncillos** (*shorts*), **vacaciones** (*vacation*), **víveres** (*groceries*) y **tijeras** (*scissors*).

**Los víveres** están muy caros.

*Groceries are very expensive.*

Voy a comprar **unos calzoncillos**
rojos.

*I'm going to buy a pair of red shorts.*

## 123. Formas no personales del verbo

Las formas no personales del verbo no indican la persona gramatical que realiza la acción y no forman por sí oraciones, sino frases. Estas formas no personales del verbo son el gerundio, el participio (activo y pasivo) y el infinitivo.

## 124. Formación del gerundio

El gerundio, que es la forma adverbial y progresiva del verbo, resulta invariable. Corresponde al participio presente en inglés. Se forma añadiendo la terminación **-ando** a la radical de la mayoría de los verbos terminados en **-ar** y la terminación **-iendo** (**-yendo**) a la radical de la mayoría de los verbos terminados en **-er** e **-ir**.

habl/ar + -ando = **hablando**   *speaking*
cant/ar + -ando = **cantando**   *singing*
com/er + endo = **comiendo**   *eating*
le/er + yendo = **leyendo**   *reading*
viv/ir + iendo = **viviendo**   *living*
o/ír + yendo = **oyendo**   *hearing*

Algunos de los verbos que presentan cambios en la vocal de la radical sufren la misma variación en la formación del gerundio: pedir, **pidiendo;** sentir, **sintiendo;** dormir, **durmiendo.**

Los verbos cuyos infinitivos terminan en **-er** e **-ir** y cuya radical termina en vocal añaden la terminación **-yendo** en lugar de **-iendo:** leer, **leyendo;** oír, **oyendo;** caer, **cayendo;** creer, **creyendo;** destruir, **destruyendo;** etc.

## 125. El gerundio en los tiempos progresivos

El uso principal del gerundio en español es el de la formación de los tiempos progresivos con el verbo **estar** y con otros verbos como **ir, seguir, andar, venir, continuar, quedar(se),** etc., con el objeto de poner énfasis en el hecho de que la acción está, estaba o estará produciéndose de manera progresiva en un momento determinado, tal como vimos en el número **26** de la Lección 3.

| | |
|---|---|
| **Estoy revisando** el Capítulo Once. | *I'm revising Chapter Eleven.* |
| **Seguía llegando** tarde. | *He kept arriving late.* |
| **Vendrá hablando** sólo por la calle. | *He will come down the street talking to himself.* |

**A.** Con **estar.**

| | |
|---|---|
| Yo **estoy estudiando** el Capítulo Once. | *I'm studying Chapter Eleven.* |
| Yo **estaba estudiando** el Capítulo Once. | *I was studying Chapter Eleven.* |
| Yo **estuve estudiando** el Capítulo Once. | *I was studying Chapter Eleven.* |
| Yo **estaré estudiando** el Capítulo Once. | *I will be studying Chapter Eleven.* |
| Yo **he estado estudiando** el Capítulo Once. | *I have been studying Chapter Eleven.* |
| Yo **había estado estudiando** el Capítulo Once. | *I had been studying Chapter Eleven.* |
| Yo **habré estado estudiando** el Capítulo Once. | *I will have been studying Chapter Eleven.* |
| Yo **estaría estudiando** el Capítulo Once. | *I would be studying Chapter Eleven.* |
| Yo **habría estado estudiando** el Capítulo Once. | *I would have been studying Chapter Eleven.* |
| Yo **esté estudiando** el Capítulo Once. | *I may be studying Chapter Eleven.* |
| Yo **estuviera estudiando** el Capítulo Once. | *I would be studying (might have been studying) Chapter Eleven.* |

| | |
|---|---|
| Yo **haya estado estudiando** el Capítulo Once. | *I may have been studying Chapter Eleven.* |
| Yo **hubiera estado estudiando** el Capítulo Once. | *I might have been studying Chapter Eleven.* |

**B.** Con **ir, seguir, andar, venir, continuar** y otros verbos

| | |
|---|---|
| **Voy hablando** con el profesor. | *I am talking (I'm continuing to talk) with the professor.* |
| **Seguía llegando** tarde. | *He kept arriving late (He continued to arrive late).* |
| **Andaba mirando** a las muchachas. | *He went along (walked along) looking at the girls.* |
| **Vendrá caminando** desde la universidad. | *He will come walking from the university.* |
| **Ha continuado leyendo** el libro. | *He has continued reading (to read) the book.* |

Los gerundios de **estar, ir** y **venir** nunca se usan para formar los tiempos progresivos.[13]

| | |
|---|---|
| Pedro **viene** a visitarte. | *Pedro is coming to visit you.* |
| **Iba** a su casa. | *He was going home.* |

## 126. El gerundio como adverbio

El gerundio se usa como adverbio:

**A.** Para expresar las condiciones o circunstancias presentes al momento de realizarse la acción del verbo principal. En estos casos se traduce al inglés por *since, when, while* o *because.*

| | |
|---|---|
| **Faltando** la vida universitaria hacen otra cosa.   (circunstancia) | *(Because they lack) lacking university life, they do something else.* |
| **Siendo** muy joven se marchó a Francia.   (condición) | *When he was very young, he went away to France.* |
| **Mirando** a la muchacha tuvo el accidente.   (condición) | *(While) looking at the girl, he had the accident.* |

**B.** Para expresar el medio, causa o manera de hacer algo. Se traduce al inglés **por** *by (doing something), because, since, while,* etc.

| | |
|---|---|
| **Comiendo** y **durmiendo** mucho se ganan libras.   (medio) | *(By) eating and sleeping a lot, one gains weight.* |

[13] Muchos gramáticos consideran que el uso del gerundio del verbo **ser** (**siendo**) para formar la voz progresiva con **estar** es un anglicismo y no debe usarse.

| | |
|---|---|
| **Sintiéndose** mal se fue a casa. (causa) | *(Because he felt) feeling bad, he went home.* |
| **Riéndose** entró en la clase. (manera) | *(While) laughing, he entered the class.* |

**C.** En algunas pocas ocasiones para indicar el resultado de una acción o situación determinada.

| | |
|---|---|
| El huracán derribó los postes **produciendo** el apagón. | *The hurricane knocked over the poles, producing the blackout.* |
| Se le escapó un tiro **hiriendo** a su amigo. | *A shot got away from him (He fired accidentally), wounding his friend.* |

## 127. El gerundio como adjetivo

Solamente dos gerundios se pueden usar como adjetivos en español: **ardiendo** e **hirviendo**.

| | |
|---|---|
| Tenía el cuerpo **ardiendo** por la fiebre alta. | *His body was burning because of a high fever.* |
| El agua **hirviendo** le cayó encima. | *The boiling water fell on him.* |

En las demás ocasiones, para traducir del inglés el participio presente usado como adjetivo, se usan algunos adjetivos terminados en **-or;** el participio activo con sus formas **-ante, -ente** e **-iente;** el participio pasivo; y, en algunos casos, una cláusula relativa.

| | |
|---|---|
| Es un hombre **inspirador.** | *He is an inspiring man.* |
| Era un padre **amante** de sus hijos. | *He was a loving father to his children.* |
| Mi profesor es un hombre **bien parecido.** | *My professor is a very nice-looking man.* |
| Las murallas **que rodeaban** al castillo eran altísimas. | *The walls surrounding the castle were very high.* |

## 128. Otros usos del gerundio y omisiones

**A.** El gerundio se sitúa, en algunas ocasiones, inmediatamente después de los verbos de percepción como **observar, mirar, sentir, escuchar, ver** y **oír,** en sustitución del infinitivo.

| | |
|---|---|
| Oyó **cantando** (cantar) a los soldados. | *He heard the soldiers singing.* |
| Había visto **regresando** (regresar) a los oficiales. | *He had seen the officials returning.* |

**B.** El gerundio en español *nunca* se usa después de una preposición como sucede comúnmente en inglés. Es el infinitivo el que se usa en esos casos.

| | |
|---|---|
| Estaba cansado **de trabajar.** | *He was tired of working.* |
| Colón murió **sin saber** que había descubierto un nuevo continente. | *Columbus died without knowing he had discovered a new continent.* |

El uso del gerundio después de la preposición **en,** como se hacía en el pasado, ha sido totalmente desechado.

## 129. Gerundio contra el participio pasivo

**A.** Cuando lo que se expresa es el estado o el cambio del estado o condición de una persona o cosa y no una acción, se usa el participio pasivo usado como adjetivo y no el participio presente como en inglés.

| | | | |
|---|---|---|---|
| acostado | *lying (down)* | colgado | *hanging* |
| agarrado | *clinging* | dormido | *sleeping* |
| arrodillado | *kneeling* | escondido | *hiding* |
| | | sentado | *sitting* |

| | |
|---|---|
| El está **acostado** en la cama. | *He is lying on the bed.* |
| Había estado **dormido.** | *He had been sleeping.* |
| Yo estaba **agarrado** del muro. | *I was clinging to the wall.* |
| El traje está **colgado** en el escaparate. | *The suit is hanging in the store window.* |
| Lo vi **arrodillado** ante el altar. | *I saw him kneeling before the altar.* |
| Encontramos al niño **escondido** en el cuarto. | *We found the boy hiding in the room.* |

Noten que estos verbos describen posición o situación física.

**B.** Si lo que se expresa es una acción, entonces se usa el gerundio en forma reflexiva. Noten el contraste entre los ejemplos.

| | |
|---|---|
| **Está acostado** en la cama. ( estado ) | *He is lying on the bed.* |
| **Se está acostando** en la cama. ( acción ) | *He is lying down on the bed. (going through the motion)* |
| Yo **estaba agarrado** del muro. ( estado ) | *I was clinging to the wall.* |
| **Me estaba agarrando** del muro. ( acción ) | *I was clutching at the wall.* |

**C.** Otros casos comunes en que se usa el participio pasivo en español y en inglés el gerundio son:

| | |
|---|---|
| aburrido   *boring* | descreído   *unbelieving* |
| atrevido   *daring* | divertido   *amusing* |
| bien parecido   *good-looking* | |

Es un muchacho **bien parecido**.     *He is a good-looking boy.*

Mi novio es **aburrido**.     *My boy friend is boring.*

## 130. Los participios

Los participios son los derivados verbales que tienen casi siempre carácter de sustantivo o de adjetivo. Son de dos clases: los que expresan acción y se llaman **participios activos** o **de presente** y los que expresan estado o condición que son los **participios pasivos** o **de pasado**.

El **gobernante** es bueno. (el que     *The governor is good.*
gobierna) (activo)

Las **empleadas** llegaron tarde.     *The clerks arrived late.*
(las que han sido empleadas)
(pasivo)

## 131. El participio activo o de presente

El participio activo o de presente, como hemos dicho anteriormente, se forma añadiendo **-ante, -ente** e **-iente** a la radical de algunos verbos.

**amante** *lover*     **componente** *component*     **viviente** *living*

El participio activo o de presente denota acción y, como se desprende de lo mencionado en el párrafo que precede, no todos los verbos lo tienen, por lo que su uso es muy limitado, pasando muchos de ellos a considerarse como verdaderos sustantivos.

## 132. El participio activo: sus usos

El participio activo se usa como:

**A.** Sustantivo.

El **estudiante** llegó ayer.     *The student arrived yesterday.*
Vendrá el **teniente**.     *The lieutenant will come.*
Me gusta este **cantante**.     *I like this singer.*

**B.** Adjetivo.

Págueme con dinero **contante** y     *Pay me with ready and jingling*
**sonante**.     *money (cash).*

Había una brisa **refrescante**.
Le habló en tono **suplicante**.

*There was a refreshing breeze.*
*He spoke to him in a pleading tone.*

C. Adverbio.[14]

He comido **bastante**.
Durmió **durante** ocho horas.

*I have eaten enough.*
*He slept for eight hours.*

## 133. Formación del participio pasivo

El participio pasivo se forma añadiendo la terminación **-ado** a los verbos de la primera conjugación e **-ido** a los verbos de la segunda y tercera conjugación.

habl**ado**     com**ido**     viv**ido**

Cuando se usa con el verbo **haber** tiene forma invariable. En todos sus otros usos concuerda en género y número con la palabra que modifica o representa.

## 134. Los irregulares

Algunos verbos tienen participios pasivos irregulares. Unos pocos tienen una forma regular y una irregular. En estos casos, generalmente, la forma regular se prefiere para formar los tiempos compuestos y la irregular para el uso como adjetivo, aunque la práctica diaria nos indicará casos especiales. Los más comunes con una sola forma irregular son:

| | | | | | |
|---|---|---|---|---|---|
| abrir | *to open* | **abierto** | imprimir | *to print* | **impreso** |
| cubrir | *to cover* | **cubierto** | morir | *to die* | **muerto** |
| componer | *to compose* | **compuesto**[15] | poner | *to put* | **puesto** |
| decir | *to say, tell* | **dicho** | resolver | *to solve, resolve* | **resuelto** |
| escribir | *to write* | **escrito** | ver | *to see* | **visto** |
| hacer | *to do, make* | **hecho** | volver | *to turn, return* | **vuelto** |

El libro está **abierto**.
El asunto quedó **resuelto**.
Se ha **puesto** la chaqueta.

*The book is open.*
*The matter was resolved.*
*He has put on his jacket.*

Entre los más comunes que tienen dos formas están:

| | | |
|---|---|---|
| atender | *to take care of, pay attention to* | **atendido, atento** |
| bendecir | *to bless* | **bendecido, bendito** |
| concluir | *to conclude* | **concluido, concluso** |
| confesar | *to confess* | **confesado, confeso** |

[14] Son muy pocos los que se usan como adverbios.
[15] La mayoría de las irregularidades se mantienen en los verbos derivados: descomponer, **descompuesto**

| confundir | to confuse | confundido, confuso |
| convertir | to convert, change | convertido, converso |
| corregir | to correct | corregido, correcto |
| elegir | to elect | elegido, electo |
| freír | to fry | freído, frito |
| maldecir | to curse; to damn | maldecido, maldito |
| prender | to imprison | prendido, preso |
| proveer | to provide, supply | proveído, provisto |
| soltar | to loose, let go | soltado, suelto |
| sujetar | to subject; to subdue | sujetado, sujeto |

| | |
|---|---|
| Ella **ha atendido** al enfermo. | *She has cared for the sick person.* |
| El es un hombre **atento**. | *He is an attentive (polite) man.* |
| No **he corregido** los exámenes. | *I haven't corrected the exams.* |
| Eso es lo **correcto**. | *That is the correct one (what's correct).* |
| Han **prendido** al criminal. | *They have seized the criminal.* |
| El criminal está **preso**. | *The criminal is imprisoned.* |

## 135. El uso principal del participio pasivo: formación de los tiempos compuestos

El participio pasivo se usa con **haber** para formar los tiempos compuestos.

### Indicativo

| | |
|---|---|
| Yo **he comido**.   perfecto | *I have eaten.* |
| Yo **había comido**.   pluscuamperfecto | *I had eaten.* |
| Yo **hube comido**.   pretérito anterior | *I had eaten.* |
| Yo **habré comido**.   futuro perfecto | *I will have eaten.* |

### Subjuntivo

| | |
|---|---|
| Yo **haya comido**.   perfecto | *I may have eaten.* |
| Yo **hubiera (hubiese)** comido.   pluscuamperfecto | *I might have eaten.* |

### Condicional (potencial)

| | |
|---|---|
| Yo **habría comido**.   condicional perfecto | *I would have eaten.* |

Noten:

**A.** El participio pasivo usado para formar los tiempos compuestos no cambia. No importa si el sujeto es singular o plural, masculino o femenino.

| | |
|---|---|
| Yo he **comido**. | *I have eaten.* |
| Tú y yo hemos **comido**. | *You and I have eaten.* |
| Pedro ha **comido**. | *Pedro has eaten.* |
| Susana ha **comido**. | *Susana has eaten.* |

**B.** Como regla general, como hemos visto en el número **134,** cuando el participio pasivo tiene dos formas, se usa la regular para formar los tiempos compuestos.

**corregir:** (regular) corregido   (irregular) correcto
    No he **corregido** los exámenes.    *I haven't corrected the exams.*

**atender:** (regular) atendido   (irregular) atento
    El ha **atendido** al enfermo.    *He has cared for the sick person.*

Excepciones comunes:
Los participios pasivos regulares de los verbos

| | | | |
|---|---|---|---|
| **romper** (*to break*) | rompido | **proveer** (*to provide*) | proveído |
| **freír** (*to fry*) | freído | **prender** (*to arrest*) | prendido |

no se usan para formar los tiempos compuestos de estos verbos. Los irregulares **roto, frito, provisto** y **preso** se usan en esos casos.

| | |
|---|---|
| Canadá ha **roto** relaciones diplo-máticas con China Nacionalista. | *Canada has broken diplomatic relations with Nationalist China.* |
| Habían **frito** los plátanos cuando llegamos. | *They had fried the bananas by the time we arrived.* |

**Muerto,** que es el participio pasivo irregular del verbo **morir** (*to die*), se usa como participio pasivo del verbo **matar** (*to kill*).

| | |
|---|---|
| El enemigo **había muerto** muchos soldados. | *The enemy had killed many soldiers.* |

**Matado** se usa sólo con el sentido de *slaughtered* o *committed suicide.*

## 136. Otros usos del participio pasivo

Se usa también con el verbo **tener,** para formar la voz pasiva, como adjetivo, como nombre y en construcciones absolutas. En todos estos casos el participio pasivo mostrará su concordancia en género y número.

| | |
|---|---|
| **El niño** está **acostado**. | *The boy is lying down.* |
| **La niña** está **acostada**. | *The girl is lying down.* |
| **Los niños** están **acostados**. | *The children are lying down.* |
| **Las niñas** están **acostadas**. | *The children are lying down.* |

## 137. El uso del participio pasivo con *tener*

El participio pasivo, cuando el sentido lo permite, se usa con el verbo **tener** (en algunas ocasiones con **llevar**) para expresar de manera más terminante el resultado obtenido por una acción que se ha realizado.

| | |
|---|---|
| Tiene **escritos** los libros. | *He has the written (finished) books.* |
| Ha **escrito** los libros. | *He has written the books.* |
| Tenía **terminada** la composición. | *He had finished the composition.* |
| Había **terminado** la composición. | *He had the finished composition.* |

Noten que con **tener**[16] el participio es variable.

| | |
|---|---|
| Tenía **terminada** la composición. | *He had the finished composition.* |
| Tenía **terminado** el trabajo. | *He had finished the work. (the paper)* |
| Tenía **terminadas** las composiciones. | *He had finished compositions.* |
| Tenía **terminados** los trabajos. | *He had finished the works. (the papers)* |

## 138. El uso del participio pasivo en la formación de la voz pasiva

El participio pasivo se usa con el verbo **ser** para formar la voz pasiva. En este caso muestra su concordancia en género y número con el sujeto de la oración.

| | |
|---|---|
| La autonomía no ha sido debidamente usada. | *The autonomy has not been properly used.* |
| Los ladrones fueron capturados. | *The thieves were captured.* |
| Las muchachas serán invitadas. | *The girls will be invited.* |

## 139. El participio pasivo como adjetivo

**A.** El participio pasivo se usa como adjetivo en muchos casos y, como tal, muestra su concordancia en género y número con el nombre o pronombre que modifica.

| | |
|---|---|
| Los **muchachos muertos** eran hermanos. | *The dead boys were brothers.* |
| El **profesor** está muy **cansado.** | *The professor is very tired.* |
| La **silla usada** es verde. | *The used chair is green.* |
| Los **discos rotos** eran suyos. | *The broken records were yours.* |

[16] En unas pocas ocasiones, por razones históricas, el participio adopta una forma neutra con **tener. Tengo pensado** ir a México y Colombia. *I have thought of going to Mexico and Colombia.*

**B.** Como hemos visto en esta misma lección, el participio pasivo usado como adjetivo corresponde, en algunos casos, al *present participle* del inglés en su uso como adjetivo. (Véanse los casos del número **129.**)

| | |
|---|---|
| Él es muy **bien parecido.** | *He is very good-looking.* |
| Carlos es **aburrido,** pero su hermano es **divertido.** | *Carlos is boring, but his brother is amusing.* |
| Era un hombre **atrevido.** | *He was a daring man.* |

**C.** El participio pasivo se usa con **estar** para expresar una condición, situación o estado que resulta de una acción anterior.[17]

| | |
|---|---|
| Estaba muy **cansada.** | *She was very tired.* |
| Todos los restaurantes estaban **cerrados.** | *All the restaurants were closed.* |
| Las casas están **cubiertas** de nieve. | *The houses are covered with snow.* |

Con otros verbos como **quedar(se), encontrarse, hallarse, sentirse, verse** y con la mayoría de los verbos de movimiento, como **andar, correr, llegar, salir, venir,** etc., también se usa, con el objeto de indicar el estado o condición en forma más expresiva.

| | |
|---|---|
| **Se encuentra** muy **confuso.** | *He is (finds himself) very confused.* |
| **Me hallaba** muy **cansado.** | *I was (found myself) very tired.* |
| **Había llegado preocupado** por los acontecimientos. | *He had arrived worried about the events.* |

## 140. El participio pasivo usado como nombre

**A.** El participio pasivo, al igual que los adjetivos, puede ser usado como nombre. Algunos han llegado a considerarse como verdaderos nombres.

| | |
|---|---|
| Es un **hecho** cierto. | *It is a certain fact.* |
| Los **heridos** están en la enfermería. | *The wounded are in the infirmary.* |
| Las **empleadas** llegaron tarde. | *The clerks arrived late.* |

**B.** El participio pasivo se usa con el artículo neutro **lo** para formar nombres con sentido abstracto y con la traducción de *what has (have) been (expressed, heard, etc.).*

| | |
|---|---|
| A pesar de **lo expresado** lo voy a ayudar. | *In spite of what has been stated, I am going to help him.* |

[17] Por excepción, no se usan con el verbo **estar** los participios pasivos de los verbos **llenar** *(to fill)* y **limpiar** *(to clean),* sino los adjetivos **lleno** y **limpio.**

| | |
|---|---|
| **Lo ordenado** es un error. | *What has been ordered is an error.* |
| Le contarán **lo sucedido.** | *They will tell him what has happened.* |

## 141. El participio pasivo en construcciones absolutas

El participio pasivo se usa en las llamadas construcciones absolutas como sustituto de varias clases de cláusulas, pero fundamentalmente de cláusulas de tiempo donde la acción ha sido completada. En la mayoría de los casos se usa delante de la oración principal y traduce las cláusulas que en inglés comienzan con *as soon as, once, when, being, having been, since, after,* etc.

| | |
|---|---|
| **Terminado** (cuando terminó, al terminar) el partido, se fueron a casa. | *Upon finishing the game, they went home.* |
| **Destruidas** las casas por el fuego, quedaron sin hogar. | *Since the houses were destroyed by the fire, they were without a home.* |
| **Vendidos** los muebles, recibieron el dinero. | *As soon as they sold the furniture, they received the money.* |

## 142. El infinitivo

hablar   *to speak*        comer   *to eat*        escribir   *to write*

Los infinitivos son nombres verbales y por eso tienen características comunes con el nombre y con el verbo. El infinitivo tiene muchos usos semejantes en inglés y español. A continuación ofreceremos los usos principales del infinitivo.

## 143. El infinitivo usado como nombre

**A.** El infinitivo como nombre, con o sin el artículo definido masculino,[18] puede ser usado como sujeto, objeto de un verbo (directo e indirecto) u objeto de una preposición.

| | |
|---|---|
| **(El) interrumpir** mis vacaciones no me agrada.   (sujeto) | *The interruption of (Interrupting) my vacation doesn't please me.* |
| La carrera de derecho permite **trabajar.**   (objeto directo) | *The study of law (a law career) allows one to work.* |
| Ganó por **llegar** primero.   (objeto de una preposición) | *He won by arriving first.* |

---

[18] El uso del artículo definido masculino, que como hemos dicho es potestativo, se limita, en la práctica, al caso del infinitivo como sujeto. En la conversación diaria, aun como sujeto, es más común el uso sin el artículo.

**B.** Algunos infinitivos se han convertido en verdaderos nombres. Siempre se usan con el artículo masculino y, a veces, tienen un significado un poco diferente. Los casos más comunes son: **el andar** (*gait, mode of walking*), **el deber** (*duty*) y **el parecer** (*opinion*).

## 144. El infinitivo como complemento de nombres y adjetivos

**A.** En español un infinitivo como complemento de un nombre requiere, comúnmente, la preposición **de.** En inglés se usa sin preposición.

| | |
|---|---|
| Es la hora **de almorzar.** | *It is time to eat lunch.* |
| Tienen necesidad **de dedicarse** a otra cosa. | *They need to devote themselves to something else.* |

**B.** Como complemento de los adjetivos **digno, difícil, fácil, bueno, posible, imposible** y otros, un infinitivo en español va precedido de la preposición **de.**[19] En inglés no se requiere esta preposición.

| | |
|---|---|
| Es **imposible de creer.** | *It is impossible to believe.* |
| Era **fácil de hacer.** | *It was easy to do.* |

## 145. El infinitivo después de preposiciones

**A.** Contrario al uso en inglés, en español después de una preposición se usa un infinitivo y no el gerundio. Si se expresa el sujeto, éste sigue al infinitivo.

| | |
|---|---|
| **Antes de hacerlo,** un consejo sano... | *Before doing it, a sound piece of advice . . .* |
| Asisten a la universidad **sin terminar** nunca. | *They attend the university without ever finishing.* |
| **Con saber** Antonio la verdad era suficiente. | *Antonio's knowing the truth was sufficient.* |

**B.** Con el objeto de expresar propósito o finalidad se usa la preposición **para** seguida de un infinitivo. En los casos de verbos de movimiento, se usa la preposición **a** en sustitución de **para** con el mismo objeto.

| | |
|---|---|
| Juan le ha escrito **para pedirle** ayuda. | *Juan has written him to ask his help.* |
| No trabajan **para pagarse** los estudios. | *They don't work to pay for their studies.* |

[19] En muchos de estos casos, al igual que en la construcción impersonal ser + de + infinitivo, tienen un significado pasivo: **Sería de lamentar** que viniera.  *It would be a pity if he came.* **Es de temer** una cosa así.  *Something like that is frightening.*

Para agravar la situación sucede
eso.

To make the situation worse, that
happens.

Voy a verlo mañana.

I'm going to see him tomorrow.

C. **De** (antiguamente, **a** también) seguido de un infinitivo se usa como una oración adverbial condicional y sirve, por lo tanto, para sustituir la cláusula que comienza con **si** en las oraciones condicionales. (Véase el número **197**, Lección 15.)

**De tener dinero** (si tuviera dinero),
iría a California.

If I had money, I would go to
California.

**De haber venido** (si hubiera
venido), se habría enfermado.

If he had come, he would have
gotten sick.

D. En ocasiones un infinitivo a continuación de las preposiciones **sin** o **por** corresponde a un participio pasivo en inglés con el prefijo *un-*, aunque, por supuesto, el uso de un participio pasivo en español también es posible.

El libro está **sin (por) terminar.**

The book is unfinished.

Comparen:

El libro **no está terminado.**

The book is not finished.

## 146. *Al* más un infinitivo

En el caso de expresiones temporales se usa **al** más un infinitivo. Esta construcción traduce el inglés *on* o *upon* más un gerundio. También se puede usar una cláusula con el mismo significado.

**Al contrastar** esto (cuando se
contrasta esto, contrastando esto)
resulta una contradicción.

On contrasting this, it results in a
contradiction.

## 147. El infinitivo con verbos de percepción

El infinitivo se usa inmediatamente a continuación de los verbos de percepción como **escuchar, oír, ver, mirar** y **sentir.** En muchos de estos casos, como hemos visto, el gerundio puede sustituir al infinitivo.

La **vi llorar** mucho.

I saw her crying a lot.

La **escuché llorar** toda la noche.

I listened to her crying all night.

**Había escuchado cantar** al
muchacho.

He had listened to the boy singing.

## 148. El infinitivo y el subjuntivo

Con verbos que expresan voluntad, como **hacer, aconsejar, sugerir, mandar, dejar, rogar, ordenar, permitir, proponer** y otros, también se usa el infinitivo inmediatamente a continuación de los mismos. En estos casos, como se verá en la Lección 15, el infinitivo sustituye al subjuntivo, aun en el caso de un cambio en el sujeto.

| | |
|---|---|
| Me **había propuesto olvidarme** de todo. (no hay cambio de sujeto) | *I had resolved to forget everything.* |
| La carrera de derecho **permite trabajar·** (que trabajen) para el gobierno. (hay cambio de sujeto) | *The study of law (A law career) allows one to work for the government.* |
| Se **ordenó estudiar** esta noche.[20] | *Studying was ordered tonight.* |
| Te **ruego escribir** (que escribas) a tus padres. | *I beg you to write to your parents.* |
| Nos **aconseja ir** (que vayamos). | *He advises us to go.* |
| ¿Quién le **permitió ir** (que fuera)? | *Who allowed him to go?* |

## 149. El infinitivo en direcciones, anuncios, etc.

El infinitivo también se usa en direcciones impersonales, anuncios, mandatos afirmativos, exhortaciones, exclamaciones e interrogativos de esta clase.

| | |
|---|---|
| **Leer** la lección octava para el lunes. (mandato) | *Read lesson eight for Monday.* |
| **Tomar** cuatro cucharaditas al día. (dirección) | *Take four teaspoonfuls a day.* |
| **¡Ver** para **creer!** (exclamación) | *Seeing is believing!* |
| **¡A cantar, a reír, a bailar!** (exclamación) | *Sing, laugh, dance!* |
| Prohibido **fumar.** (mandato) | *Smoking is prohibited.* |

## 150. Verbos que llevan una preposición delante de un infinitivo

**A.** Hay verbos a los que sigue un infinitivo sin requerir una preposición. Se ofrecen algunos a continuación.

| | |
|---|---|
| **Evitó encontrarse** con el profesor. | *He avoided meeting the professor.* |
| **Deseo** dormir por un mes. | *I wish to sleep for a month.* |

---

[20] En algunos de estos casos, como en otros del número **147,** el uso del infinitivo tiene una función pasiva. Sólo el contexto de la oración nos distinguirá unos casos de los otros.

**Aconsejo estudiar** diariamente a mis hijos.

*I advise my sons to study daily.*

| | |
|---|---|
| aconsejar   *to advise to* | necesitar   *to need to* |
| afirmar   *to assent, affirm* | negar   *to deny* |
| asegurar   *to assure* | oír   *to hear, listen* |
| confesar   *to confess to* | pensar   *to intend to; to think* |
| conseguir   *to succeed in* | permitir   *to allow, permit to* |
| decidir   *to decide to* | preferir   *to prefer to* |
| desear   *to desire, wish to* | prometer   *to promise to* |
| esperar   *to hope, expect to* | recordar   *to recall, remember* |
| evitar   *to avoid* | saber   *to know how to* |
| impedir   *to prevent, keep from* | temer   *to fear* |

**B.** Hay verbos que requieren la preposición **a** delante de un infinitivo. Se ofrecen algunos a continuación.

Voy **a** narrarles la historia.
*I'm going to tell them a story.*
Comenzó **a** estudiar a las ocho.
*He began to study at eight o'clock.*
Invitaba **a** salir a Susana.
*He invited Susana to go out.*

| | |
|---|---|
| acostumbrarse a   *to become accustomed to* | invitar a   *to invite to* |
| aprender a   *to learn to* | ir a   *to go; to be going to* |
| ayudar a   *to help, aid to* | llegar a   *to come to; to suceed in* |
| comenzar a   *to begin to* | negarse a   *to refuse to* |
| condenar a   *to condemn to* | obligar a   *to oblige to; to obligate to* |
| convidar a   *to invite to* | ponerse a   *to start to* |
| decidirse a   *to decide to* | sentarse a   *to sit down to* |
| empezar a   *to begin to* | subir a   *to go (come) up to* |
| enseñar a   *to teach to* | venir a   *to come to* |

**C.** Hay verbos que requieren la preposición **de** delante de un infinitivo. Se ofrecen algunos a continuación.

Tú has **de** preparar una composición.
*You should prepare a composition.*
Se alegró **de** llegar temprano.
*He was glad to arrived early (that he arrived early).*

Había tratado **de** completar el trabajo.
*He had tried to complete the work.*

| | |
|---|---|
| acabar de   *to finish, have just* | dejar de   *to stop; to fail to* |
| acordarse de   *to remember to* | encargarse de   *to undertake to* |
| alegrarse de   *to be glad to* | haber de   *to have to; to be going to* |
| arrepentirse de   *to repent of* | olvidarse de   *to forget to* |

cansarse de   *to tire, grow weary of*
cuidar de   *to take care of;*
   *to beware of*
deber de   *must (have)*

quejarse de   *to complain of*
tratar de   *to try to*
tratarse de   *to be a question of*

**D.** Hay verbos que requieren la preposición **con** delante de un infinitivo. Se ofrecen algunos a continuación.

Soñé **con** dormir por una semana.
Me divertí **con** ver sus bailes.

*I dreamed of sleeping for a week.*
*I amused (enjoyed) myself by seeing his dances.*

Había contado **con** saber el resultado.

*He had counted on knowing the result.*

amenazar con   *to threaten with*
bastar con   *to be enough of*
contar con   *to count (rely) on*
divertirse con   *to amuse oneself by (with)*

entretenerse con   *to entertain oneself by (with)*
soñar con   *to dream of*

**E.** Hay verbos que requieren la preposición **en** delante de un infinitivo. Se ofrecen algunos a continuación.

Se empeña **en** estudiar más y más.

*He insists on studying more and more.*

Insistí **en** venir para la conferencia.

*I insisted on coming for the conference.*

Tardó **en** llegar cuatro horas.

*He was delayed four hours in arriving.*

complacerse en   *to take pleasure in*
confiar en   *to trust, hope to*
consentir en   *to consent to*
consistir en   *to consist in (of)*
convenir en   *to agree to*

empeñarse en   *to insist on, persist in*
insistir en   *to insist on*
sobresalir en   *to excel in*
tardar en   *to delay, be long in*

## 151. Verbos que cambian su significado delante de un infinitivo

El significado de unos pocos verbos cambia de acuerdo con la preposición que se usa o no delante del infinitivo que les sigue.

**Pensar** + infinitivo = *to intend.*

**Pienso ir** a Sudamérica en el verano.

*I intend to go to South America in the summer.*

**Pensar** + **en** + infinitivo = *to think about.*

**Pienso en** comer.

*I'm thinking about eating.*

**Pensar** + **de** + nombre (pronombre) = *to think of.*

    ¿Qué **piensa de** María?           *What do you think of María?*

**Acabar** (presente, imperfecto de indicativo) + **de** + infinitivo = *to have just.*

    **Acabo de terminar** mi tarea.      *I have just finished my assignment.*

**Acabar** (otro tiempo diferente de los anteriores) + **de** + infinitivo = *to finish.*

    **Acabaré de estudiar** la lección.     *I will finish studying the lesson.*

**Acabar** + **por** + infinitivo = *to end up by; to finally do something.*

    **Acabaré por ir** a verlo.         *I will end up by going to see him.*

**Dejar** + infinitivo = *to allow, let.*
Pedro **dejó caer** la taza.            *Pedro dropped the cup.*

**Dejar** + **de** + infinitivo = *to cease, stop.*

    **Dejé de fumar** hace cuatro años.    *I stopped smoking four years ago.*


## 152. El verbo *ir*

Además del uso normal del verbo **ir,** éste tiene los siguientes:

**A.** Al igual que en inglés, como sustituto de construcciones futuras.

    **Voy a verlo** mañana. (Iré a verlo.)   *I am going to see him tomorrow.*
    **Va a conocerlo** en su casa. (Irá a    *He is going to meet him in his*
       conocerlo.)                     *house.*

**B.** En ocasiones como la traducción del verbo *to come.*

    Pedro, abre la puerta. Ya **voy.**     *Pedro, open the door. I'm coming*
                                 *now.*

**C.** En numerosos modismos y expresiones como ¡**qué va!,** ¿**cómo te va?, ir a** +
infinitivo!, **ir** + gerundio y muchas otras que ya hemos visto.

    ¿Vas hoy? ¡**Qué va!** (No,        *Are you going today? Impossible!*
      imposible), no puedo ir.         *I can't go.*
    ¿**Cómo te va?** (¿Qué tal?)      *How is it going? Rather well, thank*
      Bastante bien, gracias.        *you.*
    **Voy a estudiar** mañana.        *I'm going to study tomorrow.*

**D.** En las expresiones **ir de compras, ir de fiestas** e **ir de vacaciones.**

    Me **voy de compras.**         *I'm going shopping.*
    Anoche me **fui de fiestas.**      *Last night I went partying.*

| | |
|---|---|
| En el verano **voy de vacaciones a** México. | *In the summer I will go on vacation to Mexico.* |

## 153. Direcciones y avisos

Siguiendo las reglas que hemos aprendido, **calle** (*street*), **avenida** (*avenue*), **carrera** (*course, street*), **carretera** (*highway*), **camino** (*road*) y **paseo** (*boulevard*) se usan con el artículo. Sin embargo, en las direcciones de cartas, telegramas, etc., así como en los avisos y anuncios de todo tipo, el artículo no se usa.

| | |
|---|---|
| Vive en **la Avenida** Bolívar. (se usa el artículo) | *He lives on Bolívar Avenue.* |
| Vamos a **la calle** trece. (se usa el artículo) | *We are going to thirteenth street.* |

Carta (no se usa el artículo):

Remite: Dr. M. Olivella
Calle G. Montes 38
Buenos Aires, Argentina

Dr. Juan C. Zamora
Avda. A. Lazcano 25
Apto. A, 3$^{er}$ Piso
Caracas
Venezuela

Anuncio (no se usa el artículo):

| | |
|---|---|
| Vendo casa | *House for sale* |
| Calle Veintitrés y Quinta Avenida | *Twenty-third St. and Fifth Avenue.* |

Noten que los números de las casas o edificios se sitúan a continuación del nombre de la calle, avenida, etc. Además el uso de abreviaturas en estos casos es muy común.

Otros nombres comunes son: **zona postal** (*postal station*), **apartado (casilla) de correos** (*post-office box*), **apartamento (apartamiento)** (*apartment*), **casa (edificio) de apartamentos** (*apartment building*) y **piso** (*floor, story*).

## 154. *Solo (sólo)*

**Solo (sólo)** puede ser adjetivo o adverbio. Como adjetivo se usa sin acento ortográfico y mantiene la concordancia en género y número con el nombre que modifica. **Solo** como adjetivo tiene dos significados según su posición delante o después del nombre que modifica. Delante del nombre significa *only.*

La casa tenía una **sola** entrada.      *The house had only one entrance.*
Me dio un **solo** recado.      *He gave me only one message.*

**Solo** detrás del nombre tiene el significado de *alone*.

Vi a Pedro **solo** en la puerta.      *I saw Pedro alone in the doorway.*
María **sola** vino a verte.      *María came alone to see you.*

El adjetivo **único** es sinónimo de **solo** usado delante del nombre, cuando este último pone énfasis en el hecho que se está sin otra cosa o que se mira separado de ella. En los otros casos tiene el significado de *unique, singular* o *rare*.

La casa tenía una (sola) entrada **única.**      *The house had only one entrance.*
Era la (sola) razón **única** de su existencia.      *It was the only reason for his existence.*

**Sólo** como adverbio (*only*) comúnmente se escribe con acento ortográfico para evitar confusiones, aunque hoy en día su uso sin acento está autorizado.

**Sólo** quiero saber la verdad.      *I only want to know the truth.*
**Sólo** sé que no sé nada.      *I only know that I know nothing.*

## 155. Los adverbios *todavía* y *aún (aun)*

**Todavía** y **aún (aun)** significan *still* o *yet*. **Aún** con el significado de **todavía** lleva acento ortográfico. En los demás casos, con el significado de **hasta** (*even*), **también** (*also*), **inclusive** (*inclusive*) (o **siquiera** [*not even*] con negación) se escribirá sin acento.

El sistema tradicional **todavía** (**aún**) impera.      *The traditional system still prevails.*
¿**Aún** no ha regresado? No, no ha regresado **aún**.      *Hasn't he returned yet? No, he hasn't returned yet.*
Vino con toda la familia, **aun** (hasta) el perro.      *He came with his whole family, even the dog.*

## 156. El adverbio *ya*

A. **Ya,** cuando se usa con el presente de indicativo, en una oración afirmativa, traduce *now* o *already*.

**Ya** viene tu hermano. (presente)      *Your brother is coming now.*
**Ya** llega. (presente)      *He is already arriving.*

**B.** **Ya** con el pretérito expresa *already*.

> **Ya** terminó la construcción.
> (pretérito)
>
> He's finished the construction
> already.
>
> **Ya** salió.   (pretérito)
>
> He's left already.

**C.** **Ya** con el futuro del indicativo tiene carácter enfático con el significado de *later* o *in a short while*.

> No te preocupes; **ya** llegará.
> (futuro)
>
> Don't worry; he will arrive in a short
> while.
>
> **Ya** lo hará.   (futuro)
>
> He will do it later.

**D.** **Ya no** tiene el significado de *no longer* o *not any more*.

> **Ya no** sabe qué hacer.   (negativo)
>
> He no longer knows what to do.
>
> **Ya no** lo hará.   (negativo)
>
> He will not do it any more.

# II · *EJERCICIOS*

**(A)** Contesten las preguntas siguientes, de acuerdo con la palabra indicada, usando el infinitivo como sujeto u objeto (directo e indirecto) de un verbo.

> ¿Qué es importante?   [(El) comer]
> **(El) comer es importante.**
>
> ¿Qué quiere Pedro?   (dormir)
> **Pedro quiere dormir.**
>
> ¿A qué vino Juan?   (descansar)
> **Juan vino a descansar.**

1. ¿Qué está prohibido?   [(el) pescar, (el) cazar, (el) fumar, (el) hablar, (el) beber]
2. ¿Qué desea Carmen?   (dormir, comer, bailar, saltar, nadar)
3. ¿Para qué lo hizo?   (aprender, conocerlo, venderlo, viajar, salir)
4. ¿Qué es una desgracia?   [(el) engordar, (el) trabajar, (el) estudiar, (el) caminar, (el) despertarse]
5. ¿Qué ordena el profesor?   (callarse, contestar, preguntar, levantarse, apurarse)
6. ¿Qué oye el profesor?   (cantar, reír, murmurar, maldecir, gritar)
7. ¿A qué viene?   (visitarme, convencerme, escribir, discutir, pelear)
8. ¿Qué mira ahora?   (competir, jugar, remar, divertirse, pintar)

**(B)** Formen una oración con los pares de frases siguientes, usando la preposición sugerida.

**para**

El médico vino. Vio a la enferma.
**El médico vino para ver a la enferma.**

1. María salió. Fue al cine.
2. Ellos te llamaron. Te pidieron un favor.
3. El Sr. Holguín vino. Se llevó una lámpara.

**por**

Él cayó al suelo. Dio un mal paso.
**El cayó al suelo por dar un mal paso.**

4. Él no entró. No tenía dinero.
5. Tú lo hiciste. Le diste un ejemplo.
6. Ustedes lo compraron. Se lo dieron a Pedro.

**sin**

Los visitaron. No los conocían.
**Los visitaron sin conocerlos.**

7. Se marcharon. No pagaron la cuenta.
8. Me compré un auto. No tenía permiso.
9. Le pedí un favor. No lo pensé.

**hasta**

Los niños lloraron. Lo convencieron.
**Los niños lloraron hasta convencerlo.**

10. Ellos cantaron. No tuvieron voz.
11. Usted saltó. Se cansó.
12. Tú protestaste. No pudiste más.

**antes de**

Descansan mucho. Viajan a Europa.
**Descansan mucho antes de viajar a Europa.**

13. Vienes a verme. Vuelves a Madrid.
14. Busquen dinero. Van al centro.
15. Vengan por mí. Salen a comer.

**(C)** Sustituyan las palabras en negrita por **al** más el infinitivo del verbo correspondiente.

> **Cuando lo llamaron,** no lo encontraron.
> **Al llamarlo, no lo encontraron.**

1. **Cuando te visitó,** estabas enfermo.
2. **Mientras me llamabas,** yo no te oía.
3. **Cuando salieron,** tuvieron el accidente.
4. **Mientras reía,** ellos me miraban.
5. **Cuando vuelvan,** no lo van a encontrar.
6. **Mientras nos despedimos,** ustedes llegaron.

**(D)** Sustituyan las palabras en negrita, tal como se indica en el modelo.

> **Si tuviera dinero,** compraría un barco.
> **De tener dinero, compraría un barco.**

1. **Si viniera,** yo lo vería.
2. **Si lo visitara,** él se lo agradecería.
3. **Si comiera menos,** no engordaría tanto.
4. **Si hicieras ejercicios,** te sentirías mejor.
5. **Si fuéramos al cine,** nos divertiríamos.
6. **Si trabajaran más,** no discutirían tanto.

**(E)** Cambien las formas verbales en las oraciones siguientes a los tiempos progresivos, tal como se indica en el modelo.

> Pedro caminaba al parque.  (ir)
> **Pedro iba caminando al parque.**

1. Pedro leerá cien páginas para mañana.  (quedarse, estar, seguir)
2. Ellos miraban a las muchachas.  (ir, venir, continuar)
3. Tú siempre discutes.  (estar, continuar, andar)
4. Nosotros pensábamos exactamente lo mismo.  (continuar, quedar, estar)
5. Los profesores creyeron todo.  (quedar, ir, seguir)

**(F)** Contesten las preguntas siguientes usando el gerundio, tal como se indica en el modelo.

> ¿Cómo se aprende a nadar?
> **Nadando se aprende a nadar.**

1. ¿De qué manera aprendía a cantar?
2. ¿Cómo aprendió a hablar español?
3. ¿De qué manera ha aprendido a cocinar?
4. ¿Cómo había aprendido a leer?
5. ¿De qué manera aprenderá a caminar?
6. ¿Cómo aprende a dibujar?

(G) Contesten las preguntas siguientes, usando el participio pasivo en negrita, tal como se indica en el modelo.

> ¿Qué collar quiere, **el dorado** o el plateado?
> **Quiero el collar dorado.**

1. ¿A qué puerta te refieres, a la abierta o **a la cerrada?**
2. ¿Cuáles son los chicos, **los invitados** o los expulsados?
3. ¿Qué profesores prefieres, **los divertidos** o los aburridos?
4. ¿De qué dinero hablaba, del ganado o **del perdido?**
5. ¿Cuáles son las palabras, **las expresadas** o las omitidas?
6. ¿De qué precios ha hablado, **de los reducidos** o de los aumentados?

(H) Usen los participios pasivos como nombres, de acuerdo con el modelo.

> Los hombres condenados lloraban de pena.
> **Los condenados lloraban de pena.**

1. Los hombres enojados habían salido.
2. La mujer arreglada luce más bonita.
3. Los coches pintados lucirán más elegantes.
4. Los soldados perdidos habían regresado.
5. Las muchachas invitadas no han venido.
6. El niño cansado no puede estudiar.

(I) Sustituyan las cláusulas en negrita por construcciones absolutas, tal como se indica en el modelo.

> **Cuando terminó el partido,** fuimos al restaurante.
> **Terminado el partido, fuimos al restaurante.**

1. **Luego que compraron los boletos,** subieron al tren.
2. **Después que escribió la carta,** marchó a su casa.
3. **Cuando dijeron el resultado,** daban saltos de alegría.
4. **Una vez que completaron el trabajo,** se echaron a dormir.
5. **Cuando recibió la mala nota,** empezó a protestar.
6. **Después que se determinó su culpa,** lo condenaron a diez años.

(J) Contesten las preguntas siguientes, usando en la respuesta el participio indicado, tal como se indica en el modelo.

> ¿Cómo se veía el profesor?   (cansado)
> **El profesor se veía cansado.**

1. ¿Cómo estaba la muchacha?   (apurada)
2. ¿Cómo hallaron los trabajos?   (preparados)
3. ¿Cómo se habían sentido ellas?   (disgustadas)

4. ¿Cómo se encontrarán los chicos?   (satisfechos)
5. ¿Cómo quedaron después de comer tanto?   (extenuados)
6. ¿Cómo se encontraban los vestidos?   (planchados)

**(K)** Escojan la forma singular o plural del verbo, según corresponda.

1. La clase entera se _____.   (enfermó, enfermaron)
2. La policía los _____ por lo sucedido.   (acusó, acusaron)
3. La mayoría de los pueblos _____ sin libertad.   (vive, viven)
4. La gente no _____ conforme.   (está, están)
5. La totalidad _____ lo contrario.   (creyó, creyeron)
6. Buena parte de ellos lo _____.   (sabía, sabían)

**(L)** Contesten las preguntas siguientes. No dejen de usar el modismo o la expresión usando el verbo **ir**.

1. ¿Vas a ir al cine?   (sí)
2. ¿Cómo te va?   (no muy bien)
3. ¿Adónde ibas?   (de compras)
4. ¿Qué quieres?   (ir de vacaciones)
5. ¿Dónde lo viste?   (ir caminando)

**(M)** De acuerdo con el verbo principal, llenen o no los espacios en blanco con una preposición.

1. Necesito _____ ir al médico y al dentista.
2. Dejó _____ estudiar a las cuatro.
3. Había soñado _____ descansar todo el año.
4. Me negué _____ pagar la cuenta.
5. Esperaría _____ comprar un auto mejor.
6. Insistirá _____ acompañarnos al baile.
7. La invitamos _____ tomar café.
8. Se trata _____ tomar una decisión.
9. La había ayudado _____ pasar el río.
10. Convinimos _____ vernos en el mercado.

# III·EJERCICIOS DE REPASO

**(A)** Expresen oralmente.

1. 12,324
2. Fernando I e Isabel II

6. $72 \div 8 = 9$
7. 12/1/1970

3. 1,577          8. los días de la semana
4. la página 12   9. los meses del año
5. $9 \times 3 = 27$   10. las estaciones

**(B)** Expresen oralmente.

1. 1:28 P.M.          5. 4:30 A.M.
2. A.M.              6. 6:35
3. 12:37            7. 8:27 P.M. del 9/6/1942
4. 11:29            8. 10:25 P.M. del 10/9/1960

# IV · EJERCICIOS DE VERBOS[21]

**ir**   *to go*       **oír**   *to hear, to listen*

**Ir** presenta irregularidades en el presente, imperfecto y pretérito de indicativo; en el presente e imperfecto de subjuntivo; en el imperativo; y en el gerundio. **Oír** presenta irregularidades en el presente y el pretérito de indicativo; en el presente y el imperfecto de subjuntivo; en el imperativo; y en el gerundio.

**(A)** Cambién las formas verbales en negrita de acuerdo con el sujeto indicado. Hagan los cambios necesarios.

1. Nosotros **vamos** a pescar.   (tú, vosotros, ustedes, usted, yo)
2. Ellos **oyeron** la explicación.   (Carlos, nosotros, tú, vosotros, yo)
3. Carlos **iba** hacia el parque.   (usted, ellos, Juan y yo, tú, vosotros)
4. ¿Me pide que **oiga** con atención?   (tú, ustedes, nosotros, usted, vosotros)
5. **Fuimos** tarde.   (usted, ellos, tú, María, vosotros)
6. Yo **voy** oyendo música.   (ellas, nosotros, tú, vosotros, Arturo)

**(B)** Cambien la historia siguiente al pasado. Usen el imperfecto, de indicativo o subjuntivo, según corresponda. Hagan los cambios necesarios.

Yo **oigo** la radio todos los días cuando **voy** en mi coche a la universidad. Mi esposa **va** conmigo y ella siempre me **pide** que **oiga** los programas musicales, pues ella nunca **oye** los programas de noticias. Esto nos **crea** ciertos problemas. Yo le **digo,** "Cuando tú vas con amigas al centro, tú **oyes** lo que en ese momento **haya** en la radio y no **pides** oír nada especial". Pobres hombres.

**(C)** Cambien la historia, pensando que en lugar de un esposo son dos esposos. Hagan los cambios que sean necesarios.

[21] Véase el Apéndice D en la página 321.

# LECCIÓN 12

## Sección Primera

## I · DIÁLOGO

### La leyenda negra

*(Juan se ha olvidado° dónde puso la carta del profesor Sánchez. En ese momento entra Pedro y lo ve echando todo al suelo.¹)*

PEDRO   ¿Te has vuelto° loco?

JUAN   No, pero me he puesto° de mal humor.° Se me perdió la carta del profesor Sánchez. He mirado por todas partes y no la encuentro. Ni siquiera° tengo la menor idea donde la puse.

PEDRO   Lo mismo de° siempre, a ti se te olvida todo. Te hace falta° tomar unas cuantas tabletas o cápsulas para la memoria. Bueno, mientras° sigues buscando, dime, ¿qué cuenta° el profesor Sánchez?

JUAN   Me escribió una carta sobre las universidades hispanoamericanas. Por cierto,² muy interesante.

PEDRO   Gracias a Dios que fue el profesor Sánchez; si no, a lo mejor,° podría ser una "nueva leyenda negra".

JUAN   Vale más° que me acabes de explicar³ lo de la leyenda negra, o ¿es que te propones⁴ no decirme jamás de qué se trata?⁵

PEDRO   Para luego es tarde.°

JUAN   Bueno, antes de que empieces, siéntate para que estés más cómodo.

### Cierto o falso

Las frases u oraciones siguientes expresan hechos ciertos o falsos con respecto al diálogo anterior. Cada alumno leerá una de ellas, y su compañero más cercano contestará **sí** o **no,** completando la respuesta.

¹ *throwing everying on the floor.*
² *Certainly*
³ *that you finish explaining to me*
⁴ *you intend*
⁵ *what it is about*

1. Juan lee la carta que le envió el profesor Sánchez.
2. Juan está muy alegre.
3. Ha mirado por todas partes y no encuentra la carta.
4. Él tiene muy buena memoria.
5. La carta se refiere a las fiestas hispanoamericanas.
6. Pedro está bravo porque la escribió el profesor Sánchez.
7. Juan quiere que Pedro le hable de geología.

## II · DIÁLOGO (continuación)

JUAN  Soy todo oídos.[6] Comienza tu explicación.

PEDRO  Es muy simple. Al principio° de la conquista, en el área del Caribe, los indios fueron maltratados por los españoles y casi todos murieron. Un conquistador español, Bartolemé de Las Casas, se hizo° sacerdote y se convirtió en° el defensor de los indios, denunciando a los reyes lo que sucedía. Como resultado,° se dictaron Las Leyes de las Indias, pero también se originó la leyenda negra.

JUAN  ¿Por qué dices esto último?

PEDRO  Los franceses y los ingleses, enemigos de España en esa época, aprovechándose de° la denuncia y de que los españoles se criticaban y se acusaban unos a otros, empezaron a exagerar todo, a decir que la sola intención de los españoles era la explotación de los indios.

JUAN  Pues yo lo he oído muchas veces. ¿Cuál es la verdad?

PEDRO  Pues, que[7] ni fueron tan malos como dicen, ni tan buenos como, en ocasiones, se quiere hacer ver.[8] Pero, por lo menos,[9] sin entrar a considerar la labor de los misioneros y otros cosas favorables, hay que reconocer una cosa: los indios están todavía en Hispanoamérica y muchos recibieron una buena educación. Compara esto con lo que pasó en el oeste de los Estados Unidos o en la India.

JUAN  Comprendo lo que quieres decir.[10] Es lamentable[11] que todavía se siga propagando esa historia.

[6] *I'm all ears.*
[7] Aquí se usa "que" para poner el énfasis en el resto de la oración.
[8] **se... ver**  *they want people to believe*
[9] *at least*
[10] *I understand what you are trying to say.*
[11] *It is a shame*

PEDRO  En la actualidad, hay otra nueva: la de las oligarquías y de los militares. Acusan a los gobiernos latinoamericanos de pertenecer a un pequeño grupo social o a las fuerzas armadas, y de no hacer nada por los pueblos.

JUAN  No negarás que existen dictadores militares y grandes diferencias económicas entre las clase sociales.

PEDRO  Sí, es cierto, pero no se puede perder de vista[12] que ya los dictadores son las excepciones. Además, por desgracia, algunos de nuestros países no están preparados para tener gobiernos completamente democráticos.

JUAN  No te pareces al° que, hace unos días, me hablaba de los problemas de los estudiantes y la política.

PEDRO  Ya ves. Así somos nosotros.[13] Ah, mira, ahí me viene a recoger[14] Margarita en su auto. Me tengo que ir.

JUAN  Bueno, que te diviertas,[15] y no te olvides de la conferencia sobre los héroes hispanoamericanos. Será dentro de tres días.

## Preguntas

Contesten con frases completas las preguntas siguientes, de acuerdo con el diálogo anterior. Cada respuesta deberá tener por lo menos cinco palabras.

1. ¿Qué pasó al principio de la conquista?
2. ¿Quién hizo la denuncia?
3. ¿Cuál fue el resultado de la denuncia?
4. ¿Qué hicieron los franceses y los ingleses?
5. ¿Cuál es la verdad sobre la leyenda negra?
6. ¿Cuál es "la nueva leyenda negra"?
7. ¿Cuáles son las excepciones a los gobiernos democráticos?
8. ¿Quién viene a recoger a Pedro?
9. ¿Cómo se despide Juan de Pedro?

## Preguntas relacionadas con usted

1. ¿Qué se le ha perdido a usted en los últimos días?
2. ¿Se le olvidó a usted algo hoy por la mañana?
3. ¿Está usted hoy de buen o mal humor?
4. ¿Dónde puso la última carta que recibió?
5. ¿Quién fue la última persona que le escribió a usted?

[12] *to lose sight of*
[13] *This is the way we are*
[14] *She is coming to pick me up*
[15] *have a good time*

6. ¿Qué le cuenta o dice esta persona en la carta?
7. ¿Cómo lee usted normalmente, sentado o parado?

# III·HABLEMOS EN ESPAÑOL

1. ¿Cree usted que la libertad de expresión es importante? ¿La de prensa?
2. ¿Tiene derecho una persona a decir o escribir todo lo que quiera? ¿Debe limitarse este derecho?
3. ¿Tiene derecho una persona a incitar a la realización de un delito o crimen?
4. ¿Qué es una expresión obscena?
5. ¿Tiene derecho un periódico, revista o editorial a publicar todo lo que quiera? ¿Debe limitarse este derecho?
6. ¿Es importante el respeto a las leyes? ¿Por qué?

# IV·MODISMOS Y EXPRESIONES

parecerse a   *to look like, (resemble)*
olvidarse (de)   *to forget*
aprovecharse de   *to take advantage of*
ponerse (de)   *to become, get*
hacerse   *to become*
volverse   *to become*
convertirse (en)   *to become converted*

(A) Completen las oraciones siguientes con uno de los anteriores modismos o verbos reflexivos. Usen el tiempo y modo que corresponda. Consulten el número **167** de esta lección para distinguir entre **hacerse, ponerse** y **volverse.**

1. Margarita _____ contenta cuando vio a Pedro.
2. Los ingleses _____ lo sucedido para difamar a España.
3. Él _____ abogado después de ocho años de estudio.
4. _____ un ladrón, a pesar de que era un hombre tan honrado.

5. Mi secretaria _____ despertarse temprano.
6. El niño _____ mucho a su padre.
7. Juan _____ al protestantismo.

> mal humor  *bad temper*
> ni siquiera  *not even*
> mientras  *while*
> valer más  *to be better*
> al principio  *at the beginning*
> lo mismo de siempre  *the same as always*

**(B)** Sustituyan las palabras en negrita con uno de los modismos o expresiones anteriores que tenga el mismo o parecido significado.

1. **Durante el tiempo que** estuvo aquí yo le hablé.
2. El error está **al comienzo** de la lección.
3. Él había hecho **lo usual.**
4. **Es mejor** que me digas la verdad.
5. Estaba arruinado; **no** tenía **ni** un centavo.
6. La profesora tenía **malas pulgas.**

> hacerle falta a uno algo  *to need (be lacking) something*
> a lo mejor  *perhaps, it could be*
> como resultado  *as a result*
> en la actualidad  *at the present time*
> por desgracia  *unfortunately*
> ¿Qué cuenta?  *What's the story?*
> para luego es tarde  *the sooner the better*

**(C)** Encuentren cuál de las definiciones siguientes corresponde a cada uno de los modismos o expresiones anteriores.

1. desafortunadamente
2. ¿Qué dice?
3. quizás
4. por consecuencia
5. en estos tiempos
6. ahora mismo
7. necesitar uno algo

**(D)** Si su profesor se lo ordena, estén preparados para usar, en forma escrita u oralmente, en una frase u oración, los anteriores modismos y expresiones.

# Sección Segunda

## I · GRAMÁTICA

**157. *Empezar a, comenzar a, ponerse a* y *echar a***

**Empezar a** + infinitivo = *to begin to* + infinitive
**Comenzar a** + infinitivo = *to begin to* + infinitive
**Ponerse a** + infinitivo = *to begin to* + infinitive

Indica la idea del comienzo con énfasis o determinación.

**Echar a** + infinitivo = *to begin to* + infinitive
Indica la idea de un comienzo repentino (sudden)

| | |
|---|---|
| Pedro **empezó (comenzó) a** estudiar francés. | *Pedro began to study French.* |
| Pedro **se puso a** estudiar francés a las tres. | *Pedro began to study French at three o'clock.* |
| Pedro **echó a** correr. | *Pedro began to run.* |

**158. La voz activa contra la voz pasiva**

| *Voz activa* | *Voz pasiva* |
|---|---|
| El sujeto ejecuta acción verbal. | El sujeto recibe acción verbal |
| Juan compró una novela. *Juan bought a novel.* | Una novela fue comprada por Juan. *A novel was bought by Juan.* |
| Colón descubrió un nuevo continente. *Columbus discovered a new continent.* | Un nuevo continente fue descubierto por Colón. *A new continent was discovered by Columbus.* |

**159. Formación de la voz pasiva**

La voz pasiva se forma en español igual que en inglés:
sujeto + **ser** + participio pasivo (concordancia) + **por** + agente (si se expresa)

| | |
|---|---|
| **Los indios fueron maltratados (por los españoles).** | *The Indians were ill-treated (by the Spaniards).* |

sujeto: Los indios

ser: fueron

participio pasivo: maltratados (concordancia en género [masculino] y número [plural] con españoles)

agente expreso: (por los españoles)

> **Una novela** fue **comprada (por Juan).**
>
> *A novel was bought (by Juan).*

sujeto: Una novela

ser: fue

participio pasivo: comprada (concordancia en género [femenino] y número [singular] con novela)

agente expreso: (por Juan)

> **Lincoln es admirado (de[16] todos).**
>
> *Lincoln is admired (by all).*

sujeto: Lincoln

ser: es

participio pasivo: admirado (concordancia en género [masculino] y número [singular] con Lincoln)

agente expreso: (de todos)

## 160. Sustitutos de la voz pasiva

En español la voz pasiva es poco usada. Generalmente se sustituye con las construcciones siguientes.

**A.** Pasiva impropia (objetos)

Cuando el sujeto de la voz pasiva es un objeto o cosa inanimada se usa **se** + la voz activa del verbo en la tercera persona del singular o plural, según corresponda. Comúnmente no se usa el complemento agente aunque esto no es obligatorio.

> **Se compró** la novela.  *The novel was bought.*
> **Se compraron** las novelas.  *The novels were bought.*
> **Se escribe** una carta (por Pedro).  *A letter is being written by Pedro.*
> **Se escriben** unas cartas (por Pedro).  *Letters are being written by Pedro.*

Nota: La posición de la partícula **se** en esta construcción no es necesariamente al comienzo de la oración, aunque sí la más común.

---

[16] Cuando lo que se expresa es más un sentimiento o emoción que una acción física, es común usar la preposición **de** para expresar el agente.

| | |
|---|---|
| La novela **se** compró. | *The novel was bought.* |
| A Pedro **se** le llamó. | *Pedro was called.* |

**B.** Pasiva impersonal o indefinida (personas o cosas animadas)

Ésta no es realmente una pasiva. El verbo está impersonalizado por la partícula **se** y siempre se usa en la tercera persona del singular, porque no hay sujeto paciente, sino complemento directo unido por la preposición **a**.

| | |
|---|---|
| **Se llamó** a Pedro. | *Somebody called Pedro. (Pedro was called.)* |
| **Se llamó** a Pedro y Juan. | *Somebody called Pedro and Juan. (Pedro and Juan were called.)* |
| **Se respeta** a la reina. | *One respects the queen. (The queen is respected.)* |
| **Se respeta** a las reinas. | *One respects queens. (Queens are respected.)* |

En estas oraciones impersonalizadas se puede usar un pronombre objetivo directo o indirecto. Si es directo, el masculino será **le** o **les** (no **lo** o **los**) y el femenino será **la** o **las**. Estudien los ejemplos siguientes con relación a los del párrafo anterior.

| | |
|---|---|
| **Se le llamó.** (directo) | *He was called.* |
| **Se les llamó.** (directo) | *They were called.* |
| **Se la respeta.** (directo) | *She is respected.* |
| **Se las respeta.** (directo) | *They (feminine) are respected.* |
| **Se le escribió** una carta a él. (indirecto) | *A letter was written to him.* |
| **Se le escribió** una carta a ella. (indirecto) | *A letter was written to her.* |

**C.** Impersonal activo

Es la traducción del *they* impersonal del inglés. Se usa siempre la tercera persona del plural de la voz activa y no se expresa el agente porque es indefinido.

| | |
|---|---|
| **Anuncian** la llegada. | *The arrival is being announced. (They are announcing the arrival.)* |
| **Llamaron** a Pedro. | *Pedro was called. (They called Pedro.)* |

## 161. La voz pasiva del verbo *matar*

**Muerto,** que es el participio pasivo irregular del verbo **morir**, se usa con significación transitiva como si procediera del verbo **matar** y, por lo tanto, en la formación de la voz pasiva, se usa en sustitución de **matado.**

| | |
|---|---|
| Los jóvenes **fueron muertos** por el terremoto. | *The youngsters were killed by the earthquake.* |
| El tío de Juan **ha sido muerto** por un carro. | *Juan's uncle has been killed by a car.* |

Sin embargo, para evitar confusiones, lo más común resulta usar la voz activa de **morir** cuando no se expresa el agente.

| | |
|---|---|
| Martí **murió** en el campo de batalla. | *Martí died in a battlefield.* |
| Cientos **mueren** todos los años en accidentes de automóviles. | *Hundreds die every year in car accidents.* |

## 162. La llamada voz pasiva aparente

Como hemos visto anteriormente, en la voz pasiva siempre hay una acción que se recibe por el sujeto.

| | |
|---|---|
| **El cuadro fue pintado por Pedro.** | *The picture was painted by Pedro.* |

El sujeto **cuadro** recibe la acción de **pintar**, ejecutada por el agente **Pedro**.

En la llamada voz pasiva aparente, que se forma con el verbo **estar** y el participio pasivo que concuerda en género y número con el sujeto, el caso es diferente. Este tipo de construcción, como hemos visto en la Lección 11, se usa para expresar, no la acción, sino el resultado de la acción. La preposición que se usa es **de** en caso que sea necesario completar el sentido de lo que se expresa.

| | |
|---|---|
| La calle **está cubierta de** agua. | *The street is covered with water.* |
| Las casas **estaban rodeadas de** cercas altas. | *The houses were surrounded by high fences.* |

Nótese que en la voz pasiva aparente el resultado de la acción que se expresa por el participio pasivo es anterior al verbo **estar**, mientras que en la verdadera voz pasiva la acción del verbo **ser** y la del participio son coetáneas.

## 163. Pronombres reflexivos

**A.**    *Con verbos*

| | |
|---|---|
| me | nos |
| te | os |
| se | se |

Los pronombres reflexivos se usan como complemento (directo o indirecto) de un verbo. Los que se emplean como objeto de un verbo son iguales a los pronombres personales usados como complemento, con excepción de la tercera persona del singular y del plural donde se usa **se**.

| | |
|---|---|
| Pedro **se lava.** (directo) | *Pedro is washing himself.* |
| Pedro **se lava** la[17] cara. (indirecto) | *Pedro is washing his face.* |
| **Te** propones no decirme nada. (indirecto) | *You intend not to tell me anything.* |

**B.**   *Con preposiciones*

| | |
|---|---|
| mí | nosotros, -as |
| ti | vosotros, -as |
| sí | sí |

Los pronombres reflexivos pueden ser objeto de una preposición.[18]

| | |
|---|---|
| Lo trajo **para sí.** | *He brought it for himself.* |
| Lo decía **de ti.** | *He said it of you.* |

## 164. Los verbos reflexivos

**A.** Los pronombres reflexivos se usan con los verbos reflexivos. Se dice que un verbo es reflexivo cuando la acción que expresa la recibe el mismo sujeto que la ejecuta.

| | |
|---|---|
| Yo **me** peino. | *I am combing my hair.* |
| Que **te diviertas.** | *Have a good time.* |

El uso del reflexivo es mucho más común en español que en inglés. Casi todos los verbos transitivos en español pueden ser usados como reflexivos.

**B.** Algunos verbos siempre se usan como reflexivos[19] en español, mientras que en inglés no lo son.

| | | | |
|---|---|---|---|
| abstenerse | *to abstain* | jactarse | *to boast* |
| arrepentirse | *to repent* | quejarse | *to complain* |
| atreverse | *to dare* | suicidarse | *to commit suicide* |

**C.** Algunos verbos tienen un significado cuando son reflexivos y otro cuando no lo son.

---

[17] En los casos de pronombres reflexivos indirectos, en español se usa el artículo definido delante de nombres que se refieren a partes del cuerpo, artículos de vestir o cosas personales. En inglés se usa el adjetivo posesivo para indicar la persona que recibe el beneficio o perjuicio de la acción.

[18] Los pronombres **mí, ti** y **sí** usados con la preposición **con** forman **conmigo, contigo** y **consigo:** ¿Lo lleva **consigo?** *Do you carry (take) it with you?*

[19] También algunos modismos: **darse cuenta de** *(to realize)*, **aprovecharse de** *(to take advantage of)*, etc.: Los ingleses **se aprovecharon** de la denuncia. *The English took advantage of the denunciation.*

| | |
|---|---|
| acercar  *to bring near* | acercarse  *to approach, get near* |
| acostar  *to put to bed* | acostarse  *to go to bed* |
| alegrar  *to cheer* | alegrarse  *to rejoice, be glad* |
| casar  *to marry* | casarse  *to get married* |
| convertir  *to change, convert* | convertirse  *to become* |
| dormir  *to sleep* | dormirse  *to fall asleep* |
| ir  *to go* | irse  *to go away* |
| parecer  *to appear* | parecerse  *to resemble* |
| volver  *to (re)turn* | volverse  *to turn around; to become* |

| | |
|---|---|
| **Se convirtió** en el defensor de los indios. | *He became the defender of the Indians.* |
| **Convirtió** a los indios. | *He converted the Indians.* |

**D.** Algunos verbos no cambian de significado con el uso de una u otra forma.

bajar(se)  *to go down, step down*
caer(se)  *to fall (down)*
decidir(se)  *to decide, resolve*
morir(se)[20]  *to die*
olvidar(se)  *to forget*
tardar(se)  *to delay, take long*

| | |
|---|---|
| **Se tarda** mucho en llegar. | *He's late in arriving.* |
| **Tarda** mucho en llegar. | |

**E.** Con carácter enfático o para distinguir la función reflexiva de la recíproca, se usa **mismo, (-a, -os, -as)**[21] a continuación de un nombre, un pronombre personal usado como sujeto o una frase preposicional.

| | |
|---|---|
| Pedro se lava **a sí mismo.** | *Pedro is washing himself.* |
| Tú te engañabas **a ti misma.** | *You were deceiving yourself.* |
| María **misma** se lo trajo. | *María brought it to (for) her herself.* |

## 165. Algunos usos especiales del reflexivo

El reflexivo se usa:

**A.** Para darle mayor énfasis a una acción o más sentido personal con respecto al sujeto que la ejecuta.

[20] **Morirse** se usa también, comúnmente, para expresar *to be dying*, y *to be about to die*.

[21] Hay que distinguir este uso de **mismo** de cuando se usa delante de un nombre con el significado de *same* o con carácter enfático. **Mismo** también se puede usar como adverbio, pero en ese caso, como es natural, tiene una sola forma.

| | |
|---|---|
| Juan (se) ha olvidado de donde puso la carta. | *Juan has forgotten where he put the letter.* |
| No (te) olvides de la conferencia. | *Don't forget about the lecture.* |
| (Se) moría su perro en ese momento. | *His dog was dying at that moment.* |
| (Me) tardaré una hora. | *It will take me one hour.* |

**B.** En una construcción de carácter indefinido impersonal: **se** + tercera persona singular del verbo.[22] Traduce el inglés *one, you, people, they, we,* etc.

| | |
|---|---|
| ¿Cómo **se dice** eso en francés? | *How does one say that in French?* |
| Si **se piensa** mucho, no **se hace**. | *If you think about it much, you don't do it.* |
| ¿Por dónde **se llega** a la estación? | *How do I get to the station?* |
| Aquí **se vive** bien. | *They live well here.* |

**C.** En instrucciones, órdenes generales, etc., cuando no se dirigen a persona específica. El infinitivo también se puede usar en estos casos.

| | |
|---|---|
| **Se prohibe** tomar (no tomar) bebidas alcohólicas. | *Drinking alcoholic beverages is prohibited.* |
| **Tómese** (tomar) tres tabletas al día. | *Take three tablets a day.* |
| **Tradúzcase** (traducir) al alemán este ensayo. | *Translate this essay into German.* |

**D.** En sustitución de la voz activa para hacer aparecer una acción como accidental, imprevista, sin intención por parte de quien o quienes la ejecutan. Esta construcción es típicamente idiomática.

**Se me perdió** la carta.   *I lost the letter. (The location of the letter slipped out of my mind.)*

**Se nos rompieron** los platos.   *We broke our dishes. (The dishes got broken by themselves.)*

A ti **se te olvida** todo.   *You forget everything. (Everything slips out of your mind.)*

**Se les perdieron** los zapatos.[23]   *They lost their shoes. (The shoes disappeared on them.)*

---

[22] En ocasiones, **uno** sustituye a **se**, especialmente (a) si la construcción impersonal usa un verbo que ya es reflexivo: Cuando **uno se levanta** temprano, se trabaja más.   *When you wake up early, you work more;* y (b) cuando el que habla se refiere a sí mismo o a la persona a quien habla: **Uno** no puede perder de vista a sus hijos.   *One cannot lose track of his sons.*

[23] También pudiera decirse: Yo **perdí** la carta. Nosotros **rompimos** los platos. Tú **olvidas** todo. Ellos **perdieron** los zapatos. Sin embargo, la construcción con **se** es mucho más común.

Noten que lo que parece ser el sujeto de la oración española corresponde al objeto de la oración en inglés y viceversa. De esta manera, el verbo concuerda con **carta** y **platos**. También, como en otros casos, en muchas ocasiones, el artículo definido sustituye al adjetivo posesivo.

## 166. Verbos recíprocos

La primera, segunda y tercera persona del plural de los verbos reflexivos pueden implicar reciprocidad.[24] En estos casos, dos o más sujetos ejecutan la acción del verbo y mutuamente la reciben al mismo tiempo.

| | |
|---|---|
| Se criticaban. | *They criticized one another* (or *themselves*). |
| Se acusaban. | *They accused one another* (or *themselves*). |

Los dos ejemplos anteriores pueden tener sentido reflexivo[25] o recíproco. En este último caso, para evitar confusión, cuando tienen carácter de reciprocidad se usan las expresiones siguientes: **uno (-a, -os, -as) a otro (-a, -os, -as), el (la, los, las) uno (-a, -os, -as) al (a la, a los, a las) otro (-a, -os, -as), recíprocamente** y **mutuamente**.

| | |
|---|---|
| Se criticaban **unos a otros**. | *They criticized one another.* |
| Se acusaban **mutuamente**. | *They accused one another.* |

## 167. Los verbos *hacerse, ponerse* y *volverse*

Estos tres verbos reflexivos presentan alguna confusión. **Ponerse** (*to get,*[26] *to become*) se usa para referirse a un estado mental o a una condición física.

| | |
|---|---|
| **Me he puesto** de mal humor. | *I got into a bad mood.* |
| **Me pongo** enfermo de tanto comer. | *I get sick when I eat too much.* |

**Volverse** (*to become*) expresa el cambio de un estado anterior cuando se trata de comparar uno con el otro. No implica ningún esfuerzo por parte del sujeto para adquirir la nueva condición.

| | |
|---|---|
| ¿**Te has vuelto** loco? | *Have you gone crazy?* |
| **Se volvió** una gran persona. | *He became a great person.* |

[24] También hay verbos que, en su forma reflexiva, sólo tienen sentido recíproco: batirse (*to fight, engage in a duel*), tutearse (*to address familiarly, say "tú" to*), etc.

[25] En este caso, como hemos visto, para evitar confusión se usa **a sí mismo**, etc.

[26] Por supuesto, *to get* también tiene otras traducciones, como en **casarse, cansarse, levantarse**, etc. Noten que en español se usan verbos reflexivos para indicar estos cambios; en inglés, como hemos visto, se usan *to get, to become* y, en ocasiones, *to be*.

**Hacerse** (*to become*) indica un cambio o la obtención de un nuevo estado o condición, pero claramente implica esfuerzo personal.

| | |
|---|---|
| Bartolomé de Las Casas **se hizo** sacerdote. | *Bartolomé de las Casas became a priest.* |
| **Se está haciendo** un experto en la materia. | *He is becoming an expert in the subject.* |

En ocasiones, como se ve a continuación, tanto **volverse** como **hacerse** se pueden emplear, pero el uso del segundo implica esfuerzo personal.

| | |
|---|---|
| **Se volvió** comunista. (No expresa ningún esfuerzo personal. Se da énfasis a la comparación con el estado anterior.) | *He became a communist.* |
| **Se hizo** comunista (por su propia decisión). | *He became a communist.* |

# II · EJERCICIOS

(A) Contesten las preguntas siguientes, usando la voz pasiva, tal como se indica en el modelo.

¿Contestará el alumno la pregunta?
**Sí, la pregunta será contestada por el alumno.**

1.  ¿Explicarán los profesores las lecciones?
2.  ¿Trajeron tus primos los retratos?
3.  ¿Cortaron la hierba mis sobrinos?
4.  ¿Escribió Cervantes *Don Quijote?*
5.  ¿Pintarán muchas casas?
6.  ¿Capturaron los soldados a los espías?
7.  ¿Escribiste tú la composición?
8.  ¿Han comprado las medicinas?
9.  ¿Entregaron los alumnos el trabajo?
10. ¿Quieren los hijos a sus padres?
11. ¿Invitaron a las muchachas a la fiesta?
12. ¿Analizaban los resultados?
13. ¿Hirieron a los estudiantes?
14. ¿Abrieron la puerta los conserjes?

**(B)** Sustituyan la voz pasiva, tal como se indica en los modelos.

> La puerta fue abierta a las siete.
> **Se abrió la puerta a las siete.**

> Las ventanas serán cerradas.
> **Se cerrarán las ventanas.**

1. Las mesas fueron destruidas.
2. Los proyectos del gobierno son siempre aprobados.
3. Sus consejos habían sido aceptados.
4. Las marcas serán rotas.
5. La lección es estudiada.
6. Las fiestas serían celebradas.
7. El edificio fue construido.
8. La planta ha sido regada.
9. Las maletas habían sido perdidas.
10. Los manteles y los cubiertos serán puestos.

**(C)** Sustituyan la voz pasiva, tal como se indica en el modelo.

> Los soldados fueron heridos.
> **Hirieron a los soldados.**
> **Se hirió a los soldados.**
> **Se les hirió.**

1. Los policías son frecuentemente atacados.
2. Las cortes serán convocadas.
3. Pedro ha sido elegido.
4. El capitán fue interrogado.
5. Los heridos son usualmente conducidos al hospital en una ambulancia.
6. Juan es nombrado ministro de finanzas.
7. Rafael había sido escogido.
8. Los decanos serán premiados.
9. Las muchachas fueron invitadas.

**(D)** Usen un pronombre reflexivo para dar mayor énfasis a la acción o más sentido personal en cuanto al sujeto que la ejecuta, tal como se indica en el modelo.

> **Había muerto** esa tarde.
> **Se había muerto esa tarde.**

1. El niño **toma** todo el desayuno.
2. Él **bajó** inmediatamente.
3. ¿**Corriste** toda la distancia?

4. **Llevo** la maleta conmigo.
5. **Esperamos** hasta que llegaron.
6. **Rieron** de todo lo que dije.
7. No **tardéis** mucho.
8. Él **comió** las papas fritas en dos minutos.

(E) Las oraciones siguientes pueden ser reflexivas o recíprocas. Hagan la aclaración necesaria, de acuerdo con los modelos.

> Las muchachas se miraban.   (reflexiva)
> **Las muchachas se miraban a sí mismas.**
>
> Ellos se odian.   (recíproca)
> **Ellos se odian el uno al otro.**

1. Nos insultamos continuamente.   (recíproca)
2. Se engañaron totalmente.   (reflexiva)
3. Nosotros nos comprendemos.   (recíproca)
4. Ustedes se admiran.   (reflexiva)
5. Los niños se mojan.   (recíproca)
6. Ellos se afeitaban.   (reflexiva)

(F) Cambien las oraciones siguientes, tal como se indica en el modelo.

> Yo perdí el dinero.   (las camisas, la corbata, los libros)
> **Se me perdió el dinero.**
> **Se me perdieron las camisas.**
> **Se me perdió la corbata.**
> **Se me perdieron los libros.**

1. Nosotros rompimos las tazas.   (las maletas, el plato, la mesa)
2. Ellos perdieron las entradas.   (el programa, los sombreros, la camiseta)
3. Olvidaste los libros.   (tus primos, tu tío, tus abuelos)
4. Me olvidé del recado.   (la calle, las direcciones, la carta)
5. Rompiste la lámpara.   (el sombrero, los anteojos, las medias)
6. ¿Han perdido las instrucciones?   (el papel, los sobres, la pluma)
7. Derramaron el agua.   (los vasos, el azúcar, las botellas)
8. Acabamos la comida.   (las cervezas, los mangos, el jugo)

(G) Sustituyan las construcciones con el impersonal **uno,** usando la construcción reflexiva con el **se** impersonal.

> Uno habla español aquí.
> **Aquí se habla español.**

1. ¿Cómo dice uno eso?
2. ¿Por dónde va uno a la catedral?

3. Uno come y vive bien en Costa Rica.
4. Uno no escribe eso así.
5. Si uno piensa poco, uno contesta mal.
6. Uno no habla en voz alta durante la clase.

# III·EJERCICIOS DE REPASO

**(A)** Cambien los adjetivos demostrativos, de acuerdo con las palabras indicadas. Hagan cualquier otro cambio que sea necesario.

1. Quiero ese pañuelo.   (capas, pantalones, servilleta)
2. Me gusta aquella muchacha.   (cuentos, historias, refrán)
3. Ese libro es mío.   (manzana, mangos, carteras)
4. Prefiero esta música.   (novelas, cuentos, papel)
5. Aquellos coches son verdes.   (bicicletas, tambor, guitarra)
6. Vinieron estos chicos.   (bisabuelas, tío, prima)

**(B)** Hagan preguntas con los interrogativos que se suministran, tal como se indica en el modelo.

Elena viene de visitar a sus tíos.   (¿De dónde?)
**¿De dónde viene Elena?**

1. El profesor quiere que estudien más.   (¿Qué?)
2. María va para Francia.   (¿Para dónde?)
3. Jacinto se siente mal.   (¿Cómo?)
4. Las naranjas se venden a un peso la docena.   (¿A cómo?)
5. Vinieron cincuenta peruanos.   (¿Cuántos?)
6. Vendrán la semana que viene.   (¿Cuándo?)
7. Pedro había terminado el trabajo.   (¿Quién?)
8. El libro es de Orlando.   (¿De quién?)

# IV·EJERCICIOS DE VERBOS[27]

oler   *to smell*       poder   *to be able*

**Oler** presenta irregularidades en el presente de indicativo, en el presente de subjuntivo y en el imperativo. **Poder** presenta irregularidades en el presente,

[27] Véase el Apéndice D en la página 321.

pretérito y futuro de indicativo; en el presente e imperfecto de subjuntivo; en el potencial; y en el gerundio.

**(A)** Cambien las formas verbales del presente, al pretérito o al imperfecto y al futuro de indicativo, o viceversa, de acuerdo con los adverbios o frases adverbiales de tiempo que se indican entre paréntesis.

1. Yo **puedo** nadar veinte y cinco metros **hoy.**   (ayer, mañana)
2. La comida **olía** bien **ayer.**   (en este momento, pasado mañana)
3. Ellos **podrán** ir a México **el mes que viene.**   (el mes pasado, ahora mismo)
4. **Hueles** la flor **en este momento.**   (antes de ayer, en una semana)
5. **Pudimos** conocerlo **hace tres días.**   (ahora mismo, dentro de un mes)

**(B)** Cambien las formas verbales al plural. Hagan los cambios que sean necesarios.

1. El taco **huele** muy bien.
2. Tú **pudiste** salir a tiempo.
3. Yo **podría** verte por la mañana.
4. Me pide que **huela** los frijoles.
5. **Puedo** llegar alrededor de las siete.
6. Ella **podrá** comprender nuestro problema.

**(C)** Cambien las formas verbales al singular. Hagan los arreglos que sean necesarios.

1. Nosotros **pudimos** llevar el coche.
2. Ellos **podrán** despertarse temprano.
3. Los tamales **huelen** a gloria.
4. Vosotros **podríais** arreglar el tocadiscos.
5. **Olieron** la fragancia de las flores.
6. **Podemos** bailar música latina.

**(D)** Cambien el verbo de la frase siguiente a todos los tiempos del modo indicativo, del potencial y del subjuntivo.

Usted (poder) hablar español perfectamente.

# LECCIÓN 13

## Sección Primera

## I · DIÁLOGO

### Una conferencia: El final de algunos grandes héroes hispanoamericanos

*(Pedro y Juan han quedado en° encontrarse por la manaña° para asistir a° una conferencia en el salón principal de la Unión Estudiantil, ofrecida por un conocido profesor para tratar sobre el final de la vida de algunos grandes héroes hispanoamericanos, tema de una composición para la clase de historia.)*

PEDRO   Apúrate,[1] Juan. Por culpa tuya[2] vamos a llegar tarde.

JUAN   Hombre, ya te he dicho, para ser sudamericano eres muy puntual.

PEDRO   Déjate de boberías.[3] No hay tiempo para eso.

JUAN   *(unos minutos después)* Tanto apuro, por gusto.[4] Ya ves, llegamos a tiempo.

PEDRO   Cállate, cállate. Ya empieza la conferencia.

*(A continuación se ofrece un fragmento de la conferencia.)*

PROFESOR   Estimados alumnos, acabo de llegar° por avión a esta ciudad y, no obstante° sentirme mal,° he insistido en° venir aquí, para narrarles a ustedes cómo terminaron las vidas de algunos famosos patriotas hispanoamericanos. Lo que vamos a decir no resulta pueril, sino de mucha importancia para la comprensión de la historia de las repúblicas en la América de habla española.

No importa° cuanto trabajaron y se sacrificaron por sus patrias muchos de ellos. Sus grandes deseos y propósitos no fueron compren-

[1] *Hurry up*
[2] *Because of you*
[3] *Stop kidding.*
[4] *All that rushing for nothing.*

didos por muchos de sus conciudadanos. Por ello, murieron decepcionados. Por ejemplo,° el final de la vida de Bolívar, Artigas,[5] O'Higgins,[6] San Martín, Sucre[7] y Morazán,[8] para sólo citar[9] algunos nombres, fue muy triste.

### Cierto o falso

Las frases u oraciones siguientes expresan hechos ciertos o falsos con respecto al diálogo anterior. Cada alumno leerá una de ellas, y su compañero más cercano contestará **sí** o **no** completando la respuesta.

1. Pedro y Juan se han encontrado para ir al cine.
2. La conferencia es para tratar sobre literatura.
3. Por culpa de Pedro iban a llegar tarde.
4. El profesor acaba de llegar por avión.
5. Se siente muy bien.
6. Lo que va a decir no es nada importante.
7. Los grandes deseos y propósitos de los héroes fueron comprendidos por todos.
8. Murieron contentos.

## II · DIÁLOGO (continuación)

Por supuesto,° hoy día,° se les tiene por verdaderos héroes. Para las nuevas generaciones son símbolos imperecederos, pero, por aquellos tiempos,[10] no se les admiró y reconoció como era debido.[11] ¿Por qué esta falta de comprensión? ¿Cómo pudo suceder esto?

A la mayoría de los grandes líderes, como Bolívar o San Martín, no les faltaba una excelente educación, pero la tropa, que procedía de las clases más pobres, no había tenido la misma preparación; en muchos casos, no sabían leer ni escribir. Para ellos, las ideas de libertad e independencia no tenían tanto significado. La dedicación

---

[5] José Gervasio Artigas (1764–1850), héroe nacional del Uruguay, líder de la guerra de independencia de este país
[6] Bernardo O'Higgins (1776–1842), patriota chileno que fue el líder de la independencia de su patria y su primer presidente
[7] Antonio José de Sucre (1793–1830), patriota y general venezolano que fue lugarteniente de Bolívar y que ocupó la presidencia de Bolivia de 1826 a 1828
[8] Francisco Morazán (1799–1842), patriota hondureño que fue líder de la unidad centroamericana
[9] *just to mention*
[10] *at or around that time*
[11] *as they deserved*

de sus jefes fue olvidada por ellos y, al no tener otra cosa que hacer, decidieron seguir peleando, aunque fuera contra sus antiguos superiores. Además, ya desde aquella época, había otras razones, como las étnicas y económicas, que ayudaban a estas divisiones y luchas internas.

Cuando Bolívar, después de haber decidido renunciar a la presidencia de su país, salió para Santa Marta,[12] debe de haber pensado, "Por lo que me he sacrificado,° por lo que he sufrido, por todo mi amor para estas tierras, por todo esto, ¡qué mal me han pagado!".

A San Martín, O'Higgins y Artigas les pasó otro tanto.[13] Murieron lejos de sus patrias, olvidados. Sucre fue asesinado. Morazán, fusilado. Así pudiéramos citar otros ejemplos, pero no creo que sea necesario. Lo importante es tratar de encontrar la relación entre el resultado de las guerras de independencia, las guerras civiles y las revoluciones en la historia de esos países.

## Preguntas

Contesten con frases completas las preguntas siguientes, de acuerdo con la conferencia anterior. Cada respuesta deberá tener por lo menos cinco palabras.

1. ¿Cómo se les tiene hoy día?
2. ¿A quiénes no les faltaba una excelente educación?
3. ¿Para quiénes no tenían las ideas de libertad e independencia tanto significado?
4. ¿Qué decidió seguir haciendo la tropa?
5. ¿Qué otras razones ayudaban a estas divisiones?
6. ¿Qué debe haber pensado Bolívar al salir para Santa Marta?
7. ¿Cómo murieron los otros libertadores?

## Preguntas relacionadas con usted

1. ¿A qué conferencia o conferencias ha asistido usted últimamente?
2. ¿Cuál fue el tema o temas de la conferencia o conferencias?
3. ¿Le gustó a usted la conferencia? ¿Las conferencias?
4. ¿Quién dio (*presented*) la conferencia? ¿Las conferencias?
5. ¿Cuántos alumnos había presentes? ¿Dónde tuvo o tuvieron lugar?
6. ¿Por qué son importantes las conferencias?
7. ¿Quién o quiénes deben seleccionar los oradores (*speakers*) y los temas, los profesores o los alumnos?

[12] lugar en Colombia donde murió Bolívar
[13] *the same*

# III·HABLEMOS EN ESPAÑOL

1. ¿Cómo fue el final de la vida de Washington?
2. ¿Quién considera usted que es el más grande de los patriotas estadounidenses?
3. ¿Cómo fue el final de la vida de Lincoln? ¿De John F. Kennedy?
4. ¿Cree usted que los altos ideales y propósitos de los héroes de la independencia estadounidense fueron comprendidos por sus conciudadanos?
5. ¿Cree usted que la mayoría de los héroes de la independencia de este país murieron sastisfechos de sus logros (*accomplishments*)?
6. ¿Quién cree usted que tiene mayor importancia en la historia de los Estados Unidos, Washington o Lincoln? ¿Por qué?

# IV·MODISMOS Y EXPRESIONES

quedar en   *to attend*
asistir a   *to attend*
insistir en   *to insist upon*
sacrificarse (por)   *to sacrifice oneself for*
sentirse mal (bien)   *to feel bad (good)*
acabar de (llegar)   *to have just (arrived)*

(A) Cambien las frases u oraciones siguientes a preguntas, usando el interrogativo suministrado.

1. Los amigos asistían a la conferencia en la Unión.   (adónde)
2. El profesor acaba de llegar.   (quién)
3. Él insistió en el auto verde.   (en cuál)
4. Bolívar se había sacrificado por ellos.   (por quién)
5. Ustedes se han sentido mal.   (quiénes)
6. Ellos quedaron en encontrarse.   (en qué)

no obstante   *nevertheless; in spite of*
por ejemplo   *for example*
por supuesto   *of course*
no importa   *it doesn't matter*
por la mañana   *in the morning*
hoy día   *nowadays*

**(B)** Completen las oraciones con uno de los modismos o expresiones anteriores.

    1.  En el pasado, no, pero, _____, se piensa así.
    2.  Él vendrá el viernes _____, no por la tarde.
    3.  Lo insulté y, _____, se puso bravo.
    4.  Muchos murieron tristes, _____, Bolívar y San Martín.
    5.  Son otras cosas las que me preocupan; eso _____.
    6.  _____ estar enfermo, él dió la conferencia.

**(C)** Si su profesor se lo ordena, estén preparados para usar, en forma escrita u oralmente, en una frase u oración, los anteriores modismos y expresiones.

# Sección Segunda

# I · GRAMÁTICA

**168. Cuadro de preposiciones[14] (separables) y su significado**

  **A. A** (*to, in, into, on, by*) expresa dirección y término.[15]

      María iba **a** Bogotá.          *María was going to Bogota.*
      Te veo **a** las ocho.          *I'll see you at eight o'clock.*

  **B. Ante** (*before, in the presence of*) significa "frente a".

      Estoy **ante** la estatua.      *I am standing in front of the statue.*

  **C. Bajo** (*under, underneath*) indica situación inferior, sujeción o dependencia de una cosa o persona respecto a otra.

      El soldado está **bajo** órdenes    *The soldier is under strict orders.*
        estrictas.
      Hacía quince grados **bajo** cero.    *It was fifteen degrees below zero.*

---

[14] En español, como hemos visto, un infinitivo, no un gerundio, se sitúa después de la preposición: **Antes de ir** al cine iré a comer. *Before going to the movies, I'll go eat.* **Después de terminar** su trabajo se marchó a casa. *After finishing his work, he went home.*
[15] Véanse los números **169** y **170** de esta lección.

**D. Con** (*with*) expresa modo, instrumento y compañía.

| | |
|---|---|
| Lo escribí **con** gran esfuerzo. | *I wrote it with great effort.* |
| Lo corté **con** una navaja. | *I cut it with a razor blade.* |
| Vendrá **con** su hermana. | *He will come with his sister.* |

**E. Contra** (*against*) indica oposición.

| | |
|---|---|
| Luchaba **contra** sus opresores. | *He was fighting against his oppressors.* |

**F. De** (*of, from, about, concerning, in*) expresa propiedad, origen o materia.

| | |
|---|---|
| Es **de** Julia. | *It belongs to Julia.* |
| Bajaban **del** segundo piso. | *They were coming down from the second floor.* |
| La cama es **de** hierro. | *The bed is made of iron.* |

**G. Desde** (*from, since*) expresa punto de partida en el tiempo y en el espacio.

| | |
|---|---|
| Estaba enfermo **desde** el domingo. | *He had been sick since Sunday.* |
| Caminó **desde** el hospital. | *He walked out of the hospital.* |

**H. En**[16] (*in, on, upon*) indica tiempo, lugar o medio.

| | |
|---|---|
| Nadaré **en** el verano. | *I will swim in the summer.* |
| Pablo está **en** la iglesia. | *Pablo is in the church.* |
| Vino **en** automóvil. | *He came in a car.* |

**I. Entre** (*between, among*) indica lugar intermedio.

| | |
|---|---|
| Hallé la revista **entre** los libros. | *I found the magazine among the books.* |

**J. Hacia** (*toward, about*) expresa dirección y orientación.

| | |
|---|---|
| Caminábamos **hacia** el parque. | *We were walking toward the park.* |
| La escuela queda **hacia** el norte. | *The school is toward the north.* |

**K. Hasta** (*till, until, up, to*) expresa término de tiempo y lugar.

| | |
|---|---|
| No lo hizo **hasta** hoy. | *He didn't do it until today.* |
| Corrieron **hasta** el portal. | *They ran to the doorway.* |

**L. Para** (*for, to, toward, in order to*)[17] indica destino o finalidad.

---

[16] Véase el número **171** de esta lección.
[17] Véase el número **173** de esta lección.

Compró el pájaro **para** su tía.    *He bought the bird for his aunt.*

Compró el boleto **para** poder ir.    *He bought the ticket in order to be able to go.*

**M. Por** expresa causa, finalidad o lugar. Significa *by, for, for the sake of, on account of, in behalf of, because of, through, along, in exchange for, in the place of, during, about, around, to, with the idea of.*[18]

Vino **por** saber el resultado.    *He came to find out the result.*

Lo haré **por** ti.    *I will do it for you.*

Iba **por** la Avenida Sucre.    *He was going along Sucre Avenue.*

**N. Según** (*as, according to*) significa "de acuerdo con" o "de conformidad con".

Leyó **según** indicaste.    *He read as you indicated.*

**O. Sin** (*without, besides, not counting*) indica privación, carencia y negación.

Fue al teatro **sin** decírmelo.    *He went to the theater without telling me.*

Es una casa **sin** luz.    *It is a house without light.*

Fui con ellos **sin** querer.    *I went with them without wanting to.*

**P. So** (*under, beneath*)[19] expresa "bajo de" o "debajo de".

Le ordenaron ir **so** pena de muerte.    *They ordered him to go under penalty of death.*

**Q. Sobre** indica "relacionado con", "acerca de" o "arriba de". Traduce *over, above, on, upon, about, approximately, besides.*

Habían hablado **sobre** la tragedia.    *They had talked about the tragedy.*

Preguntó **sobre** el profesor.    *He asked about the professor.*

Está **sobre** la mesa.    *It is on the table.*

**R. Tras** (*after, in search of, behind, in back of*) indica orden con que unas cosas siguen a otras.

Venían aviones **tras** aviones.    *Plane after plane was coming.*

## 169. A contra *en*

Las preposiciones **a** y **en** no deben confundirse. **A** se usa después de verbos de movimiento. **En** se usa para indicar posición o lugar.

[18] Véase el número **173** de esta lección.
[19] Su uso está limitado a los sustantivos **capa, color, pena** y **pretexto.**

| | |
|---|---|
| La conferencia es **en** el salón principal. | *The lecture is in the main hall.* |
| Acabo de llegar **a** esta ciudad. | *I just arrived in this city.* |
| Estamos **en** tu casa. | *We are in your house.* |
| Vamos **a** tu casa. | *Let's go to your house.* |
| Estaba **en** clase. | *He was in class.* |
| Caminaba **a** clase. | *He walked to class.* |

Sin embargo, hay un caso que ofrece cierta confusión, cuando la preposición **a** se usa para expresar la posición final a que se ha llegado después de una acción de movimiento.

| | |
|---|---|
| Está (Llegó) **a** la puerta de la clase. | *He is (has arrived) at the classroom door.* |
| Nos sentamos **a** la mesa.[20] | *We sat down at the table.* |

Comparen:

| | |
|---|---|
| Está **en** (parado **en**) la puerta de la clase. | *He is standing right at the door of the class.* |
| Nos sentamos **en** (sobre) la mesa. | *We sat on top of the table.* |

En estos dos últimos ejemplos lo principal es el lugar o la posición donde la persona queda o se encuentra. Si quisiéramos distinguir en el espacio, diríamos que en los dos primeros ejemplos la posición que se indica es en el borde o límite de la puerta o de la mesa, en los otros dentro del borde o límite de la puerta o de la mesa.

## 170. Otros usos de *a*

La preposición **a**, además de los otros varios usos que ya hemos visto en este libro, como en el caso de la **a** personal después de los verbos de movimiento, y de su uso en ciertos modismos y expresiones, también se usa en los casos siguientes:

**A.** Para indicar separación, perjuicio o pérdida.

| | |
|---|---|
| Le quitaron la licencia de conducir **a** Pedro. | *They took away Pedro's drivers license.* |
| Les robaron las bicicletas **a** los muchachos. | *They stole the bikes from the boys.* |

---

[20] Sentarse a la mesa también se usa para indicar que una persona se sienta para empezar a comer: **¿A qué hora se sientan a la mesa?** *What time do they eat (start eating)?*

**B.** En expresiones de tiempo que indican cuando ocurrió, ocurre o ocurrirá un hecho en relación con otro o simplemente término como vimos al comienzo del número **168.**

| | |
|---|---|
| A las tres horas de llegar Pedro, se fue Juan. | *Three hours after Pedro arrived, Juan left.* |
| Vendrá **a** las cuatro. | *He will come at four o'clock.* |

**C.** Después de verbos que expresan enseñanza, aprendizaje o comienzo (*teaching, learning, or beginning*).

| | |
|---|---|
| Les enseñó **a** bailar. | *He taught them to dance.* |
| Quería aprender **a** pintar. | *She wanted to learn to paint.* |
| Comienzo **a** comprender. | *I am beginning to understand.* |

**D.** Para indicar velocidad, precio, proporción, tanto por ciento, etc. (*to, by, for, at, per cent*). En la mayoría de estos casos no se traduce al inglés.

| | |
|---|---|
| Se venderán **a** tres pesos la docena. | *They will be sold at three pesos a dozen.* |
| Conduce el carro **a** ochenta millas la hora. | *He drives the car at eighty miles an hour.* |

**E.** Para expresar la forma, manera o método de cómo se realiza una acción o se ha producido un hecho.

| | |
|---|---|
| Va a escribir la carta **a** mano. | *He is going to write the letter by hand.* |
| Vino **a** pie. | *He came on foot.* |
| Lo derribó **a** golpes. | *He knocked him down with punches.* |

**(F)** En ocasiones, sustituyendo a **por** o **hacia** para indicar simpatía o parecer con respecto a personas o cosas.

| | |
|---|---|
| Reconoció su cariño **a** (por, hacia) los animales. | *He acknowledged his love for animals.* |
| Mostró su desprecio **a** (por, hacia) los tontos. | *He showed his contempt for fools.* |

## 171. *En* contra *sobre*

Tanto **en** (*in, at, over*) como **sobre** (*over*) pueden usarse con el sentido de **encima de** (*on top of*). No obstante, el uso de **sobre** es más recomendable porque **en** también puede usarse con el sentido de **dentro de** (*inside of*) o **en algún lugar de** (*someplace in, around*).

| Lo puse **sobre** (encima de) la mesa. | *I put it on top of the table.* |
| Lo puse **en** (encima de, dentro de, en algún lugar de) el escritorio. | *I put it on (on top of, inside of, around) the desk.* |

**En** también se usa después de **último** y sus compuestos, así como después de los números ordinales, en expresiones que indican orden.

| Es el último **en** la fila. | *He is last in line.* |
| Siempre es el penúltimo **en** llegar. | *He is always the next to the last to arrive.* |
| Había sido el quinto **en** su clase. | *He had been fifth in his class.* |

**Sobre** también se emplea con el sentido de **en relación con** (a) o **con respecto a.**

| **Sobre** (en relación a) eso no sé nada. | *I don't know anything about (with respect to) that.* |
| Me habló **sobre** (en relación con) sus dificultades. | *He spoke to me about (in relation to) his difficulties.* |

## 172. *Para* y *por*

Usos principales de **para** y **por:**

| para | por |
|---|---|
| goal, purpose, objective, destination of an action, of time, of an object | cause or motivation of an action, duration of time, location or place, means, impulse |

Estas dos preposiciones presentan dificultades en ciertos casos, pero en otros su uso resulta menos complicado. Primero hemos de estudiar en forma comparada el uso de una u otra preposición en aquellos casos que pueden ofrecer dificultades. Después, hemos de estudiar individualmente el uso de las mismas cuando no deben presentar problemas en su selección. No obstante, siempre debemos tener en cuenta que **para** se emplea principalmente para expresar el propósito u objeto (persona o cosa) hacia el cual está dirigida la acción que se realiza. **Por** se usa fundamentalmente para expresar el motivo, la razón o la causa por la que se realiza la acción o los usos que permiten el tiempo, el espacio, las personas y las cosas. Las reglas que hemos de estudiar, en una u otra forma, siguen estos lineamientos generales.

| Traje la medicina | **para** Pedro | **por** su enfermedad. |
|---|---|---|
| acción | propósito (persona) | motivo |

*I brought the medicine for Pedro because of his sickness.*

| **Por** Pedro | no invitaron a Juan | **para** la fiesta. |
|:---:|:---:|:---:|
| causa | acción | propósito (cosa) |

*Because of Pedro, they didn't invite Juan to the party.*

| Regreso a Venezuela | **por** avión. |
|:---:|:---:|
| acción | uso de una cosa |

*I'm returning to Venezuela by plane.*

## 173. *Para* contra *por*

**A.** Con objeto de, con el fin de, causa o razon de (nuestras acciones):

| **Para** + infinitivo (objeto o fin) | **Por** + infinitivo (causa o razon) |
|---|---|
| He venido **para** narrarles el final de la vida. *I have come to (in order to) tell you about the end of life.* | He venido **por** narrarles el final de la vida. *I have come (because of) talking to you about the end of life.* |
| **Para** citar algunos nombres, mencionaré los de Nodarse y Martínez. *In order to cite a few names, I'll mention those of Nodarse and Martínez.* | **Por** citar algunos nombres, mencionaré los de Nodarse y Martínez. *Because I'm citing a few names, I'll mention those of Nodarse and Martínez.* |
| Está a dieta **para** bajar de peso. *He's on a diet to (in order to) lose weight.* | Está a dieta **por** bajar de peso. *He's on a diet for (because of) losing weight.* |

Aunque **por** + infinitivo puede sustituir a **para** + infinitivo, cuando se quiere expresar "con objeto de", "a fin de", "a razon o causa de", etc., existe una pequeña diferencia en el significado con una u otra preposición. **Para** indica más el propósito y **por** la causa. Además el uso de **por** en estos casos da a entender cierta duda o falta de seguridad en cuanto al éxito o resultado de la acción.

**B.** En expresiones de dirección, lugar, etc.:

| **Para** = hacia, rumbo a, con dirección a | **Por** = a través de, lugar |
|---|---|
| Voy **para** Panamá. *I'm going to Panamá.* | Voy **por** Panamá. (a través) *I'm going through (by way of) Panama.* |
| Caminaba **para** la escuela. *He was walking to school.* | Caminaba **por** la escuela. (lugar) *He walked by the school.* |
| Vino **para** el parque. *He came to the park.* | Vino **por** el parque. (lugar) *He came through the park.* |

**Por** = lugar impreciso (cerca de, no lejos de, etc.)

Ya irá **por** la calle tercera. (cerca de) · *Now he will go somewhere near Third Street.*

Está **por** allá. (en algún lugar allá) · *He is around there.*

Estará **por** la Argentina. (en algún lugar) · *He will be somewhere in Argentina.*

**Para** indica el lugar, la dirección, el rumbo o destino de alguien o algo. **Por** indica el lugar por donde se va de un lugar a otro o simplemente por donde se camina o se conduce un vehículo. Otro uso menos común de **por** es para indicar el lugar impreciso o indefinido de una persona o cosa.

**C.** (1) En expresiones de tiempo:

**Para** = tiempo o plazo determinado · **Por** = durante, espacio de tiempo

Escriba la carta **para** mañana. *Write the letter for tomorrow.*

No coma **por** la noche. (durante) *Don't eat at (during the) night.*

Vendrá **para** la semana que viene. *He will come next week.*

Vendrá **(por)** dos días. (espacio de tiempo) *He will come for two days.*

Por aquellos tiempos, no se les admiró. (durante) *During those times they weren't admired.*

**Para** indica el término o plazo para hacer algo. **Por** indica el tiempo que ha de durar o tomar la acción. El uso de **por** se omite comúnmente cuando lo que se expresa es espacio de tiempo. Cuando es equivalente a **durante** no se omite.

(2) En expresiones de tiempo imprecisas:

La casa estará terminada **para** octubre. *The house will be finished by October.*

La casa estará terminada **por** octubre. *The house will be finished around October.*

Con **para** se ofrece el mes de octubre como el mes durante el cual se terminará la casa. Con **por** se entiende que alrededor del mes de octubre, quizás en septiembre o en noviembre, se terminará la casa.

**D.** Con el verbo **estar:**

Estar + **para** = proximidad de un hecho

Estar + **por** = un hecho no realizado

Está **para** salir. (pronto saldrá) *He is ready to leave.*

Está **por** salir. (no ha salido todavía) *He hasn't left yet.*

Estaba **para** comer.   (iba en seguida    Estaba **por** comer.   (no había
a comer) *He was ready to eat.*           comido) *He hadn't eaten yet.*

**Para** se usa con **estar** para expresar la proximidad de un hecho. **Por** se usa con **estar** para indicar un hecho que no se ha producido. **Estar por** también traduce *to be in favor of.*

> **Está por** salir.
> **Estaba por** comer.

> *He is in favor of leaving.*
> *He was in favor of eating.*

**E.** En expresiones de relación, cambio, etc.:

| **Para** = relación de unas cosas con otras | **Por** = cambio, precio, equivalencia |

**Para** ser sudamericano, eres muy puntual. (comparación) *For a South American you are very punctual.*

**Para** lo que ha sufrido, luce joven. (comparación) *For what he has suffered, he looks young.*

Te cambia una camisa **por** una corbata. (cambio) *He will trade you a shirt for a tie.*

Tres manzanas **por** un peso. (precio) *Three apples for one* peso.

Tú vales **por** diez personas. (equivalencia) *You are worth ten people.*

**Para** se usa para expresar el juicio u opinión de una persona que lo expresa en forma de relación. **Por** se usa para expresar la equivalencia, precio y cambio.

## 174. Otros usos de *para*

También se usa la preposición **para**:

**A.** Para indicar el destino que se da a las cosas. En este caso **para** irá seguido de un nombre, adjetivo o pronombre.

> Bolívar dijo, "por todo mi amor **para** estas tierras".
> Trajo betún **para** los zapatos.
>
> La conferencia servirá **para** la comprensión de la historia.
> Este lápiz es **para** Pedro.

> *Bolivar said, "For all my love for these lands."*
> *He brought shoe polish for his shoes.*
> *The lecture will be useful for the understanding of history.*
> *This pencil is for Pedro.*

**B.** En sustitución de **según, de acuerdo con, en la opinión de** y **con respecto a.**

> **Para** mi esposa yo estoy equivocado.

> *According to my wife I am mistaken.*

| | |
|---|---|
| **Para** algunas personas todo es fiesta. | *According to some people everything is a party.* |
| **Para** lo que has hecho te podías haber quedado. | *Considering what you have done you could have stayed.* |

**C.** En modismos o expresiones.

no estar para bromas   *not to be in the mood for joking*
no ser para tanto   *not to be that important*
para siempre   *forever*

## 175. Otros usos de *por*

También se usa **por**:

**A.** Para indicar la persona o cosa por la que, en lugar de la que o en favor de la que se hace o sucede algo.

| | |
|---|---|
| Los patriotas se sacrificaron **por** la patria. | *The patriots sacrificed themselves for (the sake of) their homeland.* |
| **Por** ello, murieron decepcionados. | *Because of that, they died disillusioned.* |
| **Por** todo esto, qué mal me han pagado. | *How badly they have paid me for all of this.* |
| Trabajaré **por** mi amigo. | *I will work for (the sake of) my friend.* |
| **Por** culpa tuya, vamos a llegar tarde. | *It's your fault we are going to arrive late.* |
| No fue **por** tener un resfriado. | *He did not go because he had a cold.* |

**B.** Para expresar la manera o medio de hacer, enviar o realizar algo.

| | |
|---|---|
| Acabo de llegar **por** avión. | *I just arrived by plane.* |
| La carta iría **por** correo. | *The letter would go by mail.* |
| Venció **por** luchar. | *He won by fighting.* |

**C.** Para indicar el concepto u opinión que se tiene de algo; es equivalente a **como.**

| | |
|---|---|
| Hoy día, se les tiene **por** (como) verdaderos héroes. | *Nowadays they are considered real heroes.* |
| Se le tenía **por** (como) un gran hombre. | *They considered him a great man.* |

**D.** Para expresar el objeto de una acción. Equivale a **en busca de.**[21]

[21] En este caso los verbos que más comúnmente se usa son **volver, ir, mandar, venir, regresar, enviar** y **marchar.**

| | |
|---|---|
| Vayan **por** sus compañeros. | *Go for your friends.* |
| Había ido **por** el policía. | *He had gone for the police.* |
| Fueron **por** las medicinas. | *They went for the medicines.* |

**E.** Para expresar el agente en las oraciones en voz pasiva.

| | |
|---|---|
| Sus propósitos no fueron comprendidos **por** sus conciudadanos. | *Their intentions weren't understood by their fellow citizens.* |
| La dedicación de sus jefes fue olvidada **por** ellos. | *The dedication of their leaders was forgotten by them.* |
| El libro fue escrito **por** Antonio. | *The book was written by Antonio.* |

**F.** En sustitución de **a pesar de lo** (**no obstante lo, no importa lo**) + adjetivo.

| | |
|---|---|
| **Por** (A pesar de lo) inteligente que es, no puede triunfar. | *In spite of how intelligent he is, he can't win.* |
| **Por** (No obstante lo) mucho que se esfuerza, nadie lo reconoce. | *No matter how much he strives, no one acknowledges him.* |
| **Por** (A pesar de lo) mucho que estudia, no aprende. | *No matter how much he studies, he doesn't learn.* |

**G.** En modismos, expresiones y exclamaciones.

| | | | |
|---|---|---|---|
| por ejemplo | *for example* | por ahora | *for now* |
| por supuesto | *of course* | por lo menos | *at least* |
| ¡Por Dios! | *My God!* | por lo pronto | *for the time being* |
| ¡Por lo que más quiera! | | por gusto | *for the sake of it* |
| *For heaven's sake!* | | | |

| | |
|---|---|
| **Por ejemplo,** Bolívar y San Martín sufrieron mucho. | *For example, Bolivar and San Martin suffered a lot.* |
| **Por supuesto,** hoy día, se les considera como héroes. | *Of course, today they are considered heroes.* |
| ¡**Por Dios,** no hable tanto! | *My God, don't talk so much!* |

## 176. *De* contra *por*

**A.** Debemos recordar que en expresiones de tiempo se usa **de** cuando se expresa la hora y **por** cuando solamente se expresa en términos generales cuando ocurre algo, como **por** la mañana, **por** la tarde y **por** la noche.

| | |
|---|---|
| Voy a las siete **de** la mañana. | *I'm going at seven o'clock in the morning.* |
| Voy **por** la mañana. | *I'm going in the morning.* |

Trabaja desde las once **de** la noche
hasta las dos **de** la tarde.

*He works from eleven at night until
two in the afternoon.*

Trabaja **por** la noche y **por** la tarde.

*He works at night and in the after-
noon.*

**B.** También como hemos visto **por** se usa para expresar el agente de la voz pasiva, a
no ser con verbos de acción mental cuando se usa **de**. Esta última preposición se
usa también con **estar** para expresar el estado o condición que resulta de una
acción.

Las cartas fueron escritas **por** los
empleados.

*The letters were written by the
clerks.*

Martí es admirado **de** todos los
cubanos.

*Martí is admired by all Cubans.*

El dormitorio está inundado **de**
agua.

*The dormitory is flooded with water.*

## 177. Adverbios y preposiciones

A veces se confunden ciertos adverbios con preposiciones compuestas, formadas
por los mismos adverbios seguidos de la preposición **de,** que, lógicamente,
requieren un uso diferente.

Ellos viven **lejos**.

*They live far away.*

Ellos viven **lejos de** la universidad.

*They live far from the university.*

Está **debajo**.

*It is underneath.*

Está **debajo de** la mesa.

*It is underneath the table.*

Llegó **después**.

*He arrived afterward.*

Llegó **después de** las ocho.

*He arrived after eight o'clock.*

| | |
|---|---|
| alrededor   *around* | alrededor de   *around, about* |
| antes   *beforehand* | antes de   *before* (tiempo, espacio) |
| cerca   *near, nearby, close* | cerca de   *near, close to* |
| debajo   *below, underneath* | debajo de   *below, underneath* |
| adentro   *inside* | dentro de   *inside, within* |
| después   *afterward* | después de   *after* (tiempo, espacio) |
| detrás   *at the back* | detrás de   *behind, in back of* |
| encima   *at the top, on top* | encima de   *upon, on, above* |
| afuera   *outside* | fuera de   *outside, outside of* |
| lejos   *far, far off, away* | lejos de   *far from* |

## 178. El uso de las conjunciones

Las conjunciones en español se usan como en inglés con objeto de enlazar dos o
más palabras u oraciones. A continuación veremos algunas conjunciones que
pueden presentar dificultades en su uso.

**A.** **E** en lugar de **y:** La conjunción copulativa **y** se sustituye por **e** cuando la palabra que le sigue comienza con **i-** o **hi-,** no formando diptongo esta última.

| | |
|---|---|
| Las ideas de libertad **y** justicia son importantes. | *The ideas of liberty and justice are important.* |
| Las ideas de libertad **e** independencia no significaban tanto. | *The ideas of liberty and independence didn't mean as much.* |
| Estudia problemas de salud **e** higiene. | *He studies health and hygiene problems.* |

Pero:

| | |
|---|---|
| Hay mucho petróleo **y** hierro en Venezuela.   (diptongo) | *There is a lot of petroleum and iron in Venezuela.* |

**B.** **U** en lugar de **o:** La conjunción disyuntiva **o** se sustituye por **u** cuando la palabra que le sigue comienza con **o-** u **ho-.**

| | |
|---|---|
| Escriban un poema de siete **o** nueve líneas. | *Write a poem of seven or nine lines.* |
| Escriban un poema de seis **u** ocho líneas. | *Write a poem of seven or eight lines.* |
| ¿Hablas de minutos **u** horas? | *Are you talking about minutes or hours?* |

## 179. *Pero, sino* y *sino que*

**Pero**[22] es la conjunción que equivale a *but.* **Sino** se usa en lugar de **pero** cuando se hace una declaración negativa y a continuación se expresa una idea enteramente opuesta a la inicial. **Sino que** se usa cuando los verbos de las dos oraciones unidas son distintos, o siendo uno mismo se vuelve a repetir en la segunda oración.

| | |
|---|---|
| Compré un libro, **pero** lo perdí. | *I bought a book, but I lost it.* |
| No compré un libro, **sino** una revista. | *I didn't buy a book but a magazine.* |
| No compré el libro, **sino que** lo hallé en la calle. | *I didn't buy the book, but I found it in the street.* |
| No me prestaron las maletas, **pero** las pedí. | *They didn't lend me the suitcases, but I requested them.* |
| No me prestaron las maletas, **sino** las cajas. | *They didn't lend me the suitcases but the boxes.* |
| No me prestaron las maletas, **sino que** me las dieron. | *They didn't lend me the suitcases, but they gave them to me.* |

---

[22] En el pasado, **mas** se usaba con el significado de "pero". Hoy en día su uso no es común.

### 180. *Querer*

El verbo **querer** es uno de los más usados en español. Tiene dos significados: "desear" y "amar". A continuación ofrecemos algunos usos especiales de **querer**.

A. **Querer** se usa como traducción de *will* y *would* (con sus negativos) en aquellos casos en que se desea expresar voluntad, no futuro.

| | |
|---|---|
| ¿**Quiere** ir al cine? No, gracias, no **quiero**. | *Would you like to go to the movies? No, thank you, I don't want to.* |
| No **quisiera** ir, pero tengo que hacerlo. | *I shouldn't like to go but I have to (do it).* |

B. **Querer** en el imperfecto de subjuntivo (**-ra** o **-se**) o en el potencial simple se usa en forma de mandato débil o suavizado.

| | |
|---|---|
| ¿**Quisieran** (querrían) estudiar un poco más? | *Would you like to study a little more?* |
| ¿**Quisiera** (querría) pasarme la azucarera? | *Would you please pass me the sugar bowl?* |

C. **Querer** en el pretérito tiene significados diferentes, según se use en sentido afirmativo o negativo. En el afirmativo significa "tratar de". En el negativo significa "negarse" o "rehusar".

| | |
|---|---|
| **Quiso** salir.   (trató de) | *He tried to leave.* |
| **No quiso** salir.   (se negó a) | *He refused to leave.* |

D. Algunos modismos y expresiones:

sin querer   *unintentionally*
querer decir   *to mean*
quieras o no quieras   *whether you want to or not*
querer llover   *to look like it is going to rain*
no es una cosa como quiera   *it is not anything*
como quiera que   *inasmuch as, whatever, however*
adondequiera y cuando quiera   *wherever and whenever*

| | |
|---|---|
| Eso **quiere decir** que te vayas. | *That means that you must go away.* |
| **Quiere llover** hace rato. | *It has been threatening rain for a while.* |
| **Como quiera** que te peines, se te ve la calvicie. | *However you comb your hair, the baldness shows.* |

# II · EJERCICIOS

(A) Repitan cada oración una vez. Después sustituyan las palabras que se indican, haciendo los cambios que sean necesarios.

> Lo compraron para Luis.
> ___ trajeron _____.
> **Lo trajeron para Luis.**
> _____ Jaime.
> **Lo trajeron para Jaime.**

1. Este regalo es para Enrique.
   ___ carro _____ el profesor.
   ___ maleta _____ mi amigo.
2. He venido para narrarles la historia.
   _____ decirles  la verdad.
   Han venido _____ lo que sucedió.
3. Bolívar salió para Santa  Marta.
   Mis padres _____ Caracas.
   Tú _____ Santiago.
4. Escriban la composición para mañana.
   Estudia _____ el viernes.
   _____ tarea _____ la semana que viene.
5. Para hispanoamericano, habla muy bien el inglés.
   _____, es muy puntual.
   ___ italiano, _____.
6. Cuando Bolívar estaba para morir, pensó eso.
   _____ Pedro _____ llegar, _____.
   _____ María _____, se enfermó.
7. Piensen por una hora.
   Estudien _____ semana.
   Duerman _____ mes.
8. Salió por la Gran Colombia.
   Camina ___ calle.
   Irá _____ parque.
9. Una pared de concreto de veinte y cinco por diez metros
   ___ marco de madera ___ dos _____ cuatro metros
   ___ hoja de papel _____ quince _____ ocho pulgadas
10. Lo había comprado por quince pesos.
    ___ compraba _____ siete colones.
    ___ ha vendido _____ tres dólares.
11. Los patriotas se sacrificaron por la patria.

María _____ sus padres.

Tú _____ sacrificas _____.

12. El profesor llegó por avión.

_____ regresará _____.

Mi amigo _____ barco.

13. *El viejo y el mar* fue escrito por Hemingway.

*El Quijote* _____ Cervantes.

El libro fue _____ Antonio.

14. Vayan por sus compañeros.

Fueron _____ el médico.

Iba _____ el abogado.

15. Se les tiene por verdaderos héroes.

_____ tendrá __ muy inteligentes.

__ le _____ perezoso.

16. Tienen un trabajo por hacer.

_____ una lección __ completar.

_____ aprender.

**(B)** Contesten las preguntas siguientes, tal como se indica en el modelo. No dejen de usar **por** o **para** en la respuesta.

> ¿Para dónde va usted?   (allá, su casa, el cine)
> **Voy para allá.**
> **Voy para su casa.**
> **Voy para el cine.**

1. ¿Por dónde va usted?   (el parque, el ascensor, la acera)
2. ¿Para quién es el regalo?   (Juan, los amigos, tus tíos)
3. ¿Por qué es el regalo?   (su cumpleaños, sus notas, su trabajo)
4. ¿Por quién lo hacía?   (su padre, el profesor, su novia)
5. ¿Para qué estudia usted?   (sacar buenas notas, aprender, saber más)
6. ¿Por cuánto tiempo va de vacaciones?   (un año, una semana, un día)
7. ¿Para cuándo quiere las camisetas?   (el lunes, el fin de semana, mañana)
8. ¿A cómo se venden las camisas?   (cinco por diez dólares, dos por tres colones, ocho por veinte pesos)
9. ¿Por quién fue escrita la novela?   (Cervantes, Gallegos, Galdós)
10. ¿Por qué se le tenía?   (médico, abogado, dentista)

**(C)** Unan las frases u oraciones siguientes, usando **por** y **para** de acuerdo con el significado de las palabras suministradas, tal como se indica en los modelos.

> Él es chino. Habla muy bien español.   (comparación)
> **Para chino habla muy bien español.**

> Viene caminando. El parque.   (a través)
> **Viene caminando por el parque.**

1. Él es estudiante de primer año. Habla muy bien francés.   (comparación)
2. Viene corriendo. La acera.   (a través)
3. El pantalón lo compraron. Mi hermano Pedro.   (finalidad)
4. La carta llegó. El correo especial.   (medio)
5. Fue a la clínica. El médico de Pedro.   (en busca de)
6. Salió sin verme. La clase de botánica.   (destino)
7. Regresan hoy. Estudiar. Los exámenes.   [finalidad (causa)]
8. Vuelven de Buenos Aires. Barco o avión.   (medio)
9. Van de viaje. El mes de septiembre.   (duración)
10. Téngalo hecho. El sábado de la semana que viene.   (término de tiempo)

**(D)** Llenen los espacios en blanco con **a** o **en,** de acuerdo con el significado de los verbos. Recuerden que **en** implica lugar fijo y **a** movimiento.

1. Voy _____ tu casa.
   Estoy _____ tu casa.
2. Hablamos _____ la terraza.
   Salgo _____ la terraza.
3. Regresamos _____ la cocina.
   Comemos _____ la cocina.
4. Iríamos _____ la farmacia.
   Lo compraríamos _____ la farmacia.
5. La llevaremos _____ el teatro.
   Nos veremos _____ el teatro.
6. Se sentaban _____ la oficina.
   Caminaban _____ la oficina.
7. Corrían _____ el patio de recreo.
   Jugaste _____ el patio de recreo.
8. Iré _____ el cine.
   Me dormí _____ el cine.

**(E)** Completen las frases u oraciones siguientes, usando la preposición apropiada.

1. Venían _____ casa de su abuelo.   (sin, de, en)
2. El viaje tendrá lugar _____ mayo.   (a, sin, en)
3. Se dirigían _____ Buenos Aires _____ Santiago.   (bajo, sin, hacia, desde)
4. La maleta estaba escondida _____ muchas otras.   (desde, de, entre)
5. Lo hacía _____ las instrucciones.   (entre, según, de)
6. Hablaban _____ el accidente.   (a, sobre, para)
7. Venía _____ sus libros.   (desde, de, sin)
8. Corría _____ el ladrón.   (tras, de, so)
9. Estaba _____ una situación difícil.   (ante, según, a)
10. Estoy _____ juramento.   (a, por, bajo)

**(F)** Cambien **e** por **y** y **u** por **o**, tal como se indica en el modelo.

Hijo y padre vienen a visitarnos.
**Padre e hijo vienen a visitarnos.**

Octavio o Juan irán por el regalo.
**Juan u Octavio irán por el regalo.**

1. Iglesia y casa se quemaron.
Casa _____.
2. Vendrán de vacaciones en octubre o septiembre.
Vendrán de vacaciones en septiembre _____.
3. Hija y madre corrían por la calle.
Madre _____.
4. Oscar o Pedro vendrán para buscarte.
Pedro _____.
5. Tu novia es inteligente y bonita.
Tu novia es bonita _____.
6. ¿Qué desean, oírlo o verlo?
¿Qué desean, verlo _____?

**(G)** Contesten las preguntas siguientes, tal como se indica en el modelo. No dejen de usar **pero, sino** y **sino que**.

¿Quiere usted dormir?
(No. Me convendría.)
**No quiero dormir, pero me convendría.**
(No. Descansar.)
**No quiero dormir sino descansar.**
(No. Deseo descansar.)
**No quiero dormir, sino que deseo descansar.**

1. ¿Deseas comer?
(No. Vamos si quieres.)
(No. Tomar agua.)
(No. Quiero tomar agua.)
2. ¿Van a San Francisco?
(No. Sería muy interesante.)
(No. A Los Ángeles.)
(No. Permaneceremos en Los Ángeles.)
3. ¿Camina Pedro a su casa?
(No. Debería hacerlo.)
(No. Al cine.)
(No. Va al cine.)
4. ¿Sacas buenas notas?
(No. Me gustaría.)
(No. Malas.)
(No. Las recibo malas.)

**(H)** Llenen los espacios en blanco con un adverbio o una preposición de la lista que aparece en el número **177** de esta lección.

1. _____ la casa estaba el jardín.
2. Yo llegué _____.

3. Yo estaba _____ en el momento del accidente.
4. _____ había una gran cantidad de personas.
5. _____ la mesa estaba el gato.
6. Yo estaba _____, no fuera de la casa.
7. Había _____ treinta alumnos en la clase.
8. La estación de gasolina estaba _____, no lejos como me dijiste.

**(I)** Sustituyan las palabras en negrita por la forma correspondiente del verbo **querer.**

1. No **deseo** ir, pero voy.
2. Ella lo **amaba** mucho.
3. **Está para** llover hace rato.
4. **En cualquier lugar** y **en cualquier momento** lo veo.
5. **Se negó a** venir.
6. **Trató de** llegar a tiempo.
7. Por favor, ¿**tendría** usted **la bondad de** llamarme a Manuel?
8. **De cualquiera forma** que venga, que entre.

# III·EJERCICIOS DE REPASO

**(A)** Sustituyan las palabras en negrita por pronombres.

1. Juan le envía **las maletas.**
2. Compre usted **los boletos.**
3. Le rompieron **el saco a Pedro.**
4. No vendan ustedes **los libros.**
5. Le regaló **una sortija a mi prima.**
6. Cuento **una historia a mis sobrinos.**
7. Diga usted **a María el resultado.**
8. No venda **el traje a su amigo.**
9. Nos envolvieron **los paquetes.**
10. Le mencionaremos **lo sucedido.**

**(B)** Contesten las preguntas siguientes, sustituyendo las palabras en negrita por pronombres, tal como se indica en el modelo.

> ¿Trajo **los regalos?**
> **Sí, los traje.**

1. ¿Quiere usted **una manzana?**
2. ¿Vio usted **a su hermana?**
3. ¿Trajo **el libro para Luis?**
4. ¿Me compró **los discos?**
5. ¿Recibió usted **el diploma de bachiller?**
6. ¿Entregó usted **las respuestas a los alumnos?**

7.  ¿Desea comprar **la enciclopedia?**
8.  ¿Le ordenó usted a **Pedro estudiar?**

# IV · *EJERCICIOS DE VERBOS*[23]

> **poner**  *to put*
> **querer**  *to want*
> **saber**  *to know how; to know (a fact); to know (by heart)*

**Poner** presenta irregularidades en el presente, pretérito y futuro de indicativo; en el presente e imperfecto de subjuntivo; en el potencial simple; en el imperativo; y en el participio pasivo. **Querer** presenta irregularidades en el presente, pretérito y futuro de indicativo; en el presente e imperfecto de subjuntivo; en el potencial simple; y en el imperativo. **Saber** presenta irregularidades en el presente, pretérito y futuro de indicativo; en el presente e imperfecto de subjuntivo; en el potencial simple; y en el imperativo.

**(A)** Cambien las formas verbales en negrita a los tiempos indicados.

1.  Yo **quiero** comprar una bicicleta.  (pretérito y futuro de indicativo, potencial simple)
2.  Él **puso** los regalos en el cuarto.  (presente y futuro de indicativo, potencial simple)
3.  Yo **sé** perfectamente lo que dice ese capítulo.  (pretérito, imperfecto y futuro de indicativo)
4.  Ellos **pondrían** las maletas en el tren.  (presente, pretérito y futuro de indicativo)
5.  **Quiero** que **pongas** la pluma en el escritorio.  (pretérito de indicativo e imperfecto de subjuntivo)
6.  **Duda** que lo **sepa** para mañana.  (imperfecto de indicativo e imperfecto de subjuntivo)

**(B)** Cambien al plural.

1.  Tú quieres almorzar a las ocho.
2.  Yo pongo la ropa en las gavetas.
3.  Supe de su hermano por el periódico.
4.  Él quiso jamón y huevos.
5.  Usted puso los platos a lavar.
6.  ¿Quién lo supiera?

[23] Véase el Apéndice D en la página 321.

**(C)** Cambien al singular.

1. Sabremos de quién se trata.
2. Ustedes pondrían la plata en el banco.
3. Ellas quieren ir al baile.
4. ¿Cómo sabemos si viene?
5. Vosotros querríais ser millonarios.
6. Nosotros ponemos los libros en la mesa.

**(D)** Cambien los verbos a todos los tiempos del indicativo, del potencial y del subjuntivo.

1. Yo (saber) mis lecciones.
2. Ustedes (poner) más atención a lo que hacen.
3. Nosotros (querer) no tener exámenes.

# LECCIÓN 14

## Sección Primera

## I · DIÁLOGO

### La América Latina y los Estados Unidos

*(Pedro está sentado en un banco del pasillo esperando el comienzo de la clase de matemáticas, cuando ve llegar a Juan.)*

PEDRO   Oye, Juan, ven acá, ¿qué me dices de[1] la crisis del Medio Oriente y de la crisis de energía que está atravesando el país?[2]

JUAN   ¿Qué? ¿Nos vamos a salir de nuestro tema central?

PEDRO   *(en tono enérgico)* De ninguna manera,° todo lo contrario.° Con motivo de lo que está occuriendo, una vez más° se demuestra la gran importancia que tiene la América Latina para los Estados Unidos.

JUAN   Bueno, todo el mundo° sabía algo de eso, pero ¿a qué viene tanta excitación?[3]

PEDRO   Pues, que a ustedes les sería muy difícil vivir sin el petróleo de Venezuela, ya que importan de ese país casi la misma cantidad de millones de barriles al año, que del resto de los otros países juntos, y ahora, desde la suspensión temporal de los embarques de petróleo por los países árabes y la crisis de energía, esa cantidad se ha aumentado.

JUAN   Eso sí que tiene la mar de importancia.°

### Cierto o falso

Las frases u oraciones siguientes expresan hechos ciertos o falsos con respecto al diálogo anterior. Cada alumno leerá una de ellas, y su compañero más cercano contestará **sí** o **no**, completando la respuesta.

[1] *what do you have to say about*
[2] *the country is going through*
[3] *what is the reason for so much excitement?*

1. Pedro está parado en el pasillo.
2. Espera el final de la clase de matemáticas.
3. Pedro le hace una pregunta a Juan.
4. Juan le contesta con otra pregunta.
5. Por primera vez se demuestra la importancia de la América Latina.
6. Juan dice que nadie sabía nada de eso.
7. Venezuela exporta muy poco petróleo a los Estados Unidos.
8. Eso tiene muy poca importancia.

## II · DIÁLOGO (continuación)

PEDRO  Quiero que sepas que no es sólo el petróleo de Venezuela, sino también hay muchos otros productos básicos para la industria estadounidense que vienen de nuestros países.

JUAN  Tienes razón. Además,° he oído decir que la América Latina, en conjunto,° es probablemente el mercado más importante para la venta de lo que nosotros manufacturamos.

PEDRO  Sí, eso es correcto. Por ejemplo, para citar un caso concreto, en 1961, los Estados Unidos vendieron a la América Latina más de la mitad de los productos que importaron esos países. Al mismo tiempo,° compraron casi la mitad de las exportaciones de esas repúblicas.

JUAN  ¿Puedes darme estadísticas más recientes de una de las naciones latinoamericanas para comprender mejor lo que dices?

PEDRO  Sí, volvamos al caso de Venezuela. Este país, en 1969, compró el 50 por ciento de sus importaciones en los Estados Unidos y, al mismo tiempo, les vendió el 34 por ciento de sus exportaciones.

JUAN  No hay duda que esa es la razón por la cual los países comunistas han tenido tanto interés en los asuntos latinoamericanos en los últimos años. Y Venezuela fue el primer país que sufrió el ataque de las guerrillas entrenadas y pagadas por el gobierno de Cuba.

PEDRO  Por supuesto, ese es el motivo principal.° Ojalá que toda la gente en los Estados Unidos se diera cuenta de la necesidad de la amistad de los países latinoamericanos y, también, de la conveniencia, por muchas razones,° de ayudarnos con nuestros problemas, que tenemos bastantes.

JUAN  Es que tenemos tantas cosas en el mundo, que, en ocasiones, nos olvidamos de nuestros vecinos y de la importancia de ayudarlos a ustedes.

PEDRO   Lo peor es[4] que muchas veces he oído decir con respecto a estos asuntos: "que los resuelvan los latinoamericanos". Olvidan las palabras del presidente F. D. Roosevelt: "la seguridad y tranquilidad de los Estados Unidos están íntimamente relacionadas con las de la América Latina".

JUAN   Bueno, Pedro, lo único que puedo decirte es que a mí sí que nunca se me olvidarán estas cosas.

PEDRO   Yo sé como tú piensas Juan. Mira, entremos en clase, que ahí viene el profesor.

JUAN   Andando.


## Preguntas

Contesten con frases completas las preguntas siguientes, de acuerdo con el diálogo anterior. Cada respuesta deberá tener por lo menos cinco palabras.

1. ¿Cuál es probablemente el mercado más importante para los Estados Unidos?
2. ¿Cuál es el caso concreto de 1961?
3. ¿De qué quisiera Pedro que la gente de los Estados Unidos se diera cuenta?
4. ¿Por qué se olvidan a veces los norteamericanos de sus vecinos?
5. ¿Cuáles fueron las palabras del presidente F. D. Roosevelt?
6. ¿Qué es lo único que puede decir Pedro?


## Preguntas relacionadas con usted

1. ¿A qué hora entró usted en clase hoy?
2. ¿Dónde está usted sentado en este momento?
3. ¿A qué hora, dónde y cuál es su próxima clase?
4. ¿Cuántas clases tiene usted todos los días?
5. ¿Llega usted temprano o tarde a sus clases normalmente?
6. ¿Cuál es el tema central del diálogo de esta lección?
7. ¿Le interesan a usted los problemas de la América Latina?


# III·HABLEMOS EN ESPAÑOL

1. ¿A cuánto ascienden las inversiones de los Estados Unidos en la América Latina?

[4] *The worst thing is*

2. ¿A cuánto asciende cada año el intercambio comercial entre la América Latina y los Estados Unidos?
3. ¿Cuáles son los productos principales que los Estados Unidos importan de Latinoamérica?
4. ¿Cuáles son los productos principales que los Estados Unidos exportan a Latinoamérica?
5. ¿Qué piensa usted de la importancia de Latinoamérica para los Estados Unidos?
6. ¿Cree usted que siempre han sido buenas las relaciones entre los Estados Unidos y la América Latina?
7. ¿Cuáles son algunos de los problemas difíciles que existen entre los Estados Unidos y algunos países de la América Latina?
8. ¿Cree usted que los estudiantes estadounidenses pueden ayudar a mejorar las relaciones? ¿Cómo?

# IV · MODISMOS Y EXPRESIONES

de ninguna manera   *by no means*
todo lo contrario   *on the contrary*
la mar de   *a lot of*
además   *besides*
en conjunto   *as a whole, altogether*
el motivo principal   *the main reason*

(A) Completen las oraciones siguientes con uno de los modismos o expresiones anteriores.

1. Ése era _____ de su visita.
2. Sucedía _____. Él no había venido.
3. En esos días el profesor tenía _____ problemas.
4. No puedo ir _____.
5. No los quería separados; los quería _____.
6. _____ de tu hermana y Juan, vino Luis.

muchas veces   *many times*
el tema central   *the main topic*
una vez más   *once more*
todo el mundo   *everybody*
por muchas razones   *for many reasons*
al mismo tiempo   *at the same time*

(B) Sustituyan las palabras en negrita con uno de los modismos o expresiones anteriores que tenga el mismo o parecido significado. No usen el mismo modismo o expresión en más de una ocasión.

1. **Toda la gente** estaba en el partido de fútbol.
2. **Por varias causas** llegamos tarde.
3. Él resultaba responsable **en una nueva ocasión.**
4. El otro momento es el opuesto de **a la misma vez.**
5. **El punto principal** de la discusión era el comunismo.
6. El lo dijo **en muchas ocasiones.**

(C) Si su profesor se lo ordena, estén preparados para usar, en forma escrita u oralmente, en una frase u oración, los anteriores modismos y expresiones.

# Sección Segunda

## I · GRAMÁTICA

### 181. El subjuntivo en cláusulas independientes

El subjuntivo puede ser usado en dos tipos de cláusulas u oraciones: independientes y subordinadas. Se usa de forma independiente en varios casos. En algunos de ellos, aunque el subjuntivo aparece usado por sí solo, en realidad el verbo principal ha sido omitido, y hay alguna expresión de mandato, exhortación, exclamación, voluntad o emoción sobrentendida. La función principal del subjuntivo cuando se usa de modo independiente es la de la formación de los mandatos.

### 182. Formación de los mandatos

Los mandatos en español se forman con el imperativo y con el subjuntivo, según sea el caso.

**Di**le a Juan de tus experiencias.        *Tell Juan about your experiences.*
    (imperativo)
**Apúrense.**   (subjuntivo)        *Hurry up.*

Véase el cuadro de mandatos en las páginas 266–67.

## CUADRO DE MANDATOS

| Presente del indicativo | Presente del subjuntivo | Mandato con usted y ustedes (polite) |
|---|---|---|
| **Hablar** | | |
| hablo | hable | ⌠ hable[5] Ud. |
| | | *speak* |
| hablas | hables | no hable Ud. |
| habla | hable | ⌡ *don't speak* |
| hablamos | hablemos | ⌠ hablen Uds. |
| | | *speak* |
| habláis | habléis | no hablen Uds. |
| hablan | hablen | ⌡ *don't speak* |
| **Comer** | | |
| como | coma | ⌠ coma[5] Ud. |
| | | *eat* |
| comes | comas | no coma Ud. |
| come | coma | ⌡ *don't eat* |
| comemos | comamos | ⌠ coman Uds. |
| | | *eat* |
| coméis | comáis | no coman Uds. |
| comen | coman | ⌡ *don't eat* |
| **Escribir** | | |
| escribo | escriba | ⌠ escriba Ud. |
| | | *write* |
| escribes | escribas | no escriba Ud. |
| escribe | escriba | ⌡ *don't write* |
| escribimos | escribamos | ⌠ escriban[5] Uds. |
| | | *write* |
| escribís | escribáis | no escriban Uds. |
| escriben | escriban | ⌡ *don't write* |

[5] Noten que en los mandatos con **usted** y **ustedes** si el infinitivo del verbo termina en **-ar**, se añade la terminación **-e**; si termina en **-er** o **-ir**, se añade la terminación **-a**.

## SU FORMACIÓN

| Imperativo tú, vosotros, -as (familiar) | Mandatos exhortativos (let us) | Mandatos indirectos (let him, her, etc.) |
|---|---|---|
| habla (tú)<br>*speak*<br>no hables (tú)<br>*don't speak* | | |
| hablad (vosotros)[6]<br>*speak*<br>no habléis (vosotros)[7]<br>*don't speak* | hablemos<br>*let's speak*<br>(vamos a hablar) | que hable él<br>*let him speak*<br>que hablen ellos<br>*let them speak* |
| come (tú)<br>*eat*<br>no comas (tú)<br>*don't eat* | | |
| comed (vosotros)[6]<br>*eat*<br>no comáis (vosotros)[7]<br>*don't eat* | comamos<br>*let's eat*<br>(vamos a comer) | que coma él<br>*let him eat*<br>que coman ellos<br>*let them eat* |
| escribe (tú)<br>*write*<br>no escribas (tú)<br>*don't write* | | |
| escribid (vosotros)[6]<br>*write*<br>no escribáis (vosotros)[7]<br>*don't write* | escribamos<br>*let's write*<br>(vamos a escribir) | que escriba él<br>*let him write*<br>que escriban ellos<br>*let them write* |

[6] Estas formas cambian la -**r** final del infinitivo por una -**d.**

[7] La forma plural del imperativo (familiar) se usa comúnmente en España pero no en Hispanoamérica.

## 183. El imperativo

El imperativo se usa para dar órdenes a familiares, niños, amigos o personas cuya subordinación al que habla hacen este uso normal. Los pronombres **tú** y **vosotros** generalmente se omiten, excepto cuando se quiere dar énfasis al mandato.

**A.** El **afirmativo singular** del imperativo genuino tiene la misma forma que la tercera persona del singular del presente de indicativo.

| | |
|---|---|
| Juan, **trae** el vaso que está en la mesa. | Juan, bring the glass that is on the table. |
| Carlitos, **limpia** la bicicleta. | Carlitos, clean the bicycle. |
| **Carga** (tú) las maletas. | Carry the suitcases. |
| **Tráeme** los libros. | Bring me the books. |

Los verbos siguientes tienen una forma irregular:

| decir | **di** | ir | **ve** | salir | **sal** | tener | **ten** |
|---|---|---|---|---|---|---|---|
| hacer | **haz** | poner | **pon** | ser | **se** | venir | **ven** |

| | |
|---|---|
| **Ven** (tú) a las ocho. | Come at eight o'clock. |
| **Sal** temprano. | Leave early. |
| **Dile** a Juan de tus experiencias. | Tell Juan about your experiences. |
| Juan, **ten** paciencia. | Juan, have patience. |
| **Pon** la mesa. | Set the table. |

**B.** El **afirmativo plural** del imperativo genuino se forma sustituyendo la **-r** final del infinitivo por una **-d.** No hay imperativos irregulares en el plural.

| | |
|---|---|
| **Salid** temprano. | Leave early. |
| **Limpiad** las ventanas. | Clean the windows. |
| **Traedme** el desayuno. | Bring me the breakfast. |
| **Poned** la mesa. | Set the table. |

Cuando el pronombre reflexivo **os** se une al imperativo plural, la **-d** final se omite. La única excepción a esta regla es el verbo **irse** que tiene la forma **idos.**

| | |
|---|---|
| **Peinaos** ahora mismo. | Comb your hair right now. |
| **Lavaos** la cara. | Wash your face. |
| **Levantaos** temprano. | Get up early. |

Pero:

| | |
|---|---|
| **Idos** inmediatamente. | Go away immediately. |

Cuando a los verbos de la tercera conjugación se une el reflexivo **os,** un acento escrito se usa sobre la **-i** final.

| | |
|---|---|
| **Vestíos** (vosotros). | *Get dressed.* |
| **Dormíos** (vosotros). | *Go to sleep.* |

**C.** El **negativo del imperativo** genuino (singular y plural) tiene la misma forma que la segunda persona (singular y plural) del presente de subjuntivo.

| | |
|---|---|
| No **escribas** la carta. | *Don't write the letter.* |
| No **vengas** a verme. | *Don't come to see me.* |
| No **comáis** tan rápido. | *Don't eat so rapidly.* |
| No os **peinéis.** | *Don't comb your hair.* |
| No os **lavéis.** | *Don't wash.* |

## 184. Mandatos con *usted* y *ustedes*

El afirmativo y el negativo de los mandatos con **usted** y **ustedes** tiene la misma forma que la tercera persona (singular y plural) del presente de subjuntivo. Los pronombres **usted** y **ustedes,** y, en ocasiones, **por favor,** se usan para suavizar el mandato o dar muestras de cortesía.

| | |
|---|---|
| **Apúrense.** | *Hurry up.* |
| **Prepare usted** la cuenta. | *Prepare the bill.* |
| **Váyanse ustedes.** | *Go away.* |
| **Mándelo usted,** por favor. | *Send it, please.* |

## 185. Mandatos exhortativos

El mandato exhortativo (*let us*), afirmativo y negativo, tiene la misma forma que la primera persona del plural del presente de subjuntivo. La forma afirmativa se sustituye frecuentemente con la construcción **vamos a** + infinitivo.[8] El pronombre **nosotros,** comúnmente, no se usa.

| | |
|---|---|
| **Hablemos** (Vamos a hablar) de la crisis en el Medio Oriente. | *Let's talk about the crisis in the Middle East.* |
| **Entremos** (Vamos a entrar) en la sala de recibo. | *Let's go into the living room.* |
| No **discutamos** más. | *Let's not argue any more.* |

Cuando el verbo es reflexivo, se omite la **-s** final de la primera persona del plural. En estos casos se requiere un acento escrito en la vocal anterior a la **-m-.**

| | |
|---|---|
| **Vistámonos** ahora. | *Let's get dressed now.* |
| **Sentémonos** a la mesa. | *Let's sit down at the table.* |

[8] Sobre todo para evitar una doble s: **Vamos a quitársela.** = **Quitémossela.** *Let's take it away from him.*

| | |
|---|---|
| **Levantémonos** temprano. | *Let's get up early.* |
| **Acostémonos** a dormir una siesta. | *Let's lie down to take an afternoon nap.* |

## 186. Mandatos indirectos

**A.** Los mandatos indirectos (*let him, let her,* etc.) tienen la misma forma que la tercera persona (singular y plural) del presente de subjuntivo. En esta construcción se usa **que**[9] precediendo al verbo, aunque, en ocasiones, se sitúa delante del pronombre personal.

| | |
|---|---|
| **Que** (ella) **vaya** ella. | *Let her go.* |
| **Que amarre** el barco. | *Have him moor the boat.* |
| **Que** lo **resuelvan** los latino-americanos. | *Let the Latin Americans resolve it.* |
| **Que vengan** temprano. | *Have them come early.* |

Con algunas expresiones de uso muy común, **que** no se emplea.

| | |
|---|---|
| **Viva** la patria. | *Long live the fatherland.* |
| **Mueran** los traidores. | *Death to the traitors.* |
| Dios te **bendiga.** | *God bless you.* |

**B.** Los mandatos impersonales, que se usan para dar instrucciones, se forman con la tercera persona (singular y plural) del presente de subjuntivo y el pronombre reflexivo **se.** En estos casos también es común el uso del infinitivo.

| | |
|---|---|
| **Tradúzcanse** (traducir) las páginas tres y cuatro. | *Translate pages three and four.* |
| **Léase** (leer) en francés. | *Read in French.* |
| **Manténgase** (mantener) el silencio. | *Maintain silence.* |

## 187. *Ojalá (que)*

El subjuntivo se usa con la interjección **ojalá**[10] (*would that, I wish that*), seguida o no de **que,** para expresar una aspiración, ambición, ansia o deseo. Tres situaciones pueden presentarse:

[9] No se debe confundir el uso de **que** + tercera persona del singular del presente de subjuntivo con la expresión **deje que** + tercera persona del singular del presente de subjuntivo. En el primer caso nada más que la voluntad del que habla se expresa; en el segundo, se le pide permiso a otra persona: **Que ella vaya.** (Expreso mi voluntad.) *Let her go.* **Déjela que vaya.** (Yo le pido permiso a usted.) *I asked you to let her go.*

[10] Esta interjección viene del árabe y verdaderamente significa *May Allah grant that.*

| Aspiración ambición, etc. | Tiempo del subjuntivo | Ejemplo | |
|---|---|---|---|
| **A.** Que existe la posibilidad de producirse o realizarse el deseo. | presente | **Ojalá (que) sepa** las preguntas del examen. | *I hope you know the questions on the exam.* |
| **B.** Que es imposible o muy dudoso de producirse o realizarse el deseo en el presente. | imperfecto | **Ojalá (que) supiera** las preguntas del examen. | *I wish that you knew the questions on the exam.* |
| **C.** Que fue imposible de producirse o realizarse el deseo en el pasado. | pluscuamperfecto | **Ojalá (que) hubiera sabido** las preguntas del examen. | *I wish that you had known the questions on the exam.* |

## 188. *Tal vez* y *quizá(s)*[11]

**Tal vez** y **quizá(s)**[12] (*perhaps*) se usan con el subjuntivo o el indicativo dependiendo del grado de duda o certeza que la persona que habla tiene sobre lo que dice.

Tal vez (quizá) **venga.**   *Perhaps he will come.*
Tal vez (quizá) **viene.**   *Perhaps he is coming.*
Tal vez (quizá) lo **comprara.**   *Perhaps he would buy it.*
Tal vez (quizá) lo **compró.**   *Perhaps he bought it.*

## 189. El subjuntivo en exclamaciones

El subjuntivo se usa frecuentemente en exclamaciones que demuestran sorpresa, incredulidad, deseo o indignación.

¡Quién **fuera** rico!   *I wish I were rich!*

---

[11] **A lo mejor,** con el indicativo, sustituye con frecuencia a **tal vez** o **quizá(s).**
[12] Generalmente **quizá** se usa delante de una palabra que comienza con consonante, **quizás** delante de una palabra que comienza con una vocal: **Quizás entre. Quizá** lo hizo.

¡Qué usted se **comporte** así con su padre!

*How could you behave that way to your father!*

¡Qué **ocurran** tales cosas!

*How could such things happen!*

## 190. *Quisiera, pudiera* y *debiera*

La forma **-ra** del imperfecto de subjuntivo se usa con los verbos **querer, poder** y **deber** para expresar en forma más moderada o suave una declaración o manifestación del tipo exhortativo.[13]

De todos modos, **quisiera** hablar contigo.

*Anyway, I would like to talk to you.*

¿**Pudiera** usted prestarme su coche?

*Could you lend me your car?*

**Debieras** contarle tus experiencias.

*You should tell him your experiences.*

## 191. Correspondencia de los tiempos del modo subjuntivo con los del indicativo y del potencial

Véase la tabla en esta página y la siguiente.

**A.** Como se comprueba del cuadro sinóptico siguiente, a los cuatro tiempos del subjuntivo en las cláusulas subordinadas pueden corresponder varios tiempos del indicativo, el potencial, el imperativo y los mandatos con **usted** y **ustedes,** en las cláusulas principales.

**B.** Cuando el verbo de la oración principal es de presente o futuro, el verbo de la oración o cláusula subordinada (subjuntivo) puede ser de tiempo presente (futuro implicado) o pasado, aunque este último caso no es tan común. Sin embargo, cuando el verbo de la oración principal es de pasado o condicional, el verbo de la oración o cláusula subordinada normalmente es de pasado, no de presente.

CORRESPONDENCIA DE LOS TIEMPOS DEL MODO SUBJUNTIVO CON LOS DEL INDICATIVO
Y DEL POTENCIAL

| *Tiempo y modo del verbo principal* | *Tiempo del subjuntivo (verbo dependiente)* | |
| --- | --- | --- |
| presente del indicativo<br>futuro del indicativo<br>mandato con **Ud.** y **Uds.**<br>imperativo | presente del subjuntivo<br>perfecto del subjuntivo | Nota: En cualquiera otra situación que se requiera una correspondencia diferente entre el verbo de la |

[13] En estos casos también se puede usar el potencial simple: De todos modos, **querría** hablar contigo.

**Dudo** que **venga** Pedro.
*I doubt that Pedro will come.*
**Dudo** que **haya venido** Pedro.
*I doubt that Pedro has come.*
**Mandaré** que **venga.**
*I will order him to come.*
**Mándele** que **venga** Pedro.
*Order Pedro to come.*

---

| pretérito del indicativo | imperfecto del subjuntivo |
| imperfecto del indicativo | pluscuamperfecto del |
| potencial | subjuntivo |

**Dudé** que **viniera** Pedro.
*I doubted that Pedro came.*
**Dudaba** que **viniera** Pedro.
*I doubted that Pedro came.*
**Dudaría** que **viniera** Pedro.
*I would doubt that Pedro came.*
No **creí** que **hubiera venido.**
*I didn't think he had come.*
No **creía** que **hubiera venido.**
*I didn't think he had come.*
Me **gustaría** que **hubiera venido.**
*I would like that he had come.*

oración principal y el verbo de la oración dependiente, se procederá según el sentido y lógica del caso.
**Siento** que no **comiese** aquí.
*I'm sorry he didn't eat here.*
**Siento** que no **hubiera comido** aquí.
*I'm sorry he hadn't eaten here.*
Me **molesta** que no **dijese** la verdad.
*It bothers me that he didn't tell the truth.*
Me **molesta** que no **hubiera dicho** la verdad.
*It bothers me that he hadn't told the truth.*

---

**C.** Hay verbos que dado su significado no permiten todas las combinaciones o crean situaciones especiales, como muchos de los de mandato e influencia. En estas instancias se procederá según el sentido y lógica del caso.

# II · EJERCICIOS

**(A)** Contesten las preguntas siguientes, usando el imperativo singular (afirmativo y negativo), tal como se indica en el modelo.

¿Qué escribo?  ¿La composición?
**Sí, escribe la composición.**
**No, no escribas la composición.**

1. ¿Qué hago?  ¿El trabajo?
2. ¿Qué digo?  ¿La verdad?

   3. ¿Qué pago?  ¿La cuenta?

   4. ¿Qué traigo?  ¿La novela?

   5. ¿Qué pongo?  ¿La mesa?

   6. ¿A quién llamo?  ¿A Pedro?

   7. ¿A quién le recomiendo?  ¿A Juan?

   8. ¿Cuándo se lo mando?  ¿Ahora?

   9. ¿Cuándo lo compro? ¿Mañana?

  10. ¿Dónde lo pongo?  ¿En la sala?

  11. ¿Adónde voy?  ¿A la playa?

  12. ¿Por dónde salgo?  ¿Por el patio?

  13. ¿Por dónde entro?  ¿Por la puerta principal?

**(B)** Contesten las preguntas siguientes usando el imperativo plural (afirmativo y negativo), tal como se indica en el modelo.

> ¿Qué escribimos?  ¿La composición?
> **Sí, escribid la composición.**
> **No, no escribáis la composición.**

   1. ¿Qué mandamos?  ¿Las cartas?

   2. ¿Qué decimos?  ¿Una mentira?

   3. ¿Qué lavamos?  ¿El coche?

   4. ¿Qué aceptamos?  ¿Los regalos?

   5. ¿Qué nos arreglamos?  ¿Las corbatas?

   6. ¿A quién ayudamos?  ¿Al profesor?

   7. ¿A quién se lo negamos?  ¿Al policía?

   8. ¿Adónde vamos?  ¿A la fiesta?

   9. ¿Dónde lo ponemos?  ¿En el pupitre?

  10. ¿Por dónde salimos?  ¿Por la ventana?

  11. ¿Por dónde nos vamos?  ¿Por el parque?

  12. ¿Cuándo lo decidimos?  ¿Por la tarde?

  13. ¿Cuándo volvemos?  ¿La semana que viene?

**(C)** Cambien las oraciones siguientes, tal como se indica en el modelo, con objeto de formar el mandato con **usted** y **ustedes** de los verbos en negrita.

> Juan **escribe** la composición.
> **Juan, escriba (usted) la composición.**
> **Juan, no escriba (usted) la composición.**
>
> Los alumnos **envían** la carta.
> **Alumnos, envíen la carta.**
> **Alumnos, no envíen la carta.**

   1. Josefina **pone** la mesa.

   2. Los empleados **dicen** los resultados.

3. El profesor Sánchez **contesta** la pregunta.
4. Don Segundo **repara** el motor.
5. Las señoras **leen** el periódico.
6. El senador Pérez **va** al congreso.
7. Julito **hace** la tarea.
8. El secretario **sale** del juzgado.
9. Los hermanos Martínez **salen** a verlo.
10. Los médicos **tienen** cuidado.
11. El sacerdote **viene** a confesarlo.
12. Doña Carmen **castiga** al niño.
13. Los señores Suárez **dicen** la verdad.

**(D)** Formen los mandatos negativos.

1. Carlos, tráeme la carta.
2. Véndele el libro.
3. Cómpreselo.
4. Dormíos en la sala.
5. Peinaos ahora mismo.
6. Vistámonos de gala.
7. Idos inmediatamente.
8. Tráigaselo para mañana.
9. Pagadle la cuenta.
10. Comed despacio.
11. Vendámosle el coche.
12. Acostémonos temprano.
13. Levantémonos tarde.

**(E)** Formen los mandatos afirmativos.

1. No salgas de noche.
2. No seáis frescos.
3. No vengas a verme.
4. No os vayáis el martes.
5. No tengan miedo.
6. No corra por la calle.
7. No os afeitéis ahora.
8. No nos cansemos mucho.
9. No nos busquemos problemas.
10. No se lo dé a los estudiantes.
11. No nos cuenten lo sucedido.
12. No se lo digan a él.
13. No nos explique el problema.

**(F)** Usen **ojalá** con el tiempo del subjuntivo que corresponda, tal como se indica en el modelo.

Es posible que tenga el dinero.
**Ojalá tenga el dinero.**
No tiene el dinero ahora.
**Ojalá tuviera el dinero.**
No tenía el dinero ayer.
**Ojalá hubiera tenido el dinero.**

1. Es posible que vaya.
   No puede ir en este momento.
   No pude ir ayer.
2. Es probable que lo den.
   No lo pueden dar en el presente.
   No lo pudieron dar el mes pasado.

3. Es casi seguro que venga.
No puede venir ahora mismo.
No pudo venir anteayer.

4. Es factible que lo hagan.
No lo pueden hacer en estos momento
No lo pudieron hacer hace rato.

**(G)** Respondan a las preguntas siguientes, tal como se indica en el modelo, de acuerdo con la palabra en negrita.

> ¿Contestamos **nosotros** o contestan ellos?
> **Contestemos nosotros.**
> **Vamos a contestar nosotros.**

> ¿Lo pagamos nosotros o lo pagan **ellos**?
> **Que lo paguen ellos.**

1. ¿Decide Juan o decidimos **nosotros**?
2. ¿Lo compramos nosotros o lo compra **Enrique**?
3. ¿Se lo decimos **nosotros** o se lo dicen los alumnos?
4. ¿Se divierten ellos o nos divertimos **usted y yo**?
5. ¿Barremos nosotros o barren **Marta y Juana**?
6. ¿Estudian **ellos** o estudiamos tú y yo?
7. ¿Quiénes escogen, Juan y Pedro o **nosotros**?
8. ¿Quiénes vienen, los muchachos o **Francisco**?

**(H)** Hagan las siguientes declaraciones o manifestaciones más suaves o corteses, usando el imperfecto de subjuntivo (**-ra**), tal como se indica el en modelo.

> **Quiero** que venga a verme.
> **Quisiera que viniera a verme.**

1. ¿**Puede** traerme lo que le presté?
2. Usted **debe** obedecer a su padre.
3. **Quieren** que estudie más.
4. ¿**Pueden** callarse la boca?
5. **Debes** llegar más temprano.
6. **Quiero** que me recojas mañana.

**(I)** Cambien las oraciones del presente al pasado, tal como se indica el modelo.

> Dudo que venga.
> **Dudaba que viniera.**

1. No creo que lo haga.
2. Quiere que vaya.
3. Es lástima que llore.
4. Espero que regrese.
5. No hay nadie que lo crea.

6. Busco un joven que hable italiano.
7. Conviene que visitemos al decano.
8. ¿Teme usted que los suspendan?

**(J)** Cambien las oraciones, tal como se indica en el modelo, de acuerdo con la correspondencia de tiempos y modos y los adverbios o frases adverbiales de tiempo suministrados.

> Dudo que venga hoy.   (ayer, mañana)
> **Dudo que viniera ayer.**
> **Dudo que venga mañana.**

1. No creo que lo haga hoy.   (ayer, mañana)
2. No es cierto que vaya ahora.   (hace dos horas, después)
3. Es lástima que no esté en este momento.   (hace rato, el viernes)
4. Es posible que regrese hoy.   (anteayer, el lunes que viene)
5. No hay nadie que lo sepa ahora.   (el lunes pasado, en el futuro)
6. Me alegro de que estudie hoy.   (ayer, pasado mañana)

**(K)** Contesten las siguientes preguntas usando **quizá(s)** y **tal vez,** de acuerdo con el modelo.

> ¿Viene Pedro?
> **Quizá venga. Tal vez venga.**
> **Quizá viene. Tal vez viene.**
>
> ¿Lo compró Juan?
> **Quizá lo comprara. Tal vez lo comprara.**
> **Quizá lo compró. Tal vez lo compró.**

1. ¿Estudia Luis?
2. ¿Lloraban los niños?
3. ¿Durmió bien Pedro?
4. ¿Escriben Paco y Carlos la composición?

# III · EJERCICIOS DE REPASO

**(A)** Formen la voz pasiva de las oraciones siguientes.

1. María compra un vestido.
2. José escribió un poema.
3. Carlos rompió las gafas.

4. Pedro había cerrado las ventanas.
5. Los niños perdieron los boletos.
6. El pueblo eligió a los gobernantes.

**(B)** Sustituyan la voz pasiva con **se.**

1. Las mesas fueron vendidas.
2. El cuadro es pintado.
3. La novela había sido escrita.
4. El tocadiscos ha sido arreglado.
5. Las paredes fueron pintadas.
6. Los jardines son regados.

**(C)** Sustituyan la voz pasiva, tal como se indica en el modelo.

> El tenista fue derrotado.
> **Derrotaron al tenista.**
> **Se derrotó al tenista.**
> **Se le derrotó.**

1. El presidente fue asesinado.
2. Los atletas fueron recibidos.
3. Juan es designado.
4. Los alumnos habían sido seleccionados.
5. Las reinas serán presentadas.
6. El autor ha sido castigado.

# IV · EJERCICIOS DE VERBOS[14]

**salir**  *to go out*      **tener**  *to have*      **traer**  *to bring*

**Salir** presenta irregularidades en el presente y futuro de indicativo; en el presente de subjuntivo; en el potencial simple; y en el imperativo. **Tener** presenta irregularidades en el presente, pretérito y futuro de indicativo; en el presente e imperfecto de subjuntivo; en el potencial simple; y en el imperativo. **Traer** presenta irregularidades en el presente y pretérito de indicativo; en el presente e imperfecto de subjuntivo; en el imperativo; y en el gerundio.

**(A)** Cambien los verbos en negrita, de acuerdo con el adverbio o frase adverbial.

1. Ustedes **tuvieron** una gran fiesta ayer.   (hoy, mañana)
2. Ahora **prefieren** que **salga** el jueves.   (ayer, mañana)

[14] Véase el Apéndice D en la página 321.

3. **Traeré** tu regalo y el mío mañana.    (en este momento, anteayer)
4. Ayer **pedía** que lo **trajera.**    (pasado mañana)
5. Ahora mismo **tienen** dolor de cabeza.    (la semana pasada, después)
6. Ayer **quería** que **saliéramos** inmediatamente.    (hoy)

**(B)** Cambien los verbos en negrita al plural. Hagan todos los otros cambios que, consecuentemente, sean necesarios.

Yo **salgo** todas las mañanas de mi casa a las siete, pues **tengo** que estar en la universidad a las ocho. Conmigo siempre **traigo** en el automóvil a un amigo que **sale** de su apartamento a las siete menos cinco para que lo **traiga** a la universidad. Antiguamente no **tenía** que salir tan temprano, pero en esa época ni lo **traía** ni había los problemas para estacionar el automóvil que ahora **tengo** en la universidad. Posiblemente el año que viene **salga** a las seis. Nunca **pensé** que **tuviera** que hacerlo, pero esos son los problemas que trae el progreso.

# LECCIÓN 15

## Sección Primera

## I · DIÁLOGO

### El futuro de la América Latina

*(Al día siguiente° de terminar las clases, Juan va a ver a Pedro en su dormitorio. Al entrar° se encuentra a éste haciendo las maletas.°)*

JUAN   He oído decir° que te vas pasado mañana,° ¿es verdad?

PEDRO   Sí, Juan, mi último examen es por la mañana y tomo el avión por la noche.° No puedo demorarme;[1] mi padre me escribió que fuera para el primero de junio. Quiere que llegue para la toma de posesión° del nuevo presidente.

JUAN   ¡Quién fuera rico![2] Si tuviera dinero, me iría contigo. Oye, ¿hay alguien de la universidad que se vaya en el mismo avión?

PEDRO   No, no conozco a nadie que se vaya en el mismo avión.

JUAN   Te voy a extrañar, Pedro. Es increíble que haya pasado un año desde que nos conocimos.

PEDRO   Te escribiré cuando llegue. Dondequiera que esté, me acordaré de todos ustedes.

JUAN   ¿Qué dice tu padre del nuevo presidente?

PEDRO   Hay grandes esperanzas. Es posible que todo cambie. Por desgracia, aquí en los Estados Unidos, poca gente sabe de las grandes reformas que se están realizando° en algunos de nuestros países, a fin de que el pueblo tenga más dinero y más posibilidades, y pueda vivir mejor.

JUAN   Yo sí lo sé, Pedro. Creo que son una gran cosa los cambios políticos, económicos y sociales. En especial° me ha impresionado mucho la reforma agraria en países como Venezuela y Colombia y los grandes progresos económicos del Brasil. Además, no se

---

[1] *I can't take long.*
[2] *I wish I were rich!*

puede olvidar a Costa Rica, ejemplo de verdadera democracia para todo el mundo.

## Cierto o falso

Las frases u oraciones siguientes expresan hechos ciertos o falsos con respecto al diálogo anterior. Cada alumno leerá una de ellas, y su compañero más cercano contestará sí o no, completando la respuesta.

1. Al mes de terminar las clases, Juan va a ver a Pedro.
2. Pedro está colgando la ropa.
3. El último examen de Pedro fue ayer.
4. El padre le pidió que fuera el primero de junio.
5. Pedro conoce varias personas que se van en el avión.
6. Pedro escribirá al mes de llegar.
7. El padre dice que hay grandes esperanzas.
8. Juan no sabe nada de las grandes reformas.

# II · DIÁLOGO (continuación)

PEDRO   Es lástima que los demás estadounidenses no sean como tú, pues no basta con la Alianza para el Progreso y otros programas.[3] Hay dos enemigos muy fuertes.

JUAN   ¿Quiénes son?

PEDRO   Aunque parezca una contradicción, la extrema izquierda y la extrema derecha.

JUAN   ¿Cómo es posible?

PEDRO   Los muy ricos pocas veces se dan cuenta de la necesidad de las reformas y se oponen a ellas. Los comunistas y sus amigos no desean que haya una revolución en paz; la quieren violenta para producir nuevos gobiernos comunistas.

JUAN   Es difícil explicarlo, pero cada día comprendo más la necesidad de que nos entendamos. De verdad,[4] siento mucho que te marches.

PEDRO   Oye, Juan, es mejor que me ponga a estudiar ahora. Tengo ese último examen mañana.

[3] *the Alliance for Progress and other programs are not enough*
[4] *Really*

JUAN   Yo también, Pedro. Me voy a quemar las pestañas,° pero antes de que me olvide, ¿quieres comer conmigo mañana?

PEDRO   Bueno, pero si no te importa° traeré a Margarita. No pensarás que me vaya sin que la vea y salga con ella.

JUAN   No, hombre, no. Voy a invitar a Elena, así tu última noche aquí será inolvidable.

PEDRO   Te prometo que tan pronto llegues a mi patria te devolveré todas las invitaciones.

JUAN   Olvídate de eso,⁵ todo sea por⁶ una mejor amistad entre la América Latina y los Estados Unidos. Hasta mañana.

## Preguntas

Contesten con frases completas las preguntas siguientes, de acuerdo con el diálogo anterior. Cada respuesta deberá tener por lo menos cinco palabras.

1.  ¿Cuáles son los dos enemigos fuertes?
2.  ¿Cómo es posible?
3.  ¿Qué comprende Juan cada día más?
4.  ¿Cuántos exámenes tiene Pedro mañana?
5.  ¿Quién dice que va a estudiar mucho?
6.  ¿A qué invita Juan a Pedro?
7.  ¿A quiénes van a invitar los muchachos?
8.  ¿Qué le promete Pedro a Juan?

## Preguntas relacionadas con usted

1.  ¿Que hará usted después de terminar las clases este trimestre o semestre?
2.  ¿Cuántas maletas tiene usted que hacer cuando vaya a su casa?
3.  ¿Qué prefiere usted para viajar: el auto, el avión, el ómnibus o el tren?
4.  ¿Cuándo es su último examen este trimestre o semestre?
5.  ¿Va usted a extrañar la universidad o el colegio cuando esté en su casa? ¿A su compañero de cuarto?
6.  ¿Desde cuándo conoce usted a su compañero(a) de cuarto?
7.  ¿Piensa usted quemarse las pestañas durante los exámenes?
8.  ¿Va usted a invitar a algún amigo a su casa después que terminen las clases?

⁵ *Forget about it*
⁶ *may it be for*

# III · HABLEMOS EN ESPAÑOL

1. ¿Qué sabe usted de los países latinoamericanos?
2. ¿Cree usted que es importante que los estudiantes sepan más de los países latinoamericanos?
3. ¿Qué pudieran hacer los estudiantes para un mejor conocimiento de esos países?
4. ¿Qué tipo de gobiernos tienen los países latinoamericanos? Dé tres ejemplos.
5. ¿Qué es la Organización de Estados Americanos?
6. ¿Ha visitado usted algún país latinoamericano? (Descríbalo. Si no ha visitado ninguno, describa alguno que haya estudiado o del que haya leído.) ¿Cuál le gustaría visitar? ¿Por qué?
7. ¿De cuál de estos países ha oído más? ¿Qué sabe usted de ese país?

# IV · MODISMOS Y EXPRESIONES

al día siguiente   *on the following day*
al entrar (a, en)   *upon entering*
pasado mañana   *the day after tomorrow*
en especial   *especially*
por la noche   *at night*

(A) Sustituyan las palabras en negrita con uno de los modismos o expresiones anteriores que tenga un significado opuesto.

1. Yo vi a tu novia **al salir del** cine.
2. Me voy mañana **por la mañana.**
3. **El día anterior** él me vino a ver.
4. La influencia europea, **con excepción de** la española, era evidente.
5. La orden era para **anteayer.**

hacer las maletas   *to pack suitcases*
quemarse las pestañas (las cejas)   *to burn the midnight oil, study hard at night*
oír decir   *to hear it said*
tomar posesión   *to be sworn in; to take possession of*
realizarse   *to be carried out*
si no importar(le) a alguien   *if it does not matter to someone*

**(B)** Contesten las preguntas siguientes. No dejen de usar el modismo o la expresión en negrita.

    1.  ¿Cuándo va usted a **hacer las maletas?**

    2.  ¿Qué **ha oído** usted **decir** de los exámenes de español?

    3.  ¿Cuándo **tomó posesión** el presidente de los Estados Unidos?

    4.  ¿Qué reformas quiere usted que **se realicen** en esta universidad?

    5.  ¿En qué época del año **se quema** usted **las pestañas?**

    6.  ¿Cuándo le dice usted a su amigo, "**Si no te importa,** préstame diez dólares"?

**(C)** Si su profesor se lo ordena, estén preparados para usar, en forma escrita u oralmente, en una frase u oración, los anteriores modismos y expresiones.

# Sección Segunda

## I · GRAMÁTICA

**192. Cuadro sinóptico del uso del subjuntivo en cláusulas subordinadas**

El subjuntivo se usa en

**A.** Cláusulas substantivas

    (1) Cuando el verbo de la cláusula principal expresa deseo, mandato, voluntad.
        **Quiero** que **venga.**                 *I want him to come.*

    (2) Cuando el verbo de la cláusula principal expresa emoción, sentimiento.
        Me **alegro** (de) que **venga.**        *I'm happy that he is coming.*

    (3) Después de expresiones de negación o duda.
        **Dudo** que **venga.**                 *I doubt that he will come.*

    (4) Con expresiones impersonales que implican duda, posibilidad, emoción, mandato.
        **Es posible** que **venga.**          *It's possible that he is coming.*

En algunos de estos casos, como se explica a continuación, se puede usar el subjuntivo, el indicativo o el infinitivo, de acuerdo con las circunstancias.

**B.** Cláusulas adjetivas

(1) Cuando el antecedente se considera inexistente.

> No conozco a **nadie** que **sea** más interesado con el dinero.
>
> *I don't know anyone that is more interested in money.*

(2) Cuando el antecedente se considera indefinido o indeterminado.

> Busca una **muchacha** que **sea** bonita, inteligente, trabajadora y rica.
>
> *He is looking for a girl that is pretty, intelligent, hard working, and rich.*

(3) Después de expresiones indefinidas, indeterminadas, inciertas, dudosas.

> **Dondequiera** que **esté** lo hallarán.
>
> *Wherever he is they will find him.*

(4) En expresiones superlativas, en las que el agente ofrece su opinión que siempre implica alguna reserva o duda.

> Mi profesor es el hombre **más inteligente** que **haya nacido.**
>
> *My teacher is the most intelligent man that has ever been born.*

**C.** Cláusulas adverbiales

(1) A continuación de conjunciones que expresan:

propósito
- a fin (de) que *in order that, so that*
- para que, a que (después de verbos de movimiento) *in order that, so that*
- de modo que *so that*
- de manera que *so that*

condición
- a condición (de) que *on condition that*
- con tal (de) que *provided that*
- siempre que *provided that, whenever*
- (en) caso (de) que *in case that*
- (en el) supuesto que *on the assumption that, provided that*

restricción
- a menos que *unless, lest*
- a no ser que *except (that), unless, lest*
- no sea que *unless, lest*
- como no *unless, lest*
- sin que *without*

concesión
- aun cuando *although, even if, even though*
- aunque *although*
- a pesar de que *in spite of*

(2) A continuación de las conjunciones de tiempo:

| | |
|---|---|
| antes (de) que  *before* | en cuanto  *as soon as, while* |
| después (de) que  *after* | tan pronto como  *as soon as* |
| cuando  *when* | luego que  *as soon as* |
| mientras  *while* | hasta que (no)  *until* |
| así que  *as soon as* | |

(3) A continuación de **como si** (*as if*), **igual que si** (*the same as if*), **lo mismo que si** (*the same as if*). En este caso solo se puede usar el imperfecto o el pluscuamperfecto del subjuntivo.

(4) Después de **por si** (*in case*) y **por si acaso** (*just in case*), con los que normalmente se usa el imperfecto o el pluscuamperfecto del subjuntivo.

**D.** En oraciones condicionales

## 193. Explicación del cuadro sinóptico: el subjuntivo en cláusulas subordinadas

En la Lección 14 estudiamos el uso del subjuntivo en cláusulas independientes (verdaderas o aparentes). En está lección hemos de estudiar el uso del subjuntivo en cláusulas subordinadas.

En muchos casos veremos que es posible usar el indicativo o el subjuntivo, de acuerdo con las circunstancias. El criterio que nos debe servir de pauta es el siguiente: el indicativo es el modo de lo positivo, de lo real, de lo cierto, de lo que no hay duda, de lo que es seguro; el subjuntivo, por el contrario, es el modo de lo irreal, de lo incierto, de lo dudoso, de lo probable, de lo vago, de lo indefinido, de lo emocional y de lo que se desea, ordena o permite pero no sabemos si sucederá.

A continuación ofrecemos un ejemplo que nos ayudará a distinguir el uso del indicativo del uso del subjuntivo en las cláusulas subordinadas.

| | |
|---|---|
| Sé que **viene.**  (no tengo duda) | *I know he is coming.* |
| Espero que **venga.**  (deseo, pero no estoy seguro) | *I hope he is coming.* |

Se debe tener presente en todo momento que es el concepto de la duda, de lo indefinido, del mandato o petición que no sabemos si se verán favorecidos, etc., lo que hace que usemos el subjuntivo; no es el verbo, frase o conjunción que precede su uso (aunque, en ocasiones, parezca lo contrario) lo que determina el empleo del subjuntivo. Las cláusulas subordinadas donde usamos el subjuntivo, debido a lo mencionado anteriormente, pueden ser de tres tipos.

**A. Cláusulas substantivas:** aquéllas que hacen la función de un nombre.

| | |
|---|---|
| Yo quiero **que usted venga.** | *I want you to come.* |
| Le ordené **que estudiara.** | *I ordered him to study.* |

**B. Cláusulas adjetivas o relativas:** aquéllas que modifican un nombre o pronombre en la cláusula principal. Se llaman también relativas porque comienzan con un pronombre relativo como **que, quien,** etc.

| | |
|---|---|
| Busco una mujer **que sepa conducir un coche.** | *I'm looking for a woman who knows how to drive a car.* |
| No hay nadie **que sepa la lección.** | *There is nobody who knows the lesson.* |

**C. Cláusulas adverbiales:** aquéllas que comienzan con una conjunción adverbial (casi siempre un adverbio o preposición seguido de **que**) y modifican un verbo, un adjetivo u otro adverbio en la cláusula principal.

| | |
|---|---|
| Se lo daré **con tal de que venga.** | *I will give it to him provided that he comes.* |
| Le hablaré **después que llegue.** | *I'll speak to him after he arrives.* |

## 194. El uso del subjuntivo en cláusulas substantivas

**A.** El subjuntivo se usa en cláusulas substantivas subordinadas cuando el verbo de la oración principal expresa o implica un mandato o petición. Dentro de esta categoría podemos clasificar tres grupos de verbos:

(1) Los verbos de comunicación cuando estos se usan en forma de mandato. Cuando simplemente expresan un hecho se usa el indicativo.

| | |
|---|---|
| Mi padre me **escribió** que **fuera.** (mandato) | *My father wrote to me to go.* |
| **Escribió** que **fueron.**　(hecho) | *He wrote that they went.* |
| Nos **dice** que lo **hagamos.** (mandato) | *He tells us to do it.* |
| Nos **decía** lo que **sucedió.** (hecho) | *He was telling us what happened.* |

Algunos de estos verbos son:

| | | | |
|---|---|---|---|
| avisar | decir | indicar | telegrafiar |
| comunicar | escribir | telefonear | |

(2) El segundo grupo es el de algunos verbos que expresan deseo, voluntad, etc., siempre y cuando se produzca un cambio en el sujeto. Cuando no se produce

este cambio se usa el infinitivo, ya que no hay mandato, propiamente hablando.

| | |
|---|---|
| Los comunistas no **desean (que haya)** una revolucion en paz. | *The communists don't want a peaceful revolution.* |
| **Quiere** que **llegue** para la toma de posesión. | *He wants me to arrive for the swearing-in ceremony.* |
| **Quiere llegar** para la toma de posesión. | *He wants to arrive for the swearing-in ceremony.* |
| **Prefería** que **compráramos** jugo. | *He preferred that we buy juice.* |
| **Prefería comprar** jugo. | *He preferred to buy juice.* |

Algunos de estos verbos son:

| | | |
|---|---|---|
| consentir en | insistir en | querer |
| desear | oponerse a | tener ganas de |
| empeñarse en | preferir | |

(3) El tercer grupo lo forman verbos que también expresan voluntad, mandato, etc., pero que se distinguen porque pueden sustituir el uso del subjuntivo por el de un infinitivo, aun en aquellos casos en que hay un cambio de sujeto.[7]

| | |
|---|---|
| Nos **aconsejó** que **fuéramos** al cine. | *He advised us to go to the movies.* |
| Nos **aconsejó ir** al cine. | *He advised us to go to the movies.* |
| Te **permitirá** que **llegues** tarde. | *He will permit you to arrive late.* |
| Te **permitirá llegar** tarde. | *He will permit you to arrive late.* |

Algunos de estos verbos son:

| | | |
|---|---|---|
| aconsejar | hacer | persuadir a |
| advertir | impedir | prohibir |
| aprobar | invitar a | proponer |
| convencer | mandar | recomendar |
| dejar | obligar a | rogar[8] |
| dispensar de | pedir[8] | sugerir |
| exigir | permitir | |

**B.** El subjuntivo se usa en cláusulas substantivas cuando el verbo de la cláusula principal expresa algún tipo de emoción o sentimiento como placer, temor, pena, sorpresa, etc., en relación con la acción de la cláusula subordinada. En estos casos, cuando no hay cambio de sujeto, desaparece la razón de ser del subjuntivo y se usa el infinitivo.

---

[7] Sin embargo, la construcción con el subjuntivo se prefiere cuando el sujeto de la cláusula subordinada es un nombre o un pronombre usado con carácter enfático: **Aconsejó a Pedro** que **fuera** al cine.   *He advised Pedro to go to the movies.*

[8] Casi siempre se usa con el subjuntivo.

| | |
|---|---|
| **Siento** mucho que **te marches.** | *I'm very sorry that you are going away.* |
| **Siento** mucho **marcharme.** | *I'm very sorry to go away.* |
| **Temo** que **gasten** el dinero. | *I'm afraid that they may spend the money.* |
| **Temo gastar** el dinero. | *I am afraid to spend the money.* |

Algunos de estos verbos son:

| | | |
|---|---|---|
| agradecer | enojarse (de) | quejarse (de) |
| alegrarse (de) | esperar[9] | sentir |
| asombrarse (de) | estar contento | sorprenderse |
| avergonzarse (de) | extrañarse (de) | temer (se)[9] |
| deplorar | gustarle (a uno) | tener miedo (de) |
| enfadarse (de) | molestarse (de) | |

C. El subjuntivo se usa en cláusulas substantivas subordinadas cuando en la cláusula principal se expresa duda, negación e incredulidad en relación con lo que se dice en la cláusula subordinada. En muchas ocasiones, el uso del subjuntivo o el indicativo dependerá del grado de duda del que habla. Cuando no hay cambio de sujeto es común el uso del infinitivo. Algunos de los verbos que crean esta situación son **negar, dudar, creer, opinar, pensar, suponer, juzgar, estimar,** etc.

| | |
|---|---|
| No **pensarás** que me **vaya** sin que la vea. | *Don't think that I am leaving without seeing her.* |
| No **pensarás irte** sin verla. | *Don't think about leaving without seeing her.* |
| **Dudo** que **puedas** ir hoy. | *I doubt that you can go today.* |
| **Dudo poder** ir hoy. | *I doubt I can go today.* |

El verbo **creer** usado afirmativamente se usa, comúnmente, con el indicativo, aunque el uso con el subjuntivo es posible cuando significa **pensar** o **juzgar.**

| | |
|---|---|
| Yo **creo** que **viene.** | *I believe that he is coming.* |
| Yo **creo** que **venga.** | *I think that he is coming. (less certain)* |

Cuando **creer** se usa negativamente o en preguntas es más común el uso con el subjuntivo, pues normalmente el que habla quiere implicar cierto grado de duda sobre la acción de la cláusula subordinada.

| | |
|---|---|
| No **creo** que **venga.** | *I don't think he is coming.* |
| ¿**Cree** usted que lo **haga?** | *Do you think that he will do it?* |

---

[9] **Esperar,** cuando significa *to expect,* y **temer,** cuando significa *to think,* pierden el sentido que fuerza el uso del subjuntivo y se usan con el indicativo: **Espero** que **llegará** temprano. *I expect him to arrive early.* Me **temo** que **va a** perder el dinero. *I think he is going to lose the money.*

**D.** El subjuntivo se usa a continuación de verbos o expresiones impersonales de emoción, voluntad, duda, negación, necesidad, posibilidad, conveniencia, opinión, etc.

| | |
|---|---|
| **Es mejor** que me **ponga** a estudiar. | *It is better that I start studying.* |
| **Es posible** que todo **cambie.** | *It is possible that everything will change.* |
| **Es increíble** que **haya pasado** un año. | *It is incredible that a year has passed.* |
| **Es lástima** que no **sean** como tú. | *It is a pity that they aren't like you.* |

Las expresiones más comunes son:

| De voluntad, mandato o conveniencia | De emoción o sentimiento | Dudosas, indefinidas o inciertas |
|---|---|---|
| Es necesario. | Es sorprendente. | Es (im)posible. |
| Es importante. | Es lástima. | Es increíble. |
| Es urgente. | Es de esperar. | Es (im)probable. |
| Es conveniente. | Es lamentable. | Es difícil. |
| Es mejor (peor). | Es un milagro. | Es fácil. |
| Es preferible. | Es penoso. | Es innecesario. |
| Es bueno (malo). | | |

No se usa el subjuntivo con las siguientes expresiones impersonales:

(1) Con aquéllas que indican certeza, seguridad, etc.

| | |
|---|---|
| **Es verdad** que **viene.** | *It is true that he is coming.* |
| **Es evidente** que **sacará** una buena nota. | *It is evident that he will get a good grade.* |
| **Es seguro** que **sale** hoy. | *It is certain that he is leaving today.* |

(2) Cuando no hay cambio de sujeto:[10]

| | |
|---|---|
| **Es difícil explicarlo.** | *It is difficult to explain it.* |
| **Es necesario dormir** siete horas. | *It is necessary to sleep seven hours.* |
| **Es importante hacer** ejercicios. | *It is important to do exercises.* |

## 195. El uso del subjuntivo en cláusulas adjetivas

El subjuntivo se usa en cláusulas adjetivas:

**A.** Cuando el antecedente se considera desconocido o no existente.

---

[10] En ocasiones, cuando se usa un pronombre personal, también se usa el infinitivo:
**Me es difícil verlo** hoy.   *It is difficult for me to see him today.*

No conozco a nadie que se vaya
en el mismo avión.

*I don't know anybody that is leaving
on the same plane.*

No existe ninguno que sea más
pesado.

*There is no one who is more dull.*

No hay nadie que sea así.

*There is nobody who is like that.*

**B.** Cuando el antecedente se considera indefinido o indeterminado.

¿Hay alguien que se vaya en el
mismo avión?

*Is there somebody that is going on
the same plane?*

Busca una mujer que conduzca
bien.

*He is looking for a woman who
drives well.*

Quiere encontrar una persona que
hable francés.

*She wants to find a person who
speaks French.*

**C.** Cuando las cláusulas comienzan con expresiones indeterminadas del tipo de
**comoquiera que, como sea que, dondequiera que, quienquiera que, cualquier(a)...
que, cuandoquiera que,** etc. (*however, wherever, whoever, whatever, whenever,*
etc.).

Dondequiera que esté me acordaré
de todos ustedes.

*Wherever I am, I'll remember all of
you.*

Quienquiera que venga será
bienvenido.

*Whoever comes will be welcome.*

Comoquiera que lo haga será un
fracaso.

*However you do it, it will be a
failure.*

Dentro de esta categoría nos encontramos **por** + adjetivo o adverbio + **que; por
más (muy)** + adjetivo o adverbio + **que; por más (mucho, -a, -os, -as)** + nombre
+ **que; por más (mucho, menos, poco)** + **que** (*no matter, regardless of how
much,* etc.), que se usan con el subjuntivo para indicar cantidad o grado
indeterminado.

Por trabajador que parezca es un
vago.

*No matter how much of a worker
he appears to be, he is lazy.*

Por muy inteligente que sea no
pasará.

*Regardless of how intelligent he
seems to be, he will not pass.*

También del mismo tipo son **el que** y **el hecho de que** (*the fact that*) que, a
pesar de su sentido literal, generalmente se usan con el subjuntivo porque siempre sugieren duda.

El que dijera eso no me extraña.

*The fact that he said (may have
said) that doesn't surprise me.*

El hecho de que resultara becado
es una buena señal.

*The fact that he got (may have
gotten) the scholarship is a good
sign.*

**Cuanto** (-a, -os, -as) **más,** con el significado de *the more,* y **lo que** y **como,** con el significado de *whatever* y *however,* se usan con el subjuntivo cuando el que habla no pone límites en lo que expresa.

| | |
|---|---|
| **Cuantos vengan** serán invitados. | *As many as come will be invited.* |
| **Lo que quiera** se le dará. | *Whatever he wants will be given to him.* |

**Que yo sepa (sepamos, supiera),** que traduce *as far as I know,* es una expresión parecida a las anteriores.

| | |
|---|---|
| **Que yo sepa,** ellos no vienen. | *As far as I know, they aren't coming.* |
| **Que nosotros sepamos,** él no está. | *As far as we know, he isn't here.* |

En cualquiera de los casos anteriores, cuando la razón que produce el uso del subjuntivo no existe o desaparece —como, por ejemplo, una acción definitiva que tuvo o tiene lugar en el pasado o en el presente— entonces se usa el indicativo.

| | |
|---|---|
| **Donde quiera** que lo **encontraba** lo insultaba. | *Wherever she would find him, she would insult him.* |
| **Por mucho** que **estudia** no aprende. | *No matter how much he studies, he doesn't learn.* |
| **Lo que hizo** le pesará. | *He will regret what he did.* |
| **El hecho de que vino** nadie lo duda. | *Nobody doubts the fact that he came.* |

**D.** Cuando se usan expresiones superlativas con respecto a las cuales el que habla tiene alguna duda o reserva.

| | |
|---|---|
| Es la chica **más linda** que **haya visto.** | *She is the prettiest girl I have ever seen.* |
| Mi tío era el hombre **más sordo** que **hubiera conocido.** | *My uncle was the deafest man that I had ever known.* |

## 196. El uso del subjuntivo en cláusulas adverbiales

El subjuntivo se usa en cláusulas subordinadas después de conjunciones adverbiales que, dado su significado, crean las condiciones de duda, inseguridad, etc. Dichas conjunciones son las siguientes:

**A.** **A fin (de) que, para que, a que** (después de verbos de movimiento) que traducen *in order that, so that;* **a condición (de) que, con tal (de) que, siempre que, (en) caso (de) que, (en el) supuesto que,** que traducen *provided that, in case; in order that, so that;* **a menos que, a no ser que, no sea que** que traducen *unless, lest;* y **sin que** y **como** que traducen *without* e *if,* respectivamente, se usan con el subjuntivo en todos los casos en que hay cambio en el sujeto, cuando se emplean con el significado expresado.

| | |
|---|---|
| Se están realizando, **a fin (de) que** el pueblo **tenga** más dinero. | *They are selling it so that the people will have more money.* |
| No pensarás que me vaya **sin que** la **vea.** | *Don't think that I am going away without seeing her.* |
| Lo veré **con tal (de) que venga.** | *I will see him provided that he comes.* |
| Vendrán **sin que** los **invitemos.** | *They will come without our inviting them.* |

Con la mayoría de las anteriores conjunciones adverbiales, si no hay cambio de sujeto se usa el infinitivo, eliminándose **que** y convirtiéndose el resto en preposiciones simples o compuestas: **a fin de, para, a,** etc.[11]

| | |
|---|---|
| Yo lo llamé **para visitarlo.** | *I called him in order to visit him.* |
| Lo veré **con tal de ir** allá. | *I will see him provided that I go there.* |

B. **De modo que** y **de manera que** (*in order that, therefore, so that*) se usan con el subjuntivo cuando expresan propósito u objetivo y con el indicativo cuando expresan el resultado obtenido con una acción. Si no hay cambio de sujeto, aunque se exprese propósito, se usa el infinitivo.

| | |
|---|---|
| Despiértese **de modo que llegue** temprano. | *Wake up so that you will arrive early.* |
| No se despertaron temprano **de modo que llegaron** tarde. | *They didn't wake up early so they arrived late.* |
| Me despierto ahora **de modo** de no **llegar** tarde. | *I'm waking up now so that I won't arrive late.* |

C. **Aun cuando, aunque** (*although, even if, even though*) y **a pesar de que** (*in spite of the fact that*) se usan con el subjuntivo cuando el que habla expresa un hecho que está por suceder, o sea que es dudoso, y con el indicativo cuando el hecho ya ha ocurrido o está ocurriendo.

| | |
|---|---|
| **Aunque parezca** una contradicción (futuro) | *Although it may appear to be a contradiction* |
| **Aunque parece** una contradicción (presente) | *Although it appears to be a contradiction* |
| Vamos al cine **aun cuando llueva.** (futuro) | *We are going to the movies even if it rains.* |
| Vamos al cine **aun cuando llueve.** (presente) | *We are going to the movies even though it is raining.* |

[11] Algunas de estas conjunciones, como **siempre que** y **a menos que,** debido a su propia significación, no son propicias a convertirse en preposiciones y, por lo tanto, su uso con el infinitivo es muy raro.

Lo hará **a pesar de que** no lo **sepa.**          *He will do it in spite of the fact that*
(futuro)                                           *he may not know how.*

Lo hará **a pesar de que** no lo **sabe.**          *He will do it in spite of the fact that*
(presente)                                         *he doesn't know how.*

**D.** **Como si** (*as if*), **igual que si** (*the same as if*) y **lo mismo que si** (*just as if*) se
usan siempre con el imperfecto o el pluscuamperfecto de subjuntivo, sin importar
el tiempo del verbo de la cláusula principal.

Vive **como si fuera** millonario.          *He lives as if he were a millionaire.*

Daba las órdenes **igual que si**          *He gave the orders the same as if he*
**hubiera sido** el presidente.            *had been the president.*

Se porta **lo mismo que si fuera** un      *He behaves just as if he were a*
niño.                                      *child.*

**E.** **Después (de) que** (*after*); **siempre que** (*whenever*); **cuando** (*when*); **mientras**
**(que) (no)** (*while, as long as*); **así que, en cuanto, tan pronto como** (*as soon as*)
**luego que** (*as soon as*); **como** (*the way, if, as*); **donde** (where) y **hasta que (no)**
(*until*) se usan con el subjuntivo cuando la acción expresada en la cláusula subordinada es de futuro en relación con la acción expresada en la cláusula principal.
En los demás casos, cuando se expresa una acción definitiva en el presente o en el
pasado, se usa el indicativo.

Te **escribiré cuando llegue.**          *I will write you when I arrive.*
(futuro)

Te **escribí cuando llegué.**          *I wrote you when I arrived.*
(pasado)

Te **devolveré** las invitaciones **tan**          *I will return the invitations to you*
**pronto llegues.**   (futuro)                     *as soon as you arrive.*

Te **devolví** las invitaciones **tan**          *I returned the invitations to you as*
**pronto llegaste.**   (pasado)                   *soon as you arrived.*

Me **pagará tan pronto me vea.**          *He will pay me as soon as he sees*
(futuro)                                 *me.*

Me **pagó tan pronto me vio.**          *He paid me as soon as he saw me.*
(pasado)

**F.** **Antes (de) que** (*before*) siempre se usa con el subjuntivo cuando hay un cambio
en el sujeto. Cuando no se produce este cambio se usa el infinitivo.

**Antes (de) que** me **olvide,** ¿quieres          *Before I forget, do you want to eat*
comer conmigo?                              *with me?*

Yo salí **antes (de) que llegara.**          *I left before she arrived.*

Lo vi **antes de llegar.**          *I saw him before arriving.*

**G. Por si** y **por si acaso** (*just in case, in case*) se usan comúnmente seguidos del imperfecto o del pluscuamperfecto de subjuntivo, lo mismo que de indicativo.

> **Por si (acaso) viniera (viene),** le doy sus libros que olvidó aquí.

> *Just in case he might come (comes) I am giving you his books that he forgot here.*

## 197. El uso del subjuntivo en oraciones condicionales

Fundamentalmente hay tres tipos de oraciones condicionales que comienzan con **si** (*if*). En dos casos usamos el subjuntivo y, en el otro, el indicativo.

**A.** Se usa el indicativo cuando tenemos la certeza o seguridad de que un hecho tendrá lugar siempre y cuando ocurra la condición mencionada.

> Si **voy** a París, lo **visitaré.**
> Si **llega,** lo **veré.**

> *If I go to Paris, I will visit him.*
> *If he arrives, I will see him.*

**B.** Se usa el imperfecto de subjuntivo (**-ra** o **-se**) cuando el hecho es hipotético o cuando es una situación contraria a la realidad en el presente. El potencial simple se usa, generalmente, con el resultado de la condición.[12]

> Si **fuera** a París, lo **visitaría.**
> Si **tuviera** dinero, me **iría** contigo.

> *If I went to Paris, I would visit him.*
> *If I had money, I would go with you.*

**C.** Se usa el pluscuamperfecto de subjuntivo (**-ra** o **-se**) cuando la oración condicional se refiere a un hecho contrario a la realidad en el pasado. El potencial compuesto se usa, generalmente, con el resultado de la condición.[13]

> Si yo **hubiera ido** a París, lo **habría visitado.**
> Si yo **hubiera tenido** el dinero, **habría ido** a California.

> *If I had gone to Paris, I would have visited him.*
> *If I had had the money, I would have gone to California.*

**D. De** + infinitivo puede sustituir la cláusula que comienza con **si,** en las oraciones condicionales.

> **De ir** a París, lo **visitaría.**
> **De haber tenido** el dinero, **habría ido** a California.

> *If I went to Paris, I would visit him.*
> *If I had had the money, I would have gone to California.*

---

[12] El imperfecto o el pluscuamperfecto de subjuntivo (**-ra**) se pueden usar, respectivamente, para sustituir el potencial simple y el compuesto: Si fuera a París, lo **visitara.** *If I went to Paris, I would visit him.* Si hubiera ido a París, lo **hubiera visitado.** *If I had gone to Paris, I would have visited him.*

[13] Véase la nota 12.

# II · EJERCICIOS

**(A)** Contesten las preguntas siguientes, usando las palabras indicadas, primero pensando que hay un cambio de sujeto, segundo pensando que no hay cambio de sujeto.

> ¿Qué desea usted?   (usted pagar la comida)
> **Deseo que usted pague la comida.**
> **Deseo pagar la comida.**
>
> ¿Qué quiere usted?   (ustedes volver temprano)
> **Quiero que ustedes vuelvan temprano.**
> **Quiero volver temprano.**

1. ¿En qué insisten ustedes?   (usted estudiar más)
2. ¿Qué prefiere usted?   (ustedes ir al dormitorio)
3. ¿Qué quieres?   (tú comprar los boletos)
4. ¿A qué se opondrán ustedes?   (ellos gastar tanto dinero)
5. ¿Qué demandaste?   (él llegar temprano)
6. ¿De qué tenían ganas los estudiantes?   (María bailar toda la noche)
7. ¿Qué decidió el profesor?   (nosotros preparar los exámenes)
8. ¿Qué había propuesto usted?   (él terminar de hablar)
9. ¿Qué ordenó la policía?   (Pedro no correr con el auto)
10. ¿Qué deseas?   (tú tener libertad)

**(B)** Contesten las preguntas siguientes, usando las palabras indicadas. Noten que con los verbos de comunicación siempre hay implicado un cambio de sujeto.

> ¿Qué les notificó usted a ellos?   (esperar a su tío)
> **Les notifiqué a ellos que esperaran a su tío.**

1. ¿Qué les dijo usted a ellos?   (traer las maletas)
2. ¿Qué le telegrafió el jefe a usted?   (volver a trabajar)
3. ¿Qué les escribirá el profesor a ustedes?   (volver a clase)
4. ¿Para qué los ha llamado usted a ellos?   (estudiar más)
5. ¿Qué le comunicará el decano a Pedro?   (llegar temprano)
6. ¿Qué le había avisado María a Susana?   (recoger los zapatos)

**(C)** Sustituyan las formas verbales en negrita con los verbos indicados.

1. **Agradezco** que vengan a verme.   (alegrarse [de], quejarse [de], extrañarse [de], enfadarse [de])
2. **Nos enojamos** (de) que fueran tan perezosos.   (molestarse [de], quejarse [de], sorprenderse [de], deplorar)

3. Te **alegrabas** de que se fueran.   (asombrarse [de], enfadarse [de], molestarse [de], avergonzarse [de])
4. **Tendrán miedo** (de) que vengan los ladrones.   (temer, sorprenderse [de], extrañarse [de], alegrarse [de])
5. **Te habías avergonzado** de que fuera tan estúpido.   (enojarse [de], sentir, enfadarse [de], asombrarse [de])
6. Esperarías que pagase la invitación.   (asombrarse [de], estar contento [de], sorprenderse [de], gustarle [a uno])

(D) Comiencen cada frase con las palabras indicadas, tal como se indica en el modelo. Hagan los cambios de tiempo que sean necesarios. Cuiden el uso del subjuntivo o el indicativo.

> Mi hermano viene a verme.   (es posible que, era probable que, es cierto)
> **Es posible que mi hermano venga a verme.**
> **Era probable que mi hermano viniera a verme.**
> **Es cierto que mi hermano viene a verme.**

1. Yo lo invito a comer.   (es conveniente que, es cierto que, era un milagro que)
2. Mi compañera de cuarto está estudiando.   (no creo que, estoy seguro que, había juzgado que)
3. Las puertas del dormitorio se cierran a las once.   (no quieren que, se oponían a que, ellos saben que)
4. El profesor está ausente.   (se alegraban de que, le avisaron que, nos quejaremos de que)
5. Recibiste una A.   (era urgente, es seguro que, será sorprendente)
6. Tienes mucha paciencia.   (dudaba que, negaste que, admitiste que)
7. Iban al baile.   (deseaba que, prohibíamos que, les escribiste que)
8. Mañana darán el resultado.   (es un hecho que, era de esperar que, sería lamentable que)
9. Mi esposa está a dieta.   (quería que, es verdad que, prohibiré que)
10. Tú tienes buena suerte.   (temen que, nos quejábamos de que, nos dicen que)

(E) Lean las oraciones siguientes y, después, repítanlas, sustituyendo el artículo definido por el artículo indefinido y haciendo los cambios necesarios.

> María quiere conocer al estudiante que es sudamericano.
> **María quiere conocer un estudiante que sea sudamericano.**

1. ¿Dónde tienes la pluma que escribe?
2. Quiero el auto que es rojo.
3. Busca al muchacho que habla japonés.

4. Tiene que encontrar **a la** muchacha que no habla mucho.
5. ¿Conoces **a la** muchacha que canta música clásica?
6. Desean **los** panes que están calientes.
7. Llame usted **al** médico que es un pediatra.
8. Debes comprar **la** camisa que cuesta menos.

**(F)** Cambien a la forma negativa, tal como se indica en el modelo.

> Hay alguien que sabe francés.
> **No hay nadie que sepa francés.**

1. Conozco a alguien que baila muy bien.
2. Hay algo que puede evitarlo.
3. Hablaba de gente que era agradable.
4. Vamos a un parque que es muy grande.   ( usen **ningún** )
5. Siempre hay estudiantes que desean trabajar.
6. Conoce a alguien que visita a su familia.

**(G)** Contesten las preguntas siguientes, de acuerdo con las palabras indicadas, tal como se indica en el modelo.

> ¿Adónde irá usted?   ( dondequiera, invitar )
> **Iré adondequiera que me invite.**

> ¿Cómo lo aceptará él?   ( comoquiera, venir )
> **Lo aceptará comoquiera que venga.**

1. ¿Qué vestido aceptará ella?   ( cualquier, traer )
2. ¿Con quién vendrá usted?   ( quienquiera, mandar )
3. ¿Cuándo lo visitará él?   ( cuandoquiera, ordenar )
4. ¿Cómo lo hará usted?   ( comoquiera, indicar )
5. ¿Adónde marcharás?   ( dondequiera, decir )
6. ¿Cómo lo preferirá ella?   ( comoquiera, estar )

**(H)** Cambien las frases, de acuerdo con el sujeto suministrado, tal como se indica en el modelo.

> Terminó de estudiar con tal de comer.   ( los invitados )
> **Terminó de estudiar con tal de que los invitados comieran.**

> Viene temprano para ir al cine.   ( Pedro y Juan )
> **Viene temprano para que Pedro y Juan vayan al cine.**

1. No comió con tal de ahorrar dinero.   ( sus padres )
2. Trabajan mucho a fin de conseguir un aumento.   ( los profesores )
3. Contestarán las preguntas en el supuesto de saberlas.   ( los alumnos )
4. Leerán las novelas en caso de tenerlas.   ( las muchachas )

5. Hemos venido para conocerlos. (tus tíos)
6. Iremos a condición de regresar mañana. (mis padres)

(I) Unan las frases u oraciones siguientes con **aunque.** Usen el subjuntivo o el indicativo, tal como se indica en el modelo.

> Quizás está nevando. Yo voy al teatro.
> **Aunque esté nevando, yo voy al teatro.**
>
> Está nevando. Yo voy al teatro.
> **Aunque está nevando, yo voy al teatro.**

1. Mi novia es fea. Yo voy a casarme con ella.
2. A lo mejor tenemos mucho que hacer. Vamos a divertirnos.
3. Posiblemente te van a suspender. Quema los libros.
4. Mi amigo es muy desagradable. Trátalo bien.
5. Tal vez te vas a quedar. Cámbiate de ropa.
6. Te engordan mucho los pasteles. Sigue comiendo.

(J) Cambien las formas verbales en negrita, de modo que la acción expresada en la
cláusula subordinada sea de futuro, en relación con la acción de la cláusula
principal.

> Se lo di después que vino.
> **Se lo daré después que venga.**

1. Le **pagué** su dinero cuando lo vi.
2. Me **divertía** mientras ella no estaba aquí.
3. Se lo **advertía** siempre que lo hacía.
4. La **abofeteó** así que llegó.
5. Nos **insultó** tan pronto entramos.
6. No me **dormí** hasta que llegaron.
7. **Compré** los discos después que los oí.
8. **Jugaban** a las cartas mientras ellas chismeaban.
9. Lo **comprendimos** tan pronto lo explicaron.
10. **Lloraron** cuando se iban sus padres.

(K) Cambien las siguientes oraciones condicionales para expresar una condición contraria a la realidad en el presente y, después, a una condición contraria a la
realidad en el pasado. En cada ocasión, formen la oración con **si** y luego sustituyan
la cláusula con **si** por **de** + infinitivo.

> Si tengo dinero, iré a California.
> **Si tuviera dinero, iría a California.**
> **De tener dinero iría a California.**
> **Si hubiera tenido dinero, habría ido a California.**
> **De haber tenido dinero, habría ido a California.**

1. Si está en su casa, lo visitaré.
2. Si digo lo que sucedió, no me creerán.
3. Si la invito, no aceptará la invitación.
4. Si se casa, no lo olvidará.
5. Si nos gusta, lo compraremos.
6. Si se enferman, los cuidarán.

**(L)** Contesten las preguntas siguientes, tal como se indica en el modelo.

> ¿Cómo gasta el dinero?   (tener mucha plata)
> **Gasta el dinero como si (lo mismo que si, igual que si) tuviera mucha plata.**

1. ¿Cómo da las órdenes?   (ser el presidente)
2. ¿Cómo habla español?   (ser un gran estudiante)
3. ¿Cómo la tratan?   (estar enferma)
4. ¿Cómo estudian?   (tener un examen)
5. ¿Cómo le contestas?   (estar agradecido)
6. ¿Cómo le escribes?   (saber alemán)

# III · EJERCICIOS DE REPASO

**(A)** Sustituyan las palabras en negrita por pronombres.

1. Doy **la noticia a los amigos.**
2. Entregue **la pluma a Francisco.**
3. Te escribiré **la carta.**
4. No vaya a ver **a la enfermera.**
5. Yo voy a saludar **al embajador.**
6. Está persiguiendo **a la muchacha.**
7. Revisen **los resultados.**
8. A mí me traen **la ensalada.**

**(B)** Llenen los espacios en blanco con la forma correspondiente de **ser** o **estar.**

1. Bolivia y Paraguay _____ países sudamericanos que _____ situados cerca de la Argentina.
2. ¿_____ tu primo venezolano? ¿_____ de acuerdo contigo?
3. El libro _____ nuevo y_____ de Francisco, pero _____ muy mal cuidado.
4. Ellos _____ en Chicago, pero _____ de Madrid.
5. Ella _____ muy simpática y _____ muy bonita desde que se cortó el pelo.
6. El edificio que _____ en aquella esquina _____ de estilo colonial y _____ muy valioso, aunque _____ muy deteriorado.

(C) Llenen los espacios en blanco con **por** o **para**.

1. _____ alemán habla bien español; _____ eso me confundí.
2. ¿Voy _____ tu casa _____ la Avenida Independencia?
3. Estoy _____ salir a verla en unos momentos.
4. Se venden a tres _____ un dólar.
5. No estoy seguro; más o menos _____ esa época lo sabré, pero no exactamente _____ el quince de octubre.
6. Te queda mucho _____ hacer ( *left undone* ) en la casa _____ la fiesta.
7 . Regresó _____ ver lo que sucedía, _____ haber oído la noticia.

(D) Cambien al pretérito o al imperfecto de indicativo, de acuerdo con los adverbios o frases adverbiales suministrados.

1. **En muchas ocasiones** lo veía llegar.   (ayer)
2. Jugué al dominó **el martes.**   (todos los días)
3. **Diariamente** lo visitaba.   (esta tarde)
4. Fui al cine **anoche.**   (con frecuencia)
5. **Siempre** me llamaba a casa.   (hoy a las siete)
6. **El mes pasado** lo vi en su casa.   (muchas veces)

# IV · *EJERCICIOS DE VERBOS*[14]

**valer**  *to be worth*        **venir**  *to come*        **ver**  *to see*

**Valer** presenta irregularidades en el presente y futuro de indicativo; en el presente de subjuntivo; en el potencial simple; y en el imperativo. **Venir** presenta irregularidades en el presente, pretérito y futuro de indicativo; en el presente e imperfecto de subjuntivo; en el potencial simple; en el imperativo; y en el gerundio. **Ver** presenta irregularidades en el presente e imperfecto de indicativo; en el presente de subjuntivo; en el imperativo; y en el participio pasivo.

(A) Cambien al presente, al imperfecto o al futuro de indicativo, de acuerdo con el adverbio o locución adverbial de tiempo indicada.

1. Las manzanas **valían** poco **ayer.**   (mañana, hoy)
2. **Ahora vengo** a verte.   (el mes pasado, pasado mañana)
3. **El mes que viene veré** a mi profesor.   (en este momento, anteayer)
4. Eso **valdrá** más **en el futuro.**   (en el pasado, en el presente)
5. **Esta mañana venía** de la playa.   (ahora mismo, después)
6. **En estos instantes veo** a Pedro.   (ayer por la mañana, en cuatro horas)

[14] Véase el Apéndice D en la página 321.

**(B)** Completen las oraciones con el presente o el imperfecto de subjuntivo del verbo indicado. Si tienen dificultad, consulten la sección de gramática de esta lección.

1. No podré ir hasta que yo lo (ver).
2. Tan pronto (valer) menos lo compro.
3. Venía corriendo como si (ver) un fantasma.
4. Le dijo que (venir) a las ocho.
5. Esperaba que (valer) igual.
6. Si (venir) a verme, iría al cine.

# APÉNDICE A

## *Verbos regulares*

# I · TIEMPOS SIMPLES

| Infinitivo | Gerundio y participio pasivo | Imperativo | Indicativo | | |
|---|---|---|---|---|---|
| | | | PRESENTE | IMPERFECTO | PRETÉRITO |
| hablar | hablando hablado | habla hablad | hablo hablas habla hablamos habláis hablan | hablaba hablabas hablaba hablábamos hablabais hablaban | hablé hablaste habló hablamos hablasteis hablaron |
| comer | comiendo comido | come comed | como comes come comemos coméis comen | comía comías comía comíamos comíais comían | comí comiste comió comimos comisteis comieron |
| vivir | viviendo vivido | vive vivid | vivo vives vive vivimos vivís viven | vivía vivías vivía vivíamos vivíais vivían | viví viviste vivió vivimos vivisteis vivieron |

| Indicativo | | | Subjuntivo | |
|---|---|---|---|---|
| FUTURO | *Potencial* | PRESENTE | IMPER-<br>FECTO (-RA) | IMPER-<br>FECTO (-SE) |
| hablaré | hablaría | hable | hablara | hablase |
| hablarás | hablarías | hables | hablaras | hablases |
| hablará | hablaría | hable | hablara | hablase |
| hablaremos | hablaríamos | hablemos | habláramos | hablásemos |
| hablaréis | hablaríais | habléis | hablarais | hablaseis |
| hablarán | hablarían | hablen | hablaran | hablasen |
| comeré | comería | coma | comiera | comiese |
| comerás | comerías | comas | comieras | comieses |
| comerá | comería | coma | comiera | comiese |
| comeremos | comeríamos | comamos | comiéramos | comiésemos |
| comeréis | comeríais | comáis | comierais | comieses |
| comerán | comerían | coman | comieran | comiesen |
| viviré | viviría | viva | viviera | viviese |
| vivirás | vivirías | vivas | vivieras | vivieses |
| vivirá | viviría | viva | viviera | viviese |
| viviremos | viviríamos | vivamos | viviéramos | viviésemos |
| viviréis | viviríais | viváis | vivierais | vivieseis |
| vivirán | vivirían | vivan | vivieran | viviesen |

## II · TIEMPOS COMPUESTOS

Los tiempos compuestos de los verbos se forman con el verbo auxiliar **haber** y el participio pasivo del verbo que se conjuga.

### hablar

| *Infinitivo compuesto* | *Gerundio compuesto* | Indicativo | | | |
|---|---|---|---|---|---|
| | | PERFECTO | PLUSCUAM- PERFECTO | PRETÉRITO ANTERIOR | FUTURO PERFECTO |
| haber hablado | habiendo hablado | he hablado | había hablado | hube hablado | habré hablado |
| | | has hablado | habías hablado | hubiste hablado | habrás hablado |
| | | ha hablado | había hablado | hubo hablado | habrá hablado |
| | | hemos hablado | habíamos hablado | hubimos hablado | habremos hablado |
| | | habéis hablado | habíais hablado | hubisteis hablado | habréis hablado |
| | | han hablado | habían hablado | hubieron hablado | habrán hablado |

| Potencial compuesto | Subjuntivo | | |
|---|---|---|---|
| | PERFECTO | PLUSCUAM-PERFECTO (-RA) | PLUSCUAM-PERFECTO (-SE) |
| habría hablado | haya hablado | hubiera hablado | hubiese hablado |
| habrías hablado | hayas hablado | hubieras hablado | hubieses hablado |
| habría hablado | haya hablado | hubiera hablado | hubiese hablado |
| habríamos hablado | hayamos hablado | hubiéramos hablado | hubiésemos hablado |
| habríais hablado | hayáis hablado | hubierais hablado | hubieseis hablado |
| habrían hablado | hayan hablado | hubieran hablado | hubiesen hablado |

# APÉNDICE B

## *Verbos con cambios de radical*

## Primera clase: Verbos que acaban en -ar y -er

Los verbos que pertenecen a esta clase cambian la vocal acentuada de **-e** a **-ie-** y de **-o-** a **-ue-**.

### pensar (ie)

PRESENTE DE INDICATIVO: **pienso, piensas, piensa,** pensamos, penséis, **piensan**
PRESENTE DE SUBJUNTIVO: **piense, pienses, piense,** pensemos, penséis, **piensen**
IMPERATIVO: **piensa,** pensad

### volver (ue)

PRESENTE DE INDICATIVO: **vuelvo, vuelves, vuelve,** volvemos, volvéis, **vuelven**
PRESENTE DE SUBJUNTIVO: **vuelva, vuelvas, vuelva,** volvamos, volváis, **vuelvan**
IMPERATIVO: **vuelve,** volved

Otros verbos son:

| | | |
|---|---|---|
| acordar(se) (ue) | demostrar (ue) | negar (ie) |
| acostar(se) (ue) | despertar(se) (ie) | nevar (ie) |
| almorzar (ue) | empezar (ie) | perder (ie) |
| cerrar (ie) | encontrar (ue) | recordar (ue) |
| colgar (ue) | entender (ie) | rogar (ue) |
| comenzar (ie) | llover (ue) | sentar(se) (ie) |
| contar (ue) | mostrar (ue) | soler (ue) |
| costar (ue) | mover(se) (ue) | soñar (ue) |

## Segunda clase: Verbos que acaban en -ir

Los verbos que pertenecen a esta clase sufren los mismos cambios que los de la primera. También, cambian de **-e** a **-i-** o de **-o-** a **-u-** en la tercera persona, singular y plural, del pretérito; en la primera y segunda personas del plural del presente de subjuntivo; en todas las personas del imperfecto de subjuntivo; y en el gerundio.

### sentir (ie, i)

PRESENTE DE INDICATIVO: **siento, sientes, siente,** sentimos, sentís, **sienten**
PRESENTE DE SUBJUNTIVO: **sienta, sientas, sienta, sintamos, sintáis, sientan**
PRETÉRITO: sentí, sentiste, **sintió,** sentimos, sentisteis, **sintieron**

IMPERFECTO DE SUBJUNTIVO: $\begin{cases} \text{(-ra)} \textbf{ sintiera, sintieras, sintiera, etc.} \\ \text{(-se)} \textbf{ sintiese, sintieses, sintiese, etc.} \end{cases}$

IMPERATIVO: **siente,** sentid
GERUNDIO: **sintiendo**

## dormir (ue, u)

PRESENTE DE INDICATIVO:    **duermo, duermes, duerme,** dormimos, dormís, **duermen**

PRESENTE DE SUBJUNTIVO:    **duerma, duermas, duerma, durmamos, durmáis, duerman**

PRETÉRITO:    dormí, dormiste, **durmió,** dormimos, dormisteis, **durmieron**

IMPERFECTO DE SUBJUNTIVO:    $\begin{cases}\text{(-ra) } \textbf{durmiera, durmieras, durmiera,} \text{ etc.} \\ \text{(-se) } \textbf{durmiese, durmieses, durmiese,} \text{ etc.}\end{cases}$

IMPERATIVO:    **duerme,** dormid

GERUNDIO:    **durmiendo**

Otros verbos son:

| | | |
|---|---|---|
| advertir (ie, i) | convertir (ie, i) | mentir (ie, i) |
| arrepentir(se) (ie, i) | divertir(se) (ie, i) | morir (ue, u) |
| consentir (ie, i) | herir (ie, i) | preferir (ie, i) |
| referir(se) (ie, i) | | sugerir (ie, i) |

## Tercera clase: Verbos que acaban en -ir

Los verbos que pertenecen a esta clase cambian de -e- a -i- en los mismos tiempos que los de la primera y segunda clase.

## pedir (i)

PRESENTE DE INDICATIVO:    **pido, pides, pide,** pedimos, pedís, **piden**

PRESENTE DE SUBJUNTIVO:    **pida, pidas, pida, pidamos, pidáis, pidan**

PRETÉRITO:    pedí, pediste, **pidió,** pedimos, pedisteis, **pidieron**

IMPERFECTO DE SUBJUNTIVO:    $\begin{cases}\text{(-ra) } \textbf{pidiera, pidieras, pidiera,} \text{ etc.} \\ \text{(-se) } \textbf{pidiese, pidieses, pidiese,} \text{ etc.}\end{cases}$

IMPERATIVO:    **pide,** pedid

GERUNDIO:    **pidiendo**

Otros verbos son:

| | | |
|---|---|---|
| competir (i) | impedir (i) | repetir (i) |
| despedir(se) (i) | perseguir (i) | reñir (i) |
| elegir (i) | reír(se) (i) | seguir (i) |
| servir (i) | vestir(se) (i) | |

# APÉNDICE C

*Verbos con cambios ortográficos*

1. *Los verbos que acaban en -gar cambian la -g en -gu- delante de -e.*

## pagar

PRETÉRITO:  **pagué,** pagaste, pagó, pagamos, pagasteis, pagaron
PRESENTE DE SUBJUNTIVO:  **pague, pagues, pague, paguemos, paguéis, paguen**

Otros verbos son:

| | | |
|---|---|---|
| colgar (ue) | navegar (ue) | regar (ie) |
| llegar (ue) | negar (ie) | rogar (ue) |

2. *Los verbos que acaban en -car cambian la -c- en -qu- delante de -e.*

## tocar

PRETÉRITO:  **toqué,** tocaste, tocó, tocamos, tocasteis, tocaron
PRESENTE DE SUBJUNTIVO:  **toque, toques, toque, toquemos, toquéis, toquen**

Otros verbos son:

| | | |
|---|---|---|
| atacar | comunicar | indicar |
| buscar | explicar | sacar |
| | tocar | |

3. *Los verbos que acaban en -ger y -gir cambien la -g- en -j- delante de -o y -a.*

## proteger

PRESENTE DE INDICATIVO:  **protejo,** proteges, protege, protegemos, protegéis, protegen
PRESENTE DE SUBJUNTIVO:  **proteja, protejas, proteja, protejamos, protejáis, protejan**

Otros verbos son:

| | | |
|---|---|---|
| coger | dirigir | exigir |
| corregir (i) | escoger | recoger |

4. *Los verbos que acaban en -cer y -cir precedidos por una consonante cambian la -c- en -z- delante de -o y de -a.*

## vencer

PRESENTE DE INDICATIVO:  **venzo,** vences, vence, vencemos, vencéis, vencen
PRESENTE DE SUBJUNTIVO:  **venza, venzas, venza, venzamos, venzáis, venzan**

Otros verbos son:

convencer      esparcir      torcer (ue)

**5.** *Los verbos que acaban en -cer y -cir precedidos por una vocal cambian la -c- en -zc- delante de -o y de -a.*

**conocer**

PRESENTE DE INDICATIVO:    **conozco,** conoces, conoce, conocemos, conocéis, conocen

PRESENTE DE SUBJUNTIVO:    **conozca, conozcas, conozca, conozcamos, conozcáis, conozcan**

Otros verbos son:

| | | | |
|---|---|---|---|
| agradecer | entristecer | nacer | padecer |
| aparecer | establecer | obedecer | parecer |
| carecer | lucir | ofrecer | permanecer |
| | pertenecer | relucir | |

**6.** *Los verbos que acaban en -zar cambian la -z- en -c- delante de -e.*

**empezar (ie)**

PRETÉRITO:    **empecé,** empezaste, empezó, empezamos, empezasteis, empezaron

PRESENTE DE SUBJUNTIVO:    **empiece, empieces, empiece, empecemos, empecéis, empiecen**

Otros verbos son:

| | | |
|---|---|---|
| alcanzar | comenzar (ie) | forzar (ue) |
| almorzar (ue) | cruzar | gozar |
| | rezar | |

**7.** *Los verbos que acaban en -eer cambien la -i- no acentuada a -y- entre vocales.*

**creer**

PRETÉRITO:    creí, creíste, **creyó,** creímos, creísteis, **creyeron**

IMPERFECTO DE SUBJUNTIVO:    **creyera, creyeras, creyera, creyéramos, creyerais, creyeran**

GERUNDIO:    **creyendo**

PARTICIPIO PASIVO:    creído

Otros verbos son:

leer      poseer

8. *Los verbos que acaban en **-uir** (excepto **-guir** y **-quir**, que tienen la **-u-** muda) cambian la **-i-** no acentuada a **-y-** entre vocales y también usan **-y-** después de la **-u-** en varios otros tiempos.*

### huir

PRESENTE DE INDICATIVO: **huyo, huyes, huye,** huimos, huís, **huyen**
PRETÉRITO: huí, huiste, **huyó,** huimos, huisteis, **huyeron**
PRESENTE DE SUBJUNTIVO: **huya, huyas, huya, huyamos, huyáis, huyan**
IMPERFECTO DE SUBJUNTIVO: **huyera, huyeras, huyera, huyéramos, huyerais, huyeran**
IMPERATIVO: **huye,** huid
GERUNDIO: **huyendo**

Otros verbos son:

| | | | |
|---|---|---|---|
| atribuir | construir | disminuir | incluir |
| concluir | contribuir | distribuir | influir |
| constituir | destruir | excluir | instruir |
| | restituir | sustituir | |

9. *Los verbos que acaban en **-guir** cambian la **-gu-** en **-g-** delante de **-o** y de **-a**.*

### distinguir

PRESENTE DE INDICATIVO: **distingo,** distingues, distingue, distinguimos, distinguís, distinguen
PRESENTE DE SUBJUNTIVO: **distinga, distingas, distinga, distingamos, distingáis, distingan**

Otros verbos son:

conseguir (i)     perseguir (i)     proseguir (i)     seguir(i)

10. *Los verbos que acaban en **-guar** llevan diéresis escrita en la **-u-** delante de **-e**.*

### averiguar

PRETÉRITO: **averigüé,** averiguaste, averiguó, averiguamos, averiguasteis, averiguaron
PRESENTE DE SUBJUNTIVO: **averigüe, averigües, averigüe, averigüemos, averigüéis, averigüen**

Otro verbo es:

apaciguar

11. *Algunos verbos que acaban en -iar llevan acento escrito en la -i- en todo el singular y en la tercera persona del plural del presente de indicativo y de subjuntivo.*

### enviar

PRESENTE DE INDICATIVO:  **envío, envías, envía,** enviamos, enviáis, **envían**
PRESENTE DE SUBJUNTIVO:  **envíe, envíes, envíe,** enviemos, enviéis, **envíen**

Otros verbos son:

| | | |
|---|---|---|
| ampliar | enfriar | telegrafiar |
| criar | fiar | vaciar |
| desviar | guiar | variar |

12. *Los verbos que acaban en -uar llevan acento escrito en la -u- en todo el singular
y en la tercera persona del plural del presente de indicativo y de subjuntivo.*

### continuar

PRESENTE DE INDICATIVO:  **continúo, continúas, continúa,** continuamos, continuáis,
**continúan**
PRESENTE DE SUBJUNTIVO:  **continúe, continúes, continúe,** continuemos, continuéis,
**continúen**

Otros verbos son:

| | | | |
|---|---|---|---|
| acentuar | efectuar | graduar | insinuar |
| actuar | exceptuar | habituar | situar |

# APÉNDICE D

*Verbos irregulares*

| Infinitivo | Gerundio y participio pasivo | Imperativo | Indicativo | | | | Potencial | Subjuntivo | | |
|---|---|---|---|---|---|---|---|---|---|---|
| | | | PRESENTE | IMPERFECTO | PRETÉRITO | FUTURO | | PRESENTE | IMPERFECTO (-RA) | IMPERFECTO (-SE) |
| andar, to walk; to go | andando<br>andado | anda<br>andad | ando, etc. | andaba, etc. | anduve<br>anduviste<br>anduvo<br>anduvimos<br>anduvisteis<br>anduvieron | andaré, etc. | andaría, etc. | ande, etc. | anduviera<br>anduvieras<br>anduviera<br>anduviéramos<br>anduvierais<br>anduvieran | anduviese<br>anduvieses<br>anduviese<br>anduviésemos<br>anduvieseis<br>anduviesen |
| caber, to fit; to be contained in | cabiendo<br>cabido | cabe<br>cabed | quepo<br>cabes<br>cabe<br>cabemos<br>cabéis<br>caben | cabía, etc. | cupe<br>cupiste<br>cupo<br>cupimos<br>cupisteis<br>cupieron | cabré<br>cabrás<br>cabrá<br>cabremos<br>cabréis<br>cabrán | cabría<br>cabrías<br>cabría<br>cabríamos<br>cabríais<br>cabrían | quepa<br>quepas<br>quepa<br>quepamos<br>quepáis<br>quepan | cupiera<br>cupieras<br>cupiera<br>cupiéramos<br>cupierais<br>cupieran | cupiese<br>cupieses<br>cupiese<br>cupiésemos<br>cupieseis<br>cupiesen |
| caer, to fall | cayendo<br>caído | cae<br>caed | caigo<br>caes<br>cae<br>caemos<br>caéis<br>caen | caía, etc. | caí<br>caíste<br>cayó<br>caímos<br>caísteis<br>cayeron | caeré, etc. | caería, etc. | caiga<br>caigas<br>caiga<br>caigamos<br>caigáis<br>caigan | cayera<br>cayeras<br>cayera<br>cayéramos<br>cayerais<br>cayeran | cayese<br>cayeses<br>cayese<br>cayésemos<br>cayeseis<br>cayesen |
| conducir, to lead (producir, to produce, y traducir, to translate, se conjugan de la misma manera) | conduciendo<br>conducido | conduce<br>conducid | conduzco<br>conduces<br>conduce<br>conducimos<br>conducís<br>conducen | conducía, etc. | conduje<br>condujiste<br>condujo<br>condujimos<br>condujisteis<br>condujeron | conduciré, etc. | conduciría, etc. | conduzca<br>conduzcas<br>conduzca<br>conduzcamos<br>conduzcáis<br>conduzcan | condujera<br>condujeras<br>condujera<br>condujéramos<br>condujerais<br>condujeran | condujese<br>condujeses<br>condujese<br>condujésemos<br>condujeseis<br>condujesen |
| dar, to give | dando<br>dado | da<br>dad | doy<br>das<br>da<br>damos<br>dais<br>dan | daba, etc. | di<br>diste<br>dio<br>dimos<br>disteis<br>dieron | daré, etc. | daría, etc. | dé<br>des<br>dé<br>demos<br>deis<br>den | diera<br>dieras<br>diera<br>diéramos<br>dierais<br>dieran | diese<br>dieses<br>diese<br>diésemos<br>dieseis<br>diesen |

| Infinitivo | Gerundio / Participio | Imperativo | Presente Indicativo | Imperfecto | Pretérito | Futuro | Condicional | Presente Subjuntivo | Imperfecto Subj. (-ra) | Imperfecto Subj. (-se) |
|---|---|---|---|---|---|---|---|---|---|---|
| decir, *to say, tell* | diciendo<br>dicho | di<br>decid | digo<br>dices<br>dice<br>decimos<br>decís<br>dicen | decía, *etc.* | dije<br>dijiste<br>dijo<br>dijimos<br>dijisteis<br>dijeron | diré<br>dirás<br>dirá<br>diremos<br>diréis<br>dirán | diría<br>dirías<br>diría<br>diríamos<br>diríais<br>dirían | diga<br>digas<br>diga<br>digamos<br>digáis<br>digan | dijera<br>dijeras<br>dijera<br>dijéramos<br>dijerais<br>dijeran | dijese<br>dijeses<br>dijese<br>dijésemos<br>dijeseis<br>dijesen |
| estar, *to be* | estando<br>estado | está<br>estad | estoy<br>estás<br>está<br>estamos<br>estáis<br>están | estaba,<br>*etc.* | estuve<br>estuviste<br>estuvo<br>estuvimos<br>estuvisteis<br>estuvieron | estaré, *etc.* | estaría, *etc.* | esté<br>estés<br>esté<br>estemos<br>estéis<br>estén | estuviera<br>estuvieras<br>estuviera<br>estuviéramos<br>estuvierais<br>estuvieran | estuviese<br>estuvieses<br>estuviese<br>estuviésemos<br>estuvieseis<br>estuviesen |
| haber, *to have* | habiendo<br>habido | he<br>habed | he<br>has<br>ha<br>hemos<br>habéis<br>han | había,<br>*etc.* | hube<br>hubiste<br>hubo<br>hubimos<br>hubisteis<br>hubieron | habré<br>habrás<br>habrá<br>habremos<br>habréis<br>habrán | habría<br>habrías<br>habría<br>habríamos<br>habríais<br>habrían | haya<br>hayas<br>haya<br>hayamos<br>hayáis<br>hayan | hubiera<br>hubieras<br>hubiera<br>hubiéramos<br>hubierais<br>hubieran | hubiese<br>hubieses<br>hubiese<br>hubiésemos<br>hubieseis<br>hubiesen |
| hacer, *to do, make* | haciendo<br>hecho | haz<br>haced | hago<br>haces<br>hace<br>hacemos<br>hacéis<br>hacen | hacía,<br>*etc.* | hice<br>hiciste<br>hizo<br>hicimos<br>hicisteis<br>hicieron | haré<br>harás<br>hará<br>haremos<br>haréis<br>harán | haría<br>harías<br>haría<br>haríamos<br>haríais<br>harían | haga<br>hagas<br>haga<br>hagamos<br>hagáis<br>hagan | hiciera<br>hicieras<br>hiciera<br>hiciéramos<br>hicierais<br>hicieran | hiciese<br>hicieses<br>hiciese<br>hiciésemos<br>hicieseis<br>hiciesen |
| ir, *to go* | yendo<br>ido | ve<br>id | voy<br>vas<br>va<br>vamos<br>vais<br>van | iba<br>ibas<br>iba<br>íbamos<br>ibais<br>iban | fui<br>fuiste<br>fue<br>fuimos<br>fuisteis<br>fueron | iré, *etc.* | iría, *etc.* | vaya<br>vayas<br>vaya<br>vayamos<br>vayáis<br>vayan | fuera<br>fueras<br>fuera<br>fuéramos<br>fuerais<br>fueran | fuese<br>fueses<br>fuese<br>fuésemos<br>fueseis<br>fuesen |
| oír, *to hear* | oyendo<br>oído | oye<br>oíd | oigo<br>oyes<br>oye<br>oímos<br>oís<br>oyen | oía, *etc.* | oí<br>oíste<br>oyó<br>oímos<br>oísteis<br>oyeron | oiré, *etc.* | oiría, *etc.* | oiga<br>oigas<br>oiga<br>oigamos<br>oigáis<br>oigan | oyera<br>oyeras<br>oyera<br>oyéramos<br>oyerais<br>oyeran | oyese<br>oyeses<br>oyese<br>oyésemos<br>oyeseis<br>oyesen |

| Infinitivo | Gerundio y participio pasivo | Imperativo | Indicativo — Presente | Indicativo — Imperfecto | Indicativo — Pretérito | Indicativo — Futuro | Potencial | Subjuntivo — Presente | Subjuntivo — Imperfecto (-ra) | Subjuntivo — Imperfecto (-se) |
|---|---|---|---|---|---|---|---|---|---|---|
| oler, to smell | oliendo<br>olido | huele<br>oled | huelo<br>hueles<br>huele<br>olemos<br>oléis<br>huelen | olía, etc. | olí, etc. | oleré, etc. | olería, etc. | huela<br>huelas<br>huela<br>olamos<br>oláis<br>huelan | oliera, etc. | oliese, etc. |
| poder, to be able | pudiendo<br>podido | | puedo<br>puedes<br>puede<br>podemos<br>podéis<br>pueden | podía, etc. | pude<br>pudiste<br>pudo<br>pudimos<br>pudisteis<br>pudieron | podré<br>podrás<br>podrá<br>podremos<br>podréis<br>podrán | podría<br>podrías<br>podría<br>podríamos<br>podríais<br>podrían | pueda<br>puedas<br>pueda<br>podamos<br>podáis<br>puedan | pudiera<br>pudieras<br>pudiera<br>pudiéramos<br>pudierais<br>pudieran | pudiese<br>pudieses<br>pudiese<br>pudiésemos<br>pudieseis<br>pudiesen |
| poner, to put | poniendo<br>puesto | pon<br>poned | pongo<br>pones<br>pone<br>ponemos<br>ponéis<br>ponen | ponía, etc. | puse<br>pusiste<br>puso<br>pusimos<br>pusisteis<br>pusieron | pondré<br>pondrás<br>pondrá<br>pondremos<br>pondréis<br>pondrán | pondría<br>pondrías<br>pondría<br>pondríamos<br>pondríais<br>pondrían | ponga<br>pongas<br>ponga<br>pongamos<br>pongáis<br>pongan | pusiera<br>pusieras<br>pusiera<br>pusiéramos<br>pusierais<br>pusieran | pusiese<br>pusieses<br>pusiese<br>pusiésemos<br>pusieseis<br>pusiesen |
| querer, to want | queriendo<br>querido | quiere<br>quered | quiero<br>quieres<br>quiere<br>queremos<br>queréis<br>quieren | quería, etc. | quise<br>quisiste<br>quiso<br>quisimos<br>quisisteis<br>quisieron | querré<br>querrás<br>querrá<br>querremos<br>querréis<br>querrán | querría<br>querrías<br>querría<br>querríamos<br>querríais<br>querrían | quiera<br>quieras<br>quiera<br>queramos<br>queráis<br>quieran | quisiera<br>quisieras<br>quisiera<br>quisiéramos<br>quisierais<br>quisieran | quisiese<br>quisieses<br>quisiese<br>quisiésemos<br>quisieseis<br>quisiesen |
| saber, to know | sabiendo<br>sabido | sabe<br>sabed | sé<br>sabes<br>sabe<br>sabemos<br>sabéis<br>saben | sabía, etc. | supe<br>supiste<br>supo<br>supimos<br>supisteis<br>supieron | sabré<br>sabrás<br>sabrá<br>sabremos<br>sabréis<br>sabrán | sabría<br>sabrías<br>sabría<br>sabríamos<br>sabríais<br>sabrían | sepa<br>sepas<br>sepa<br>sepamos<br>sepáis<br>sepan | supiera<br>supieras<br>supiera<br>supiéramos<br>supierais<br>supieran | supiese<br>supieses<br>supiese<br>supiésemos<br>supieseis<br>supiesen |
| salir, to go out | saliendo<br>salido | sal<br>salid | salgo<br>sales<br>sale<br>salimos<br>salís<br>salen | salía, etc. | salí, etc. | saldré<br>saldrás<br>saldrá<br>saldremos<br>saldréis<br>saldrán | saldría<br>saldrías<br>saldría<br>saldríamos<br>saldríais<br>saldrían | salga<br>salgas<br>salga<br>salgamos<br>salgáis<br>salgan | saliera, etc. | saliese, etc. |

| | Participios | Imperativo | Presente | Imperfecto | Pretérito | Futuro | Condicional | Pres. Subj. | Imperf. Subj. | Imperf. Subj. |
|---|---|---|---|---|---|---|---|---|---|---|
| ser, *to be* | siendo<br>sido | sé<br>sed | soy<br>eres<br>es<br>somos<br>sois<br>son | era<br>eras<br>éramos<br>erais<br>eran | fui<br>fuiste<br>fue<br>fuimos<br>fuisteis<br>fueron | seré, *etc.* | sería, *etc.* | sea<br>seas<br>sea<br>seamos<br>seáis<br>sean | fuera<br>fueras<br>fuera<br>fuéramos<br>fuerais<br>fueran | fuese<br>fueses<br>fuese<br>fuésemos<br>fueseis<br>fuesen |
| tener, *to have* | teniendo<br>tenido | ten<br>tened | tengo<br>tienes<br>tiene<br>tenemos<br>tenéis<br>tienen | tenía, *etc.* | tuve<br>tuviste<br>tuvo<br>tuvimos<br>tuvisteis<br>tuvieron | tendré<br>tendrás<br>tendrá<br>tendremos<br>tendréis<br>tendrán | tendría<br>tendrías<br>tendría<br>tendríamos<br>tendríais<br>tendrían | tenga<br>tengas<br>tenga<br>tengamos<br>tengáis<br>tengan | tuviera<br>tuvieras<br>tuviera<br>tuviéramos<br>tuvierais<br>tuvieran | tuviese<br>tuvieses<br>tuviese<br>tuviésemos<br>tuvieseis<br>tuviesen |
| traer, *to bring* | trayendo<br>traído | trae<br>traed | traigo<br>traes<br>trae<br>traemos<br>traéis<br>traen | traía, *etc.* | traje<br>trajiste<br>trajo<br>trajimos<br>trajisteis<br>trajeron | traeré, *etc.* | traería, *etc.* | traiga<br>traigas<br>traiga<br>traigamos<br>traigáis<br>traigan | trajera<br>trajeras<br>trajera<br>trajéramos<br>trajerais<br>trajeran | trajese<br>trajeses<br>trajese<br>trajésemos<br>trajeseis<br>trajesen |
| valer, *to be worth* | valiendo<br>valido | val(e)<br>valed | valgo<br>vales<br>vale<br>valemos<br>valéis<br>valen | valía, *etc.* | valí, *etc.* | valdré<br>valdrás<br>valdrá<br>valdremos<br>valdréis<br>valdrán | valdría<br>valdrías<br>valdría<br>valdríamos<br>valdríais<br>valdrían | valga<br>valgas<br>valga<br>valgamos<br>valgáis<br>valgan | valiera, *etc.* | valiese, *etc.* |
| venir, *to come* | viniendo<br>venido | ven<br>venid | vengo<br>vienes<br>viene<br>venimos<br>venís<br>vienen | venía, *etc.* | vine<br>viniste<br>vino<br>vinimos<br>vinisteis<br>vinieron | vendré<br>vendrás<br>vendrá<br>vendremos<br>vendréis<br>vendrán | vendría<br>vendrías<br>vendría<br>vendríamos<br>vendríais<br>vendrían | venga<br>vengas<br>venga<br>vengamos<br>vengáis<br>vengan | viniera<br>vinieras<br>viniera<br>viniéramos<br>vinierais<br>vinieran | viniese<br>vinieses<br>viniese<br>viniésemos<br>vinieseis<br>viniesen |
| ver, *to see* | viendo<br>visto | ve<br>ved | veo<br>ves<br>ve<br>vemos<br>veis<br>ven | veía<br>veías<br>veía<br>veíamos<br>veíais<br>veían | vi, *etc.* | veré, *etc.* | vería, *etc.* | vea, *etc.* | viera, *etc.* | viese, *etc.* |

# VOCABULARIO

En este vocabulario no se han incluido ciertas palabras de correspondencia obvia con el inglés ni la mayoría de palabras elementales aprendidas en el primer año. Los adjetivos se han presentado sólo en su forma masculina, y el género no se ha indicado para los nombres masculinos que terminan en -o ni para los femeninos que terminan en -a, -dad, -ión, -tad, y -tud. Las siguientes abreviaturas se han empleado: *abbr* abbreviation; *adj* adjective; *adv* adverb; *coll* colloquial; *conj* conjunction; *f* feminine; *m* masculine; *mf* common gender; *pl* plural; *prep* preposition; *refl* reflexive.

# A

**a**  to; **a que**  so that
**abajo**  underneath
**abiertamente**  openly
**abierto**  open
**abofetear**  to slap in the face
**abogado**  lawyer
**abrigo**  overcoat
**abrir**  to open
**abrochar**  to button; to fasten
**abuelo**  grandfather; *pl*  grandparents
**aburrido**  bored; boring
**aburrirse**  to get bored
**acá**  here
**acabar**  to end; to finish; **acabar de**  to have just; **acabar por**  to end by; to finally
**acaso: por si acaso**  just in case
**acción**  action; share of stock
**acera**  sidewalk
**acercar**  to bring near; *refl*  to approach, come near
**acertado**  right, accurate
**aclaración**  clarification
**aclaratorio**  clarifying, explanatory
**aconsejar**  to counsel, advise

**acontecimiento**  event
**acordado**  agreed upon
**acordar**  to decide upon; **acordarse de**  to remember to
**acostado**  favored; lying down
**acostar**  to put to bed; *refl*  to go to bed
**acostumbrar**  to accustom; **acostumbrarse a**  to become accustomed to
**actuación**  activity
**actual**  present-day
**actualidad**  present time; **en la actualidad**  at the present time
**acuerdo**  agreement; **de acuerdo con**  according to
**adelante**  go ahead; **más adelante**  later
**además**  moreover, besides, in addition
**adentro**  inside
**adjuntar**  to enclose (in a letter)
**admiración**  exclamation point
**adondequiera**  wherever
**adoptivo**  adopted
**advertencia**  warning; notice
**advertir**  to warn
**afecto**  affection
**afeitarse**  to shave
**aficionado**  amateur; follower
**afluente** *m*  tributary

**afuera**   outside
**agarrado**   clinging
**agarrar**   to catch, grasp
**agigantar**   to make enormous
**agitar**   to wave; *refl*   to wave
**agradable**   agreeable; **ser agradable con**
 to be nice to
**agradar**   to please, be pleasing to
**agradecer**   to be thankful for
**agradecido**   grateful, thankful
**agregar**   to add
**agrio**   sour
**agua: hacer agua**   to water
**aguar**   to spoil; **aguar la fiesta**   to be a
 kill-joy; to spoil a pleasure
**águila** *m*   eagle
**aguinaldo**   Christmas gift
**ahí**   there
**ahora**   now; **ahora mismo**   right now;
 **por ahora**   for the present
**ahorrar**   to save
**ajeno**   another's
**ajustarse a**   to agree to
**al**   to, to the, at the, on the
**ala**   wing
**alcalde** *m*   mayor
**alcoba**   bedroom
**alegrar**   to brighten, cheer up; **alegrarse**
 **(de)**   to be glad (to, of)
**alegre**   gay
**alemán**   German
**algo**   something; somewhat
**algodón** *m*   cotton
**algodonero**   cotton
**alguien**   someone, somebody
**algún**   some, any; **algún día**   someday;
 **de algún modo**   somehow, in some
 way
**alguno**   some, any; *pl*   some, several, a
 few; **alguna vez**   ever, at some time,
 sometime; **de alguna manera**   in some
 way, somehow; **en alguna parte**   somewhere
**alianza**   alliance
**alimentar**   to feed
**alimento**   food
**alma**   soul
**almorzar**   to lunch
**alocución**   address, speech
**alrededor**   around; **alrededor de**   around,
 about
**altura**   height
**allá**   there
**allí**   there
**amante**   loving

**amar**   to love
**amargo**   bitter
**amarillo**   yellow
**amarrar**   to moor, tie up
**ambos** *mpl*   both
**amenazar**   to threaten
**ampliar**   to amplify, expand
**anciano**   old man
**andar**   to walk; to go; *m*   gait, mode of
 walking
**anillo**   ring
**ánimo**   spirit, mind
**anoche**   last night
**ansia**   longing, yearning
**ante**   before, in front of
**anteanoche**   night before last
**anteayer**   day before yesterday
**anteojos** *mpl*   eyeglasses
**anterior**   preceding, previous
**anterioridad**   priority; **con anterioridad**
 previously
**antes**   beforehand; **antes de (que)**   before
**antigüedad**   antiquity
**antiguo**   ancient
**anuncio**   announcement
**añadir**   to add
**año**   year; **al año**   per year, annually;
 **al año pasado**   last year; **tener... años**
 to be... years old
**apaciguar**   to appease; to pacify
**apagar**   to put out
**apagón** *m*   blackout
**aparecido**   ghost
**apartado**   post-office box
**apasionadamente**   passionately
**apedrear**   to stone
**apellido**   surname, family name
**apenas**   scarcely, hardly
**aperitivo**   appetizer
**apetecer**   hunger for, crave; **apetecerle a**
 **uno**   to appeal to someone
**apócope** *f*   apocope, the omission of the
 last sound, letter, or syllable of a word
**apreciar**   to esteem; to appreciate
**aprender**   to learn; to apprehend
**aprendizaje** *m*   learning; apprenticeship
**apresurado**   hurried, hasty
**apretar**   to tighten; to importune, urge
 persistently; *refl*   to narrow
**aprobado**   excellent
**aprobar**   to approve; to pass
**aprovechado**   taken advantage of, make
 use of; **aprovecharse de**   to take advantage of

**apuesta** bet
**apurado** in a hurry
**apurar** to hurry; *refl* to hurry up
**apuro** haste
**aquí** here
**árbol** *m* tree
**ardiendo** *adj mf* burning, hot
**ardoroso** burning, enthusiastic
**arena** sand
**arete** *m* earring
**armado** armed; reinforced
**arrancar** to draw forth
**arreglado** neat, orderly
**arreglar** to fix
**arrepentirse (de)** to repent (of)
**arriba** above
**arrojar** to throw, hurl
**arroz** *m* rice
**asado** roast; **asado a la parilla** grilled roast; *adj* roasted
**asaltar** to assault
**ascender a** to amount to
**asegurar** to assure
**así: así como** as well as; **así que** as soon as
**asiento** seat
**asignatura** course, subject
**asistir** to attend
**asunto** matter
**atender** to attend to, pay attention to
**atleta** *mf* athlete; intellectual giant; great person; figure (*e.g.,* of literature)
**atrás** behind
**atravesar** to cross, go through
**atreverse** to dare
**atrevido** bold, daring
**audaz** audacious
**aumentar** to increase
**aun** even
**aún** even, still, yet
**aunque** although
**ausencia** absence
**avejentado** old-looking
**avergonzar** to shame; *refl* to be ashamed
**averiguar** to ascertain, find out
**avisar** to advise, inform
**aviso** notice
**ayudar** to help
**ayuntamiento** city hall
**azafata** stewardess
**azar** *m* chance, hazard; **al azar** at random
**azucarera** sugar bowl

**B**

**bachiller** *m* holder of a bachelor's degree in the Spanish system
**bachillerato** bachelor's degree in the Spanish system
**bajar** to lower; to go down, step down
**bajo** below, beneath, under; low
**baloncesto** basketball
**bancal** *m* oblong plot
**bandolero** robber, highwayman
**barajar: paciencia y barajar** what can you do?
**baranda** railing
**barrer** to sweep
**barril** *m* barrel
**basar: basarse en** to base one's judgment on
**bastante** enough; plenty of
**bastar** to be sufficient; **bastar con** to be enough of (with)
**baúl** *m* trunk
**beber** to drink
**bebida** drink
**beca** scholarship, fellowship
**becado** holder of a scholarship or fellowship
**béisbol** *m* baseball
**belleza** beauty
**bendecir** to bless
**bendito** blessed, saintly
**betún** *m* shoe polish
**bienvenido** welcome
**biftec** *m* beefsteak
**bigote** *m* mustache
**bisabuela** great-grandmother
**blanco** white person; *adj* white; **en blanco** blank
**blusa** blouse
**bobería** foolishness
**boca** mouth
**boleto** ticket
**bolsa** purse
**bondad** goodness
**borda: echar por la borda** to throw overboard
**borracho** drunkard; *adj* drunk
**borrador** *m* eraser
**boxeo** boxing
**bravo** great, excellent; angry, annoyed; wild
**brazo** arm
**breve** brief
**brisa** breeze
**broma** joke

**bronce** *m* bronze; bronze statue or sculpture

**buey** *m* ox

**burlar** to ridicule; **burlarse de** to make fun of, scoff at

**busca** search

**buscar** to look, look for

## C

**caber** to fit

**cabeza: levantar cabeza** to be on one's feet

**caer** to drop; *refl* to fall

**café: café fuerte** expresso

**caído** turned-down; drooping

**calendas** *fpl* calends, the first day of the ancient Roman month

**calvicie** *f* baldness

**calvo** bald

**calzoncillos** *mpl* drawers, undershorts

**callado** quiet, silent

**callarse** to be quiet

**camarero** waiter

**cambiar** to change

**camión** *m* truck

**camisa** shirt

**camiseta** undershirt

**campeonato** championship

**campo** country; field

**cancillería** chancellery, embassy building

**canguro** kangaroo

**cansar** to tire; **cansarse de** to tire of, grow weary of

**cantante** *mf* singer

**cantor** *m* singer, minstrel

**capa** cape, cloak

**capaz** capable; **capaz de** capable of

**capitán** *m* captain

**capitolio** capitol building

**capítulo** chapter

**carambola** chance; **de carambola** by coincidence; as a result

**cardinal: punto cardinal** compass point

**carencia** lack, want, need, deficiency

**cargado** loaded

**cariño** love; fondness, affection; kindness

**carne** *f* meat; flesh

**caro** expensive, dear

**carrera** course; career; race; racetrack

**carretera** highway

**cartera** wallet

**cartón** *m* cardboard

**casar** to marry; **casarse (con)** to get married (to), marry

**casi** almost

**casilla** post-office box

**castellano** Spanish language

**castigar** to punish

**castillo** castle

**cátedra** professorship

**caudalozo** of great volume, abundant

**caudillo** military leader

**causa: a causa de** because of, on account of

**caza** hunt, pursuit; **a caza de** in search of

**cazar** to hunt

**ceja** eyebrow

**cenar** to dine

**centavo** hundredth; cent

**centena** hundred

**cerca** fence, wall; *adv* near, nearby; **cerca de** near, close to

**cerrar** to close

**certero** sure, accurate

**certeza** certainty

**cerveza** beer

**cierto: por cierto** for certain, certainly; by the way

**cine** *m* movies, theater

**cinturón** *m* seat belt

**cita** date

**citar** to cite, name

**claro** clear; light (color); **¡claro!** sure! of course!

**cláusula** clause

**cocido** Spanish stew of chick peas, potatoes, blood sausage, bacon, etc.

**cocina** kitchen

**cocinar** to cook

**coche** *m* car

**coetáneo** contemporary

**coger** to catch, seize, grasp; to gather up

**cola** queue; **hacer cola** to stand in line

**colecta** collection

**colectivo** bus; *adj* collective

**coletazo** lash with the tail

**colgar** to hang

**colmar** to fill to overflowing; to crowd

**colón** *m* monetary unit of Costa Rica and El Salvador

**colonia** colony

**collar** *m* necklace

**coma** comma
**comedor** *m* dining room
**comenzar** to begin
**comercio** business; shop
**comienzo** beginning, start
**como** as; how; **como sea que** however; at any rate
**cómo** how? how! **¡cómo no!** sure! of course!
**cómodo** comfortable
**comoquiera** however
**compañero** companion; date; neighbor; **compañero de cuarto** roommate
**competencia** competition
**complacerse en** to take pleasure in
**componer** to compose
**comportarse** to behave
**comprador** *m* buyer, shopper
**comprar** to buy
**compuesto** compound; composed
**común** *m* community; *adj* common, ordinary
**concebir** to conceive
**conciencia** awareness, consciousness
**conciudadano** fellow citizen
**concluir** to conclude
**concordancia** agreement
**concordar** to agree
**conde** *m* count
**condenar** to condemn
**conducir** to drive; to conduct; to lead
**conferencia** inference; lecture
**conferencista** *mf* lecturer
**confeso** confessed; converted
**confiar en** to trust, hope to
**conformarse** to comply
**conforme** in agreement
**confundirse** to become mixed; to become confused
**conjetura** conjecture
**conjunto** group, ensemble; **en conjunto** as a whole, all together
**conocer** to know, be acquainted; to get to know; to meet
**conocido** acquaintance; *adj* well-known, familiar, famous
**conocimiento** knowledge, acquaintance
**conquistador** *m* conqueror
**conseguir** to obtain
**consejero** adviser
**consejo** advice
**consentir en** to consent to
**conserje** *m* janitor; concierge
**consigo** with him, with her, with them, with you; with himself, with herself, with themselves, with yourself, with yourselves
**consiguiente** *m* consequence, result; **por consiguiente** therefore, consequently
**construir** to construct, build; to form
**consuelo** consolation
**contado** rare
**contante** ready (money)
**contar** to tell, relate; to count; **contar con** to count on; **¿Qué cuenta?** What's the story?
**contestación** answer
**contestar** to answer, reply
**continuación: a continuación** below; **a continuación de** right after
**contra** against
**convencer** to convince
**conveniencia** advantage
**conveniente** proper; advantageous
**convenir** to be suitable; **convenir en** to agree to
**converso** converted
**convertir** to convert, change; **convertirse en** to become
**convidar** to invite
**copa** cup
**copita** little cup; little drink
**corbata** necktie
**correo** mail
**correr** to run; to race; **correr mundo** to travel
**corrida** bullfight
**corriente** *f* current; *adj* current; ordinary, common
**cortar** to cut; to trim; to clip
**corte** *m* cross section; *f* court
**cortés** courteous
**costado** side
**costilla** chop
**costumbre** *f* custom; **de costumbre** usual
**crear** to create
**crecer** to grow
**crecimiento** growth
**crédito: dar crédito** to give credence to; to give credit to
**criar** to bring up
**crisantemo** chrysanthemum
**crítica** criticism
**cruzar** to cross
**cuaderno** notebook
**cuadro** table; picture

**cual: el (la) cual** which, who; **por lo cual** for which reason

**cualesquier(a)** *mfpl* any, anyone, anybody

**cualquier(a)** *mf* whichever; whatever, any; anyone, anybody

**cuán** how, how much

**cuando** when; at the time of; **aun cuando** although, even if, even though; **cuando más** at most; **cuando quiera** whenever

**cuándo** when?

**cuanto** as much (many) as; whatever, all the; all that (which); all those (who); **en cuanto** as soon as, while; **en cuanto a** as to, as for, in relation to; **cuanto más** the more

**cuánto** how much? how many?

**cubierto** table setting; meal at a fixed price; *adj* covered

**cubrir** to cover

**cucharadita** teaspoon, teaspoonful

**cuchuco** a typical dish of Peru and Colombia

**cuenca** river basin

**cuenta** count; check, bill; **darse cuenta** to realize, know; **darse cuenta de** to realize, become aware of; **tener en cuenta** to keep in mind, take into account

**cuento** story

**cuerpo** body; **de cuerpo entero** completely, full-length; **tomar cuerpo** to grow

**cuidadoso** careful

**cuidar** to take care, take care of; beware

**culpa** blame; guilt, fault; **tener la culpa** to be to blame

**culpable** guilty, culpable, blamable

**culto** cult, sect; *adj* educated; cultivated

**cumpleaños** *m* birthday

**cumplido** compliment

**cura** *m* priest; *f* cure

**cursiva** italic

**cuyo** whose; of whom, of which

### CH

**chaqueta** jacket

**charla** chat

**chica** girl

**chico** boy, lad

**chismear** to gossip

**chismes** *mpl* gossip

### D

**dalia** dahlia

**dañar** to spoil, damage

**dar: dar con** to hit upon; **dar de comer** to feed; **dar lo mismo** to be the same; *refl* to be found; **darse cuenta** to realize; **darse por** to be considered as

**de** of, from; in; at; with; **de ir** if I should go, if I were going

**debajo** below, underneath; **debajo de** below, under

**deber** must, ought; to owe; **deber de** must, have to; *m* duty

**debidamente** duly, properly

**debido** owing; due

**débil** weak

**decano** dean

**decena** ten, about ten

**decepcionado** disappointed

**decir: es decir** that is to say; **oír decir** to find out; to hear it said

**defensor** *m* defender

**definitivo: en definitivo** in short

**dejar** to leave; to let; **dejar de** to stop; to fail to; **no dejar de** not to fail to

**delante** before, in front of; **delante de** in front of

**delgado** thin, slender, skinny

**delicia** delight

**delicioso** delicious

**delito** crime

**demás** other, rest

**demasiado** too much, too many

**demorar** to delay; *refl* to delay

**dentro** within, inside; **dentro de** within; inside of; at the end of

**deporte** *m* sport

**deportivo** sport, sports

**derramar** to spill; *refl* to overflow

**derribar** to demolish, destroy

**derrotado** beaten; threadbare, shabby

**derrotar** to rout; to defeat

**desafiar** to challenge

**desagrado** displeasure

**desajuste** *m* being out of order, disorder

**desarrollo** development

**desayuno** breakfast

**descansar** to rest

**descompuesto** broken

**desconocer** to not know, be ignorant of

**descreído** unbelieving
**descubridor** *m* discoverer
**descubrimiento** discovery
**descubrir** to discover
**descuidado** careless
**desde** from; **desde hace** for; **desde luego** right away; doubtless, of course; **desde que** since
**desear** to wish
**desechado** thrown out
**desembarcar** to land, disembark
**desembocar en** to empty into
**desempeñar** to fulfill; to carry out
**desfilar** to march in review, parade
**desfile** *m* parade
**desgracia** misfortune; unpleasantness; **por desgracia** unfortunately
**desigualdad** inequality
**desmayarse** to faint
**desnudar** to undress; *refl* to get undressed
**desocuparse** to become vacant, become unoccupied
**despacio** slow, slowly
**despedirse** to take leave
**desperfecto** imperfection, damage
**despertar** to awaken; *refl* to get up
**desprecio** scorn, contempt
**desprender** to emit; **desprenderse de** to be clear from
**después** then, after, afterward; **después de** after; **después que** after
**destacado** outstanding, distinguished
**destruir** to destroy
**desvergonzadamente** shamelessly
**detalle** *m* detail
**detenerse** to stop
**detrás** behind, after, at the back; **detrás de** behind, in back of
**devolver** to return; to requite, pay back
**diariamente** daily
**diario** diary; daily paper
**dibujar** to draw
**dibujo** drawing
**dictadura** dictatorship
**dictaminar** to pass judgment on
**dictar** to dictate; to promulgate
**dicho** said
**dichoso** disagreeable; lucky
**diestro** skillful
**dieta** diet; **estar a dieta** to be on a diet
**difamar** to defame
**digno** worthy
**diptongar** to diphthongize

**dirección** direction; address
**dirigir** to direct; *refl* to address oneself; to go toward
**disco** phonograph record
**disculpa** excuse, apology
**discurso** speech
**discutir** to discuss; to argue about or over
**disfrutar** to enjoy; **disfrutar de** to have the use of
**disgustado** disgusted; displeased, angry
**disminuir** to diminish, decrease
**dispensar de** to excuse from
**disponer** to dispose; **disponer de** to make use of
**dispuesto** arranged
**distraer** to entertain
**disyuntivo** disjunctive
**diversión** amusement; **parque de diversiones** amusement park
**divertido** amused; amusing
**divertirse** to enjoy oneself, have fun; **divertirse con** to amuse oneself by (with)
**doblar** to bend
**doble** double
**docena** dozen
**doler** to hurt, pain
**dolido** grieved
**dominio** dominion, domain
**dominó** game of dominoes
**donde** where, in which; **por donde** through which
**dónde** where?; **¿por dónde?** where?
**dondequiera** wherever
**dorado** golden, gilt
**dormido** asleep, sleeping
**dormir** to sleep; *refl* to fall asleep; *m* sleeping
**ducha** shower
**dudar** to doubt
**dueño** owner, proprietor
**dulce** *m* candy
**durar** to last

# E

**economía** economics; economy
**echar** to throw; **echar a** to begin to; **echar de menos** to miss; *refl* to lie down
**edad** age
**edificio** building
**ejecutar** to execute, perform

ejercer  to exercise

ejercicio  tenure (of office); **en ejercicio** in office

ejército  army

el  the; **el de**  that of, the one with; **el que**  he who, that which, the one which (who)

elegir  to elect; to choose, select

ello  it; *pl*  they; them, themselves

embajador *m*  ambassador

embarazoso  embarrassing

embargo: sin embargo  nevertheless, however

empeñar  to pawn; to pledge; **empeñarse en**  to insist on

empezar  to begin

empleada  clerk

empleado  clerk

emprender  to undertake

en  in, at, on, of

enaguas *fpl*  petticoat

enamorado  in love

encaminarse  to set out, be on one's way

encantador  enchanting

encantar  to delight; **encantado** delighted (to have met)

encarar  to face, confront

encargarse de  to undertake to

encender  to light up; *refl*  to become bright

encima  at the top, on top; **encima de** upon, on, above

encontrar  to find; to encounter; *refl*  to find oneself, to be; **encontrarse con**  to meet, come across

enemigo  enemy

enfadarse  to become angry

enfermar  to sicken, get sick; *refl*  to get sick

enfermera  nurse

enfrente  in front; **enfrente de**  in front of

enfriar  to cool; to cool off, cool down

engañarse  to be mistaken; to deceive oneself

engordar  to get fat

enlazar  to link, connect

enojarse  to become angry

ensalada  salad

ensanchar  to unburden (the heart)

ensayo  essay

enseñanza  lesson, teaching

ensuciar  to dirty, soil

entendimiento  understanding

enterarse  to find out about, learn about

entonces  then, at that time; and so

entrada  entrance, way in; admission ticket; **a la entrada**  on the way in

entrar: entrar a  to begin to

entregar  to hand over; *refl*  to give in; to devote oneself

entrenado  trained

entretanto  meanwhile

entristecer  to sadden; to afflict

enviar  to send

equipo  team; equipment

equivocar  to mistake; *refl*  to be mistaken

escalera  staircase; *pl*  stairs

escaparate *m*  window, cabinet (for display)

escoger  to choose, select

escolar *m*  pupil; scholar; *adj*  (pertaining to) school, scholastic

escondido  hidden

escritorio  desk

escuchar  to listen, listen to

esforzarse  to exert oneself, strive

esfuerzo  effort

esparcir  to scatter; to spread

especie *f*  kind, species

espejo  mirror

espera  wait, waiting; **sala de espera** waiting room

esperanza  hope

esperar  to wait; to hope; to expect; **esperar a**  to wait for; **cuando menos lo esperaba**  when he least expected it; **es de esperar**  it is to be hoped; *m*  wait

espía *mf*  spy

espigado  ripe; thin and straight

esquiar  to ski

esquina  corner

estacionar  to park

estadio  stadium

estado  state; **estado de ánimo**  state of being

estadounidense *mf*  person from the United States; *adj*  of the United States

estallar  to burst out

estante *m*  shelf

estar: estar como para  to be in the mood for; **estar de**  to be; **estar para**  to be about to; **estar por**  to be for, be in favor of

estilo  style; **al estilo de**  in the style of

estimación  esteem

estimar  to estimate; to believe

estómago  stomach

estrechamente   closely
étnico   ethnic
evitar   to avoid; to prevent
excluir   to exclude, bar
excursión   tour
exigir   to require, demand
exilado   exile
éxito   outcome, result; success
expulsado   expelled
extensión   extension, extent
extenso   extensive
extenuado   weakened
extranjero   foreigner, stranger; *adj* foreign
extrañar   to miss; to surprise; *refl* to be surprised; to wonder; to refuse
extraño   foreign, strange

# F

fabada   Asturian stew of large white beans and blood sausage
fabela   shantytown
fábrica   factory
factible   feasible
facultad   faculty, school (of a university)
falda   skirt
falta   lack; **hacer falta**   to be lacking
faltar   to be absent; to be short, be missing; **falter a**   to be absent from, missing from; to be lacking; **no faltaba más**   the very idea, exactly
falla   defect, failure
fallar   to fail
familiar *m*   relation
farmacéutico   druggist
felicidad   happiness
feo   ugly
feria   fair
festejo   feast, entertainment; *pl* public festivities
fiar   to trust, confide; to bail
fiebre *f*   fever; **tener fiebre**   to be running a fever
fiero   fierce
fierro   iron
fiesta   party; festival; **de fiestas**   festive
figurar   to figure, appear
fila   file; **fila india**   Indian file, single file
fin *m:* **a fin (de) que**   in order that, so that
finalidad   end, purpose

finca   ranch
fineza   fineness; kindness
firmado   signed
firme   solid
flaco   skinny, thin
flamenco   Flemish
flor *f*   flower
fondo   bottom; essence; background; back; **a fondo**   thoroughly, thorough; **en el fondo**   fundamentally
forzar   to force, compel; to ravish
fracaso   failure
frase *f*   phrase; sentence
fray *m*   friar
freír   to fry
frente *m*   front; **frente a**   in front of; *f*   forehead
fresco   coolness; fresh air; *adj* fresh; cool
frijol *m*   kidney bean
frito   fried
fuego   fire
fuente *f*   fountain; source
fuera   outside; out of town; out of the scope of; **fuera de**   outside, outside of
fuerza   force, strength; literal meaning
fumar   to smoke
función   performance
funcionar   to function; to run, operate
fundador *m*   founder
fundar   to found
fusilado   shot, executed
fútbol *m*   football; soccer

# G

gabardina   gabardine
gafas *fpl*   eyeglasses
gala: **de gala**   full-dress
gana   desire; **tener ganas de**   to feel like
ganado   cattle; *adj* won
ganar   to win
gastar   to spend
gasto   expense
gato   cat
gaveta   drawer
género   gender
genial   brilliant
genio   genius
genovés   Genovese
gerente *m*   manager
gigantón   giant figure in a procession
gobierno   government
goce *m*   enjoyment

**golpe** *m*   blow, strike; stroke
**gordo**   fat
**gotera**   leak
**gozar**   to enjoy
**gracia**   grace; joke; **hacerle a uno gracia** to strike someone funny
**grado**   grade, degree; **de grado** willingly, gladly
**graduar**   to graduate; to grade
**grande: por grande que**   as big as
**grato**   pleasing
**gris**   gray
**gritar**   to cry, shout
**grito**   cry, shout
**grupo**   group
**guagua**   bus
**guapo**   handsome, good-looking
**guerra**   war
**guía** *mf*   guide, leader; *f* instruction, direction
**guiar**   to guide; to drive (an automobile)
**gusto: de mal gusto**   not to the liking; in bad taste; **mucho gusto** glad to meet you; **por gusto** for the sake of it; without purpose; **tener gusto** to take pleasure

## H

**habilidad**   ability, capability
**habitante** *mf*   inhabitant
**habitar**   to inhabit
**habituar**   to accustom
**habla**   speech; **de habla española** Spanish-speaking
**hablador**   talkative
**hacer**   to make; to do; to be; *refl* to become; **hace** since; **hay que** one must
**hacia**   toward
**hacienda**   farm, ranch
**hacha**   axe
**hallar**   to find; *refl* to find onself; to be
**hamaca**   hammock
**hasta**   until; even; to the point of
**hebreo**   Hebrew
**hecho**   fact; *adj* made
**helado**   ice cream
**heredar**   to inherit
**herencia**   inheritance; heritage; (*biol*) heredity
**herir**   to wound
**hierba**   grass
**hígado**   liver

**hilera**   line, row
**hirviendo** *mf*   boiling
**hirviente**   boiling
**historiador** *m*   historian
**historieta**   anecdote
**hogar** *m*   home, household
**hoja**   sheet; leaf
**holgazán**   lazy
**hombro**   shoulder
**honradamente**   honorably; honestly
**honrado**   honest, honorable
**hueco** *m*   hole; *adj* hollow
**huelga**   strike
**huevo**   egg
**huir**   to run away, flee
**huracán** *m*   hurricane
**hurtar**   to steal

## I

**idioma** *m*   language
**iglesia**   church
**ignorado**   unknown
**igual**   equal, the same; unchanging; **igual que** the same as
**ilustre**   illustrious
**impedir**   to prevent, keep from
**imperar**   to prevail, reign
**imperecedero**   undying
**imponer**   to impose
**impreso**   printed paper; book
**imprevisto**   unforeseen
**imprimir**   to impart; to imprint
**impuesto**   tax
**inamovilidad**   tenure
**incansablemente**   tirelessly
**incendio**   fire
**incierto**   uncertain
**incluir**   to include; to enclose
**incluso**   including
**indebidamente**   improperly
**índice** *m*   index
**indistintamente**   indistinctly; without specification
**infeliz** *mf*   poor soul, wretch; *adj* unhappy
**influir**   to influence; to act on
**ingeniería**   engineering
**ingeniero**   engineer
**ingreso**   receipts
**inolvidable**   unforgettable
**inseguridad**   uncertainty
**insigne**   famous, renowned
**insinuar**   to insinuate, hint; to ingratiate oneself

inspirador inspiring
instruir to instruct; to inform
intercalar to intercalate, insert
interesado interested; selfish
interrumpir to interrupt
íntimo intimate
inundado inundated, flooded
invernar to winter
inversión investment
invitado guest; *adj* invited
ir: ¡vaya un(a)...! what a...! ir a to be
  going to; ir de compras to go shop-
  ping; ir de fiestas to go on vacation;
  ir de vacaciones to go on vacation;
  ir por to go for; *refl* to go away
irreal unreal

# J

jabalí wild boar
jactarse to boast
jamás never, not ever
jamón *m* ham
japonés *m* Japanese
jaula cage
jefe *m* boss; chief
judío Jew
juego game; set
juez *m* judge
jugador *m* player
jugar to play
jugo juice
juguete *m* toy
juicio judgment
junto joined, together; next
juramento oath
jurar to swear
jurisconsulto jurist
juzgado court, tribunal
juzgar to judge

# L

la the, it; her, to her; la de that of,
  the one with; la que that which, the
  one which (who)
lado side; por los lados de along the
  sides of; por otro lado on the other
  hand; por un lado on one hand
ladrón *m* thief
lámpara lamp
lana wool
lancha launch, small boat
lanzar to launch, put forth

lápiz *m* pencil
lata annoyance, bore, pain
lavarse to wash
lazo tie, bond
lector *m* reader
lectura reading
lechero milkman
lechón *m* pig
lejos far, far off, away; a lo lejos in
  the distance; de lejos from afar; lejos
  de far from
lengua language
lento slow
letra letter (of the alphabet); words of
  a song
letrero label; poster
levantar to raise; leventar cabeza to be
  on one's feet; *refl* to rise, get up
ley *f* law
leyenda legend
libra pound
libre free
librería bookstore
licencia license
lidia bullfight
liga league; grandes ligas major leagues
ligero light; a la ligera quick, quickly
limón *m* lemon
limpiar to clean
límpido limpid
lío bundle; problem
lista roll, list; *adj* ready
lo the; it; you; to him; lo de the matter of, the question of; lo que that,
  that which, what, whatever
loco crazy
locución expression
lograr to manage; to produce
lomo loin
lucir to shine; to dress up
luchar to fight
luego then; desde luego right away;
  doubtless, of course; hasta luego so
  long; luego que as soon as
lugar *m* place; tener lugar to take
  place
lugarteniente *m* lieutenant

# LL

llama call; flame; llama
llamado called, so-called
llanura smoothness, evenness
llegada arrival

**llegar** to arrive; **llegar a** to amount to; to come to; to succeed in
**llenar** to fill
**llevar** to carry; to have been; **llevar a alguien a** to take someone to
**llorar** to cry
**llover** to rain
**lluvia** rain

# M

**macarrón** *m* macaroon
**madera** wood
**madrileño** of Madrid
**madrugada** dawn
**maduro** ripe; mature
**maestro** masterful
**magnífico** magnificent
**maíz** *m* maize, Indian corn
**maldecir** to curse; to damn
**maldito** damned; wicked
**maleta** suitcase; **hacer las maletas** to pack one's bags; to prepare for a trip
**maltratado** mistreated
**mandar** to send; to order
**mandato** order, command
**manejar** to drive; to handle
**manera** manner, way; **de alguna manera** in some way, somehow; **de manera** in a way; **de manera que** so that
**manifestación** demonstration
**manifestar** to demonstrate
**manta** blanket; large shawl
**mantel** *m* tablecloth
**manzana** apple
**mañana** *m* tomorrow; **pasado mañana** day after tomorrow; *f* morning; **por la mañana** in the morning
**maquinista** *mf* engineer
**mar** *mf:* **la mar de** a lot of
**maraca** maraca, a dried gourd filled with seeds or pebbles and used for marking rhythm
**maravilloso** wonderful
**maravillosamente** *adv* wonderfully
**marca** record
**marco** framework
**marchar** to go; *refl* to go away
**marino** mariner, sailor
**marítimo** seaside
**marquesa** marchioness
**marranada** piggishness, filthiness
**mas** but

**más** more; most; plus; **es más** furthermore, even more
**matar** to kill
**materia** material, matter; subject
**matrícula** matriculation, registration
**mayor** major; greater; greatest
**mayoría** majority
**mayúscula** capital letter
**mecer** to swing, rock
**media** stocking
**medida** measure
**medio** means; *adj* half; average; middle
**mejor** better; **a lo mejor** like as not; perhaps, it could be
**menestra** vegetable soup or stew
**menos: a menos que** unless; **por lo menos** at least
**mente** *f* mind
**mentir** to lie
**mentira** lie
**menudo** minute; **a menudo** often
**mercado de valores** stock market
**mezcla** mixture
**milagro** miracle
**militar** *m* military man; *adj* military
**milla** mile
**millar** *m* thousand
**misa** mass
**miseria** wretchedness, misery
**mismo** same; self; **lo mismo** the same, equally, as well
**mitad** *f* half
**modismo** idiom
**modo** mood; mode, manner; **de algún modo** somehow, in some way; **de modo que** so that; **de todos modos** anyhow, at any rate
**mojar** to wet
**molestar** to bother
**morena** brunette
**moreno** dark-complexioned
**morir** to die; *refl* to be dying, be about to die; to die
**mostrar** to show
**motivo: con motivo de** because of
**mozo** waiter
**muchedumbre** *f* crowd, multitude
**mueble** *m* piece of furniture
**muela** back tooth, molar
**muestra** sample; sign
**multa** fine
**mundo: correr mundo** to travel
**muralla** wall, rampart
**murmurar** to murmur; to whisper

# N

**nacer**   to be born; to originate, arise
**nacimiento**   birth
**nadar**   to swim
**naranja**   orange
**nariz** *f*   nose
**narrar**   to narrate
**natación**   swimming
**natal**   native
**naturaleza**   nature
**navaja**   penknife; razor
**nave** *f*   ship
**Navidades** *fpl*   Christmas
**negar**   to refuse, deny; **negarse a**   to refuse to
**negocio**   business; business transaction
**negrita**   boldface type
**nevar**   to snow
**ni**   neither; not even; **ni... ni**   neither... nor; **ni... tampoco**   not... either; **ni siquiera**   not even
**niebla**   fog
**nieve** *f*   snow
**ningún**   none, not any, no, neither one; **de ningún modo**   in no way
**ninguno**   none, not any, no, neither one; **de ninguna manera**   in no way, by no means; **en ninguna parte**   nowhere; **ninguno de los dos**   neither one; *pl* no, none
**nivel** *m*   level
**nivelarse**   to become level
**noche** *f:* **la Noche Buena**   Christmas Eve
**nocturno**   nocturnal; lonely, melancholy
**nombrar**   to name
**nombre** *m*   name; noun
**nominal**   nominative
**nota**   grade; note
**noticia**   news; piece of news
**novia**   sweetheart, girlfriend
**novio**   sweetheart, boyfriend
**nube** *f*   cloud
**nudo**   crisis of a drama; knot, tie, bond, union; nautical mile
**nuez** *f*   nut

# O

**obedecer**   to obey
**obrar**   to work
**obrero**   worker
**obstante**   nevertheless; **no obstante**   notwithstanding

**ocultar**   to hide, conceal
**odiar**   to hate
**ofrecer**   to offer; to give, hold
**oído**   ear
**oír**   to listen, hear; **oír decir**   to hear it said
**ojalá**   if only, would that, I wish that
**oler**   to smell; **oler a gloria**   to smell heavenly
**opinar**   to have an opinion, think; to judge
**oponer**   to oppose; **oponerse a**   to be opossed to
**opuesto**   opposite; *adj* opposed
**oración**   sentence
**orador** *m*   speaker
**orden** *m*   order, arrangement; *f* command; religious order
**oreja**   ear
**organismo**   agency, organization
**oriundo**   native, coming from
**orquesta**   orchestra
**orquídea**   orchid
**oscuro**   dark

# P

**paciencia**   patience; **paciencia y barajar**   what can you do?
**padecer**   to suffer
**padrino**   godfather; patron
**paella**   dish of chicken, seafood, vegetables, and saffron-flavored rice
**pagano**   pagan
**paisaje** *m*   landscape
**pájaro**   bird
**palo**   stick; blow of a stick
**pantalón** *m*   pants, trousers
**pañuelo**   handkerchief
**papa** *m*   pope; *f* potato
**papel** *m*   role; paper
**paquete** *m*   pack, package
**par** *m*   pair, couple; equal, peer
**para**   for; in order to; to; by; **para que**   in order that, so that
**parado**   standing; closed; stopped
**parecer**   to seem; **parecer a**   to look like, resemble; **¿Qué le parece?**   What do you think? How do you like it? *refl* to be alike; *m* opinion
**parecido**   like, similar; **bien parecido**   good-looking
**pared** *f*   wall
**pariente** *mf*   relative

párrafo   paragraph

parrandón *m*   great revel, celebration

partida   departure

partido   party; game, match

partir   to start, depart; **a partir de**   beginning with

pasado   past; *adj* out of date, antiquated; **pasado de moda**   out of fashion

pasaje *m*   fare

pasear   to walk, take a walk

paseo   walk, stroll; avenue, promenade; **dar un paseo**   to take a walk

pasillo   passage, corridor

paso   pace; step

pastel *m*   pie; meat pie

pasto   pasture

pata   leg, foot

patio   courtyard; **patio de recreo**   playground

patria   country

pauta   rule, guide, standard

paz *f*   peace

pd *abbr* posdata   postscript

peinarse   to comb one's hair

pelear   to fight

peligroso   dangerous

pelo   hair; **tomar el pelo**   to make fun of

pelota   ball

pena   pain; trouble, difficulty; grief; penalty; **dar pena**   to be a shame; **tener pena**   to be ashamed

pendiente *m*   earring, pendant; *f* slope, grade

pensamiento   thought

pensar   to think; to intend; **pensar de**   to think of; **pensar en**   to think about; **pensar en grande**   to think big

penúltimo   penultimate, next to last

peor   worse, worst

perder   to lose; to miss; to flunk

pérdida   loss, waste

peregrino   pilgrim

pereza   laziness; slowness

perezoso   lazy

periódico   newspaper

periodista *mf*   journalist

perjuicio   harm

permanecer   to remain

permanencia   stay

perro   dog

perseguir   to pursue

pertenecer   to pertain; to belong

pesado   heavy; dull

pesar   to weigh; to have influence; to grieve; to regret; *m* regret; **a pesar de (que)**   in spite of (the fact that)

pescado   fish (that has been caught)

pescar   to fish

pésimo   very bad, abominable, miserable

peso   monetary unit; weight; **bajar de peso**   to lose weight

pestaña   eyelash; **quemar las pestañas**   to burn the midnight oil, study hard at night

pez *m*   fish

picadura   tobacco

pie *m*   foot; **a pie**   on foot; **en pie**   firm

piedra   stone, rock

piel *f*   skin

pierna   leg

pieza   piece; literary work

pintar   to paint

piña   pineapple

piso   floor, story

planchar   to iron

plano   plane, level; map

plata   silver; money, wealth

plátano   plantain, banana

plateado   silver-plated

plato   plate, dish

plausible   praiseworthy

playa   beach

plazo   term, installment

pluma   pen

pluscuamperfecto   pluperfect

pólvora   fireworks

pollo   chicken

poner   to put; to put on; **poner la mesa**   to set the table; **poner un telegrama**   to send a telegram; *refl* to put on (oneself); to become, get; **ponerse a**   to start to

por   in; from; in order; by; for; during; on account of; along; multiplied by; at; **por... que**   however...

porqueta   roast suckling pig

portal *m*   vestibule, hall

portarse   to behave

Posada   a Christmas festival in Mexico

poseer   to possess

postal *f*   post card

poste *m*   pole

postre *m*   dessert

postrero   last

potencial *m*   conditional

potestativo   optional

precio   price

prefijo   prefix

**prejuicio** prejudice
**premiado** rewarded
**prender** to imprison
**prensa** press
**preocuparse** to worry
**presenciar** to be present at
**presentar** to introduce, present
**preso** imprisoned
**préstamo** loan
**prestar** to lend; to pay
**pretendiente** *m* suitor
**prima** cousin
**primo** cousin
**principio** beginning
**prisa** hurry; **dar prisa** to hurry; **de prisa** quickly, hurriedly; **tener prisa** to be in a hurry
**procedencia** origin, source
**promedio** average
**prometer** to promise
**prometida** fiancée
**pronombre** pronoun
**pronto** soon; **de pronto** suddenly; **por lo pronto** for the present; **tan pronto como** as soon as
**propiamente** properly
**propicio** propitious, advantageous
**propiedad** propriety; ownership; property
**propina** tip
**propio** own; natural; same, very; proper; **propio de** natural to
**proponer** to propose; *refl* to resolve, intend
**propósito** subject matter; purpose; **a propósito** by the way
**proseguir** to continue; to resume
**proteger** to protect
**proveer** to provide, supply
**proveniencia** origin
**provenir** to originate, come, arise
**provisto** provided
**próximo** next, coming
**prueba** test
**publicar** to publish
**pueblo** town; people
**puente** *m* bridge
**puerco** pork; pig
**pueril** puerile, childish
**puerta** door; gate
**pulga** flea; **tener malas pulgas** to be bad-tempered
**pulgada** inch
**punto cardinal** compass point
**pupitre** *m* writing desk

# Q

**que** that; which; who, whom
**qué** what; which; how; what a; **¿por qué?** why?
**quedar** to stay, remain; to be, be found; **quedar en** to agree on
**quejarse** to complain
**quemar** to burn; **quemarse las pestañas** to burn the midnight oil, study hard at night
**querer: adonde quiera y cuando quiera** wherever and whenever; **como quiera** anyhow, anyway; **como quiera que** inasmuch as; whatever, however; **no quiso** he refused; **quieras o no quieras** whether you want to or not; **quiso** he tried; **querer decir** to mean; **querer llover** to look like it's going to rain; **sin querer** unintentionally
**quien** who, whom; he who, those who, the ones who; **hay quien** there are those who
**químico** chemist
**quincena** fortnight, two weeks
**quinto** fifth
**quiosco** kiosk
**quitar** to take away
**quizá(s)** maybe, perhaps

# R

**raíz** *f* root
**ramo** bouquet
**rango** rank, class
**rascacielo** skyscraper
**rasgo** trait, characteristic; *pl* features
**rato** while; **hace rato** a while ago
**raya** fine line, stroke
**rayo** ray
**raza** race; **de raza** thoroughbred
**razón** *f* right, reason; **tener razón** to be right
**razonado** reasoned-out; itemized
**razonar** to reason
**real** royal
**realización** fulfillment, accomplishment, realization
**realizarse** to be carried out
**reanudar** to renew
**rebajar** to diminish, reduce
**recado** message, errand
**recalar** to stress
**recibo** reception

recoger   to pick up, gather
reconocer   to admit, acknowledge
recurso   recourse; resource; *pl* resources, means
red *f*   network
redondo   round
reflejarse   to be reflected
refrán *m*   saying, proverb
refresco   cold drink
refugiarse   to take refuge
regalar   to give (a gift), to present
regalo   gift
regar   to water, irrigate; to sprinkle
regla   rule; ruler; **como regla**   as a rule
regresar   to return
rehusar   to refuse
reina   queen
reino   kingdom
reírse de   to laugh at
religiosa   religious, nun
religioso   religious, friar; *adj*   religious
reloj *m*   clock, watch
relucir   to shine, glow, glitter
remar   to row
remitir   to send
renacer   to be reborn
reñir   to quarrel; to scold
reparto   real estate development; distribution
repaso   review
repente: de repente   suddenly
repentino   sudden, unexpected
repleto   replete, full
reposo   rest
resentimiento   resentment; disappointment
resfriado   chill, cold
resolver   to solve, resolve
respuesta   answer, reply
restar   to remain, be left
restituir   to restore, return, give back; to return, come back
restos *mpl*   remains
resuelto   resolute, determined
resultar   to result; to turn out; to be
resumen *m*   summary; **en resumen** briefly, in a word
resumir   to summarize
retirarse   to retire
retrato   portrait; photograph
retreta   band concert
reunión   meeting
reunirse   to meet, gather together
rever   to review; to revise
revés: al revés   in the opposite way

revisar   to revise, review; to check
rey *m*   king; **reyes magos**   Wise Kings
rezar   to say, state, read; to pray
riqueza   wealth, riches
risa   laughter
rodar   to roll, tumble
rodear   to surround
rodilla   knee; **de rodillas**   kneeling, on one's knees
rogar   to ask, beg
rojo   red
romper   to break
ropa   clothing
rotar   to roll; to rotate; to take turns, switch
roto   broken
rubio   blond
rueda   wheel; **de ruedas**   on wheels
ruido   noise
rumbo a   bound for

# S

sábana   sheet
saber   to know; to find out; **que yo sepa** as far as I know
sabio   wise man; *adj* wise
sabor *m*   flavor, taste
sacar   to take out; to find out; to win; to get; **sacar buenas notas**   to get good grades
sacerdote *m*   priest
saco   coat; sack
sacudir   to rock, shake
sagrado   sacred, holy
sala   living room; room; **sala de espera** waiting room
salida   exit; **a la salida**   on the way out
salir   to leave, go out
salón *m*   drawing room; auditorium; room; dance hall
saltar   to jump
salud *f*   health; **estar bien de salud**   to be in good health; **tener salud**   to be healthy
saludar   to greet; to salute
saludo   greeting
salvo   except
sandía   watermelon
sangre *f*   blood
sano   sound
santo   saint; saint's day; *adj*   holy
sazonado   seasoned
sed *f*   thirst; **tener sed**   to be thirsty

**seda** silk

**seguida** second; **en seguida** at once, immediately, right away

**según** *adv* depending on circumstances; *prep* according to; *conj* as; according as

**seleccionado** selected

**selva** jungle

**sello** stamp

**semana** week; **Semana Santa** Holy Week

**sembrar** to sow, plant seeds

**semejante** such, such a; similar

**semejanza** similarity, resemblance

**sentarse** to sit down; to sit; **sentarse a** to sit down to

**sentido** sense, meaning

**sentir** to feel; to be sorry for; *refl* to feel

**señal** *f* sign

**ser: no sea que** lest; **a no ser (que)** except (that); unless; lest; **no ser para tanto** not to be that important; **por ser** by way of being; **ser para** to be fitting for; **ser por** to be in favor of; *m* being, life

**serie** *f* series

**servilleta** napkin

**si: por si** in case; **por si acaso** just in case

**sí: de por sí** separately, in itself

**siembra** seed; sowing; sown field

**siempre: lo de siempre** the usual; **siempre que** provided that; whenever

**siglo** century

**significar** to signify, mean

**siguiente** following

**silla** chair

**simular** to pretend

**sino** but, except, rather; **no sólo...sino (que)** not only . . . but also; but

**sinóptico** synoptic, summary

**sinvergüenza** *mf* shameless person

**situar** to situate; to place

**so** under

**soberano** sovereign

**sobre** *m* envelope; *prep* on, above, over, about

**sobrentendido** understood

**sobresalir en** to excel in

**sobrino** nephew; *pl* nieces and nephews

**soldado** soldier

**soledad** solitude, loneliness

**solemne** solemn; *coll* downright

**soler** to be in the habit of, be accustomed to, be used to

**solo: por sí solo** by itself, himself

**sólo** only, solely

**soltar** to loose, let go

**soltero** bachelor; *adj* unmarried

**sombra** ghost, shade

**sombrilla** parasol

**sonante** jingling

**sonar** to sound; to ring

**sonido** sound

**sonrisa** smile

**soñar** to dream; **soñar con** to dream of

**sopa** soup

**sor** *f* sister, nun

**sordo** deaf

**sorprender** to surprise

**sortija** ring

**sospechar** to suspect

**sostener** to sustain, maintain

**suave** mild, gentle

**suavizar** to soothe, mollify, soften

**subdesarrollo** underdevelopment

**subir** to rise, rise up; to go up, come up; to board

**subrayar** to underline; to emphasize

**substantivo** substantive, noun

**suceder** to happen; to follow; **suceder en** to happen to

**sucedido** event

**sucio** dirty

**suegra** mother-in-law

**suegro** father-in-law

**sueldo** salary

**suelo** ground; floor

**suelto** loose; free

**sueño** sleep; **tener sueño** to be sleepy

**suerte** *f* way; luck; fate; **de otra suerte** otherwise

**sugerir** to suggest

**suicidarse** to commit suicide

**sujetar** to subject; to subdue

**sujeto** subject; *adj* subject, liable

**sumamente** extremely, exceedingly

**sumar** to add

**suministrado** supplied, given

**superior a** greater than

**supermercado** supermarket

**suponer** to suppose

**supuesto** assumption; **por supuesto** of course, naturally; **(en el) supuesto que** on the assumption that, provided that

**surgir** to arise, appear; to spurt; to come forth

**sustantivo** see **substantivo**

# T

**tableta**  pill, lozenge

**taco**  sport; rolled maize tortilla

**tal: con tal (de) que**  provided (that); **¿Qué tal?**  How? How is everything? **tal como**  just as

**tamal** *m*  tamale, a Mexican dish made with maize and chopped meat

**tamaño**  size; **en tamaño natural**  life-size

**tanto: por lo tanto**  therefore

**tardar**  to take long, delay; **tardar en**  to delay, be long in

**tarea**  task

**taza**  cup

**té** *m*  tea

**tema** *m*  theme

**temer**  to fear; to think

**temor** *m*  fear

**temperatura**  weather, temperature

**temporado**  period; **por temporadas**  temporarily

**temprano**  early

**tender**  to spread; **tender a**  to tend to

**tener: tener por**  to consider as, take for; **tener que**  to have to; **tener que ver con**  to have to do with; **tener que ver en**  to have a hand in

**teniente**  lieutenant

**tenis** *m*  tennis

**teórico**  theoretical

**tergiversar**  to twist, slant

**terminante**  final; definitive

**término**  term; end

**terraza**  terrace; roof

**terremoto**  earthquake

**terreno**  land, ground, terrain

**tertulia**  party

**testigo** *mf*  witness

**tiempo**  time; weather; tense; **a tiempo**  on time; **¿cuánto tiempo hace que...?**  how long has it been that...? **últimos tiempos**  recent times

**tijeras** *fpl*  scissors

**tinta**  ink

**tipo**  type; guy, fellow

**tirar**  to throw; to draw, pull; to shoot, fire

**tiro**  shot

**tiroteo**  shooting

**título**  title

**tocadiscos** *m*  record player

**tocar**  to play; to touch; to ring; to knock

**tocino**  bacon, salt pork

**toma de posesión**  installation, swearing-in

**tomar: tomar por**  to take for; **tomar posesión**  to be sworn in

**tontería**  foolishness, nonsense

**tonto**  fool; *adj*  foolish

**torcer**  to twist, twine, wind; to sprain; to distort

**tornar**  to turn; to return; **tornarse en**  to turn into, become

**torno**  turn; **en torno**  around

**toro**  bull; *pl*  bullfight

**torre** *f*  tower

**trabajador** *m*  worker; *adj*  industrious

**traducir**  to translate

**traer**  to bring; to bring on

**traidor** *m*  traitor

**traje** *m*  suit

**transcurrido**  elapsed

**transitar**  to walk, go

**tras**  after, behind

**trasladar**  to transfer

**tratar**  to try; to deal with; **tratar sobre**  to treat on, deal with; *refl*  to deal; **tratarse de**  to deal with; to be a question of

**trato**  agreement, treatment

**través: a través de**  through, across

**tren** *m*  train

**tribu** *f*  tribe

**tripulante** *m*  crew member

**tropa**  troop; troops

**tropezar**  to stumble

**tutearse**  to address using the second person singular

# U

**últimamente**  finally, at last; recently, lately

**último**  last, latest

**único**  unique, rear; only; **lo único**  the only thing

**unidad**  unit

**uniformar**  to make uniform

**unir**  to unite, join

**urgido**  necessary

**usarse**  to be the custom

**uva**  grape

# V

**vaciar**  to empty; to cast; to home

**vago**  vagabond; *adj*  vague

**valer: valer por** to be equal to, be as good as

**valor** *m* value; *pl* securities

**valorar** to appraise

**vano** vain

**vasco** Basque

**vaso** glass

**vecino** neighbor

**vegetal** *m* vegetable

**veintena** score, twenty

**veloz** swift, rapid

**vencer** to defeat, overcome

**vendedor** *m* salesman, vendor

**venir: ¿a qué viene...?** what is the reason for . . . ?; **venirle bien a uno** to suit a person fine

**ventaja** advantage, odds

**ventana** window

**ver: tener que ver con** to have to do with; **ver a** to see; *refl* to see oneself, be

**veras** *fpl* truth, reality; **de veras** in truth, in earnest

**verbena** night festival on the eve of a saint's day

**verde** green; not ripe

**vergüenza** shame; **tener vergüenza** to be ashamed

**vestíbulo** vestibule

**vestido** dress

**vez** *f* time; **alguna vez** ever, at some time, sometime; **a veces** sometimes; **en vez de** instead of; **pocas veces** seldom; **tal vez** perhaps, maybe; **una vez** once

**viaje** *m* trip, voyage

**viajero** traveling

**vidriera** shop window, show window

**viento** wind

**villa-miseria** shantytown

**vino** wine

**virtud** virtue

**vista: a la vista** at sight, in view; **perder de vista** to lose sight of

**visto** evident; **por lo visto** evidently

**víveres** *mpl* food

**viveza** brightness

**vivir: vivir de** to live on

**vivo** lively, alert; alive

**vocal** *f* vowel

**volar** to fly

**volverse** to become; to turn around

**voz** *f* voice; word

**vuelo** flight; **al vuelo** at once

**vuelta** return; **de vuelta de** returning from; **de vuelta en** returned to; **estar de vuelta** to be back

# Y

**ya que** since

# Z

**zapato** shoe

# ÍNDICE DE MATERIAS

287–88, 289–90, 294, 295, 296

infinitivo sustituido por, 205, 289, 294, 295, 296

en mandato, 265–67, 269–70, 288–89

con **ojalá**, 270–71

en oración condicional, 296

y potencial simple, correspondencia de, 272–73

V. *también los tiempos individuos*

sujeto

infinitivo como, 202–03

y objeto directo, en inglés, 29

y objeto indirecto, 148

posición del, 25

pronombre como, 113–15, 172

con recíproco, 229

con reflexivo, 226, 227–28

y verbo, concordancia de, 114–15, 190–91, 200

con voz activa, 222

con voz pasiva, 222–23, 223–24

V. *también* nombre, pronombre

superlativo. V. adjetivo superlativo, adverbio superlativo

sustantivo. V. nombre

**T**

**tal vez**, 271

**también**, como antonónimo de **tampoco**, 136

**tan**

en exclamación, 102, 178–79

en formación del comparativo, 97, 98, 100, 102

y **tanto**, 102

**tanto**, 102

**tener**, 41–43, 200, 325

con **a** personal, 139

en expresión de posesión, 41

imperativo de, 268

en modismo, 4n, 42–43

con participio pasivo, 199, 200

con **que** + infinitivo, 42

tiempo

**a** en expresión de, 243

artículo definido en expresión de, 65–66

como fecha, 43, 60, 65–66, 68, 96

género de nombres relacionados con el, 68

**hacer** contra **llevar** en expresión de, 167–69

**hacer... que** en expresión de, 12–13

como hora, 7, 43, 95–96

y mayúscula, 60, 96

**para** y **por** en expresión de, 246

preposición en expresión de, 96, 246

**ser** para expresar, 43

transcurrido, 12–13

V. *también los tiempos individuos de verbos*

tiempo

**haber**, en expresión de, 14

**hacer**, en expresión de, 12

tiempo compuesto, 308–09

formación del, 13, 197–98, 198–99

con **no**, 25

V. *también los tiempos individuos*

tiempo progresivo, formación del, 44, 48, 192–93

tiempo simple, 5–9, 306–07

en negación, 25

V. *también los tiempos individuos*

título de obra escrita

y artículo, 67

con mayúscula, 60

**todavía**, 210. V. también adverbio

**todo**

como objeto directo del verbo, 118

con pronombre posesivo neutro, 152

como relativo compuesto, 173–74

**U**

**u**, contra **o**, 251

**V**

**venir**, 302, 325

imperativo de, 268

con participio pasivo, 201

con **por**, 248–49

en tiempo progresivo, 48, 192, 193

verbo

adjetivo como objeto del, 135

con adverbio de lugar, 153

en **-ar**, 5, 18, 60, 73–74, 88, 105, 115, 124, 160, 191–92, 196, 197–98, 202, 266–67, 306–07, 308, 312, 316, 317, 318–19

con cambio de radical, 18, 33–34, 312–13. V. *también los tiempos individuos*

con cambio ortográfico, 73–74, 88, 105, 316–19

con comparativo, 101–02

diptongo del radical del. V. verbo (con cambio de radical)

en **-er**, 18, 73–74, 88, 115, 124, 141, 184, 191–92, 196, 197–98, 233–34, 258, 266–67, 278, 302, 306–07, 312, 316–17, 317

en exclamación, 179, 271–72

como indicador de número, 114, 190–91

como indicador de persona, 114

con infinitivo, 207–08, 222, 288–89

en **-ir**, 33–34, 88, 105, 141, 160, 191–92, 196, 197–98, 202, 216, 266–67, 268–69, 278, 302, 306–07, 312–13, 316–17, 318

irregularidad en, 322–25. V. *también los tiempos individuos*

con nombre colectivo, 190–91

número del, con **o...o** y **ni...ni**, 136

con objeto directo y pronombre objetivo, 118

posición del, 12, 25, 85–86, 117–18, 134, 136

pronombre como objeto